“十二五”国家重点图书出版规划项目
当代中国城市—区域:权力·空间·制度研究丛书
主编/刘君德

国家社会科学基金项目(批准号 10CGL049)

京津冀区域治理:协调机制与模式

马海龙 著

东南大学出版社
SOUTHEAST UNIVERSITY PRESS
南京·2014

内容提要

本书围绕区域治理这一主题，以京津冀地区为研究对象，对该地区的发展脉络、现状进行剖析，总结其发展规律以及制约该地区发展的因素，综合运用地理学、行政学、经济学相关学科的理论与知识，借鉴发达国家的成熟经验，构建该地区区域治理的体系、模式以及协调机制等。

本书可供政府公务员、跨区域合作的工作人员以及从事区域经济学、区域公共管理等相关领域的专业师生、研究人员参考。

图书在版编目(CIP)数据

京津冀区域治理:协调机制与模式 / 马海龙著. —南京 : 东南大学出版社,2014.7
(当代中国城市—区域 : 权力·空间·制度研究丛书/刘君德主编)
ISBN 978-7-5641-5012-9

Ⅰ. ①京… Ⅱ. ①马… Ⅲ. ①区域经济发展—研究—华北地区 Ⅳ. ①F127.2

中国版本图书馆 CIP 数据核字(2014)第 116415 号

书　　名：京津冀区域治理：协调机制与模式
著　　者：马海龙
责任编辑：孙惠玉　徐步政　　编辑邮箱：894456253@qq.com
文字编辑：倪美杰

出版发行：东南大学出版社
社　　址：南京市四牌楼 2 号　　邮　　编：210096
网　　址：http://www.seupress.com
出 版 人：江建中

印　　刷：兴化印刷有限责任公司
排　　版：南京新洲制版有限公司
开　　本：700mm×1000mm　1/16　　印张：15.5　　字数：260 千
版 印 次：2014 年 7 月第 1 版　　2014 年 7 月第 1 次印刷
书　　号：ISBN 978-7-5641-5012-9
定　　价：49.00 元

经　　销：全国各地新华书店
发行热线：025-83790519　83791830

学术、编写委员会

学术委员会:

陆大道　中国科学院地理研究所研究员,中国科学院院士
胡序威　中国科学院地理研究所研究员
杨汝万　香港中文大学教授
崔功豪　南京大学教授
邓伟志　上海大学教授,原全国政协常委
王邦佐　原上海市社联主席,上海政治学会名誉会长,教授
刘君德　华东师范大学教授,华东师范大学中国行政区划研究中心主任

编写委员会:

主　　编:刘君德

编委会成员:刘君德　靳润成　舒　庆　曾　刚
谷人旭　华林甫　袁中金　林　拓
刘泽勤　陈占彪　蒋长瑜　周克瑜
陈玉慧　黄　珊　范今朝　曾万涛
顾春平　卢为民　陈先毅　薛　莹
史卫东　马祖琦　殷为华　胡　德
贺曲夫　刘　焱　马海龙　李潭峰
洪世键　孙　鹏

目录

总序

中国行政区经济理论的缘起、发展与未来

城市—区域问题是当代中国现代化建设中极其重要的命题，也是我国人文社会经济科学学者们长期关注的领域。改革开放以来，我从事的城亍—区域问题的研究主要侧重于行政区划视角。

我从1983年开始介入行政区划问题，1989—1993年提出“行政区经济”概念，随后又提出发展和完善中国特色的“行政区经济”理论，至今已经有25年多了。2008年，我与我的部分学生们一起认真商讨和策划，决定与东南大学出版社合作出版《当代中国城市—区域：权力·空间·制度研究丛书》（以下简称《丛书》），意在为构建具有中国特色的行政区经济理论注入新的活力，并从权力·空间·制度视角对当代中国城市—区域发展问题进行新的探索。如今，经过近3年的筹划与准备，《丛书》终于问世了！

在《丛书》出版之际，我作为“行政区经济”这一概念和理论的创始者，很有必要就行政区经济理论形成的来龙去脉和相关问题作一些说明，这对那些有志、有兴趣介入行政区经济理论建构的司志，或希望能够利用行政区经济理论来揭示或解释当代中国各种城市—区域的社会经济文化现象或问题的同志以及规划、建设管理部门的同志们来说，可以提供更为清晰的学术发展思路。

这里，我主要循着行政区经济理论的形成与发展过程，就四个方面作一些简要说明：(一)我对行政区划问题研究的缘起是什么？我是怎么提出“行政区经济”理论概念的？(二)以新学科建设和人才培养为标志的“行政区经济”理论体系与内容框架形成的实践工作与理论建设这两个方面做了哪些重要工作？(三)行政区经济理论体系还有哪些重大问题需要进一步深入研究与思考？(四)“行政区经济”理论可否适应未来世界各国行政区划问题的研究？(或者说，行政区经济能否作为一种理论思想向更深、更广的方向不断拓晨，使行政区经济具有更广泛的解释力？)通过对这四个相互关联的问题的回答，以期引起大家对行政区经济理论的进一步关注、思考；也希望行政区经济理论能够在本套《丛书》的相关专著中得以发展、深入。

一

在世界人类文明发展史上，行政区划是关于国家政治、行政体制与地域空间相互耦合的重要文化成果之一。行政区划的建立不仅关系到国家与社会的长治久安与繁荣稳定，而且关系到国家行政结构的组织方式，关系到国家区域权力空间结构的发展

趋势与调整方式。因此,行政区划问题不仅表现为一种外在的区域政治权力的空间投影,而且体现了一种内在的政治思想方式与内涵。

天下大势,合久必分,分久必合,无论从我国古代王朝时期的封建帝制到皇朝时期的郡县制与行省制,还是近代以来政党时期的民主制,怎样解决从古到今的朝代更替或政党执政问题,一直是人们孜孜以求的政治理想。我国古代的行政区划问题就是每每伴随着王朝兴衰更替而不断调整的。从我国古代历史看,每一次王朝更替之后,都会在行政区划体制方面发生重大变化。反过来说,每一次大的行政区划体制的调整,都是为了及时适应国家政治与行政体制改革方面的重大改变。

1983年,我被委派担任中国科学院南方亚热带丘陵山区综合科学考察队第三分队队长,1984年起在安徽皖南山区、浙江省西部和南部山区以及福建省闽江流域开展丘陵山区的综合科学考察工作。在皖南贵池县考察时,当时的贵池县委、县政府主要领导向我反映,贵池县发展的主要问题是行政区划问题,希望考察队能帮助他们解决或向有关部门呼吁。这让我感到很意外,也引起了我的关注。但因为我们当时并没有行政区划方面的科考任务,所以,在结束贵池科考任务的第二天,我就留下两位同志,一起就行政区划问题进行细致、深入的调研,重点考察被当地称之为"三国四方七十三家房客"的多头管理体制问题以及撤销池州地区、将贵池划归长江北部安庆地区管辖后的影响问题。我们认真听取了当时贵池县有关部门和方方面面的意见,并对行政区划与管理体制现状中存在的问题进行了实地考察。之后,我带着问题回到了上海,在完成有关皖南综合科考报告的同时,对贵池县行政区划问题进行了深入思考,确实觉得贵池县乃至于整个皖南地区都存在着行政区划变动频繁、撤并随意、层次重叠、部门林立、条块分割、多头管理等问题,严重影响了机关工作效率,浪费了行政经费,使一个文化历史悠久、开发建设条件良好的贵池在城市—区域经济发展方面受到重重阻力。我当时深深意识到,由于行政区划体制造成的无谓的资源浪费现象和经济发展缓慢、城市建设无序等问题的严重性,让人十分痛心!

在这种情况下,我与几位同志商议决定以考察队的名义向时任中共中央总书记的胡耀邦上书(华师科〔1984〕第106号文《关于安徽省贵池县经济体制问题的情况与建议》),力陈安徽省皖南地区贵池县行政区划存在的问题,希望能给予解决。出乎意料的是,仅仅过了十余天时间,华东师范大学党委就转来了有关领导的批示,肯定了我们所反映的意见。这件事给了我莫大鼓舞,也使我决定对行政区划问题进行深入研究,并就安徽省的有关行政区划问题给予了持续关注。1985年5月,我再次带领考察队员对皖南地区的行政区划问题进行专题深入调研,发现大量问题,写成2万余字的专题文章:《安徽省皖南地区行政区划体制的调查与思考》,作为考察队的重大成果发表于《安徽省南部丘陵山区国土开发与整治》的专著(华东师范大学出版社,1987)中,该文又被收录于《中国行政区划研究》(中国社会出版社,1991)。

1986年11月,考察队赴福建闽江上游建溪流域进行了为期两个月的综合科学考察,同样发现这一地区存在行政区划与行政管理体制问题,遂于1987年2月以书面报告(《关于福建省建阳地区行政区划及闽江委员会体制等问题的情况与建议》)向福建省有关部门作了反映,同样得到了积极回应。

这可以说是我开始对行政区划问题进行研究的缘起。

1989年,我们完成了南方亚热带丘陵山区的综合科学考察任务,出版了一系列重要成果。1990—1991年,在全国大规模开展国土规划的背景下,我多次受邀参加了安徽省计委召开的有关地区(黄山、安庆、池州、宣城、合肥等地市和安徽沿江带等)国土规划评审会,在会上,我根据多年考察的经验体会与发现,指出了行政区划体制因素对中国国土资源开发、城市—区域经济发展的强烈影响,提出了"行政—经济区"的概念。我认为:"这种行政—经济区对推动我国社会主义生产力的发展起着主导作用。然而正是行政—经济区,在地方分权体制下,使各级地方经济发展追求'大而全'或'小而全',导致区域经济的封闭性特点,从而对整体经济的发展带来消极影响。"(专文《关于我国行政区划体制问题的初步探讨》发表于1991年中国社会出版社出版的《中国行政区划研究》)。1992年,在广州召开的"全国首次经济特区和沿海开放地带行政区划研讨会"上,我进一步强调了中国转型期行政区划的重要作用,明确提出了"行政区经济"的概念,阐明了随着我国政治经济体制改革的深入推进,行政区域政府的经济功能将逐步淡化的观点。1993年,我与我的第一位博士生舒庆同志合作在《经济地理》第1期上发表了《论行政区划、行政管理体制与区域经济发展战略》一文,首次比较系统地对行政区经济的结构特征和淡化行政区经济功能等问题进行了论述。这可以说是我对行政区经济概念的提出阶段。

二

随着我们对行政区划研究的不断深入与"行政区经济"理论在学术界和政府部门引起的积极反响,特别是基于行政区划改革的必要性与紧迫性,1990年,经国家民政部批准,在华东师范大学成立了中国行政区划研究中心。迄今为止,这是国内唯一的专门从事行政区划问题研究的专业研究机构。

如果说"行政区经济"理论的提出,是意图把我国现行行政区划现实问题研究推进到理论认识阶段的话,那么,中国行政区划研究中心的设立,则为我国行政区划体制问题的系统深入研究提供了一个重要的组织平台。在国家民政部的关心指导下,在华东师范大学党政有关部门的大力支持下,我作为中国行政区划研究中心的"领头羊",在这一阶段与我的历届学生们(包括9名与我合作的博士后)一起,主要做了两个方面的工作:

一是积极投身行政区划现实问题的实证与论证、规划工作及理论研究,完成了一批较有分量的研究成果,为中央主管部门和地方政府的行政区划与行政管理体制改革提供了决策依据。这主要表现在我与我的学生们一起,在近20年的时间里,先后完成了40余项与行政区划相关的课题。最主要的有:"江苏省苏、锡、常地区行政区划改革研究"、"江苏省'三泰'地区行政区划调整研究"、"海南省设市预测与规划"、

“社会主义市场经济条件下城市行政区与经济区关系综合研究”、“浦东新区行政区——社区体系研究”、“我国国民经济分级调控空间组织模式可行性方案研究”、“中国大都市公共行政组织与管理模式研究”、“上海创建国际大都市的行政区划改革研究”、“中国城市化进程中的行政区划体制改革与创新研究”、“关于海南省调整海口市行政区划方案的论证报告”等。其中,“江苏省苏、锡、常地区行政区划改革研究”获全国高校首届人文社会科学优秀成果一等奖(1995),“上海行政区划体制改革与浦东新区建制镇区划调整及城镇发展战略研究”获上海市第四届决策咨询研究成果一等奖(2001),“关于海南省调整海口市行政区划方案的论证报告”(2002)作为附件上报国务院,获得国家有关主管部门和海南省政府的高度评价,不久海口市行政区划及时得到调整。

与此同时,我还参加了民政部组织的“全国设市预测与规划”和各省(区)的设市预测与规划的系列成果评审,以及山东、江苏、广西、广东、湖北、安徽、新疆、贵州等省区有关城市发展和设市预测规划的考察活动,掌握了大量资料和有关情况。通过这些实践活动,使我深深体会到行政区划问题研究的重要性、紧迫性和艰巨性、敏感性,也使我对“行政区经济”理论概念的有效性和解释力更有信心。

二是在大量研究实践的基础上,经过不断总结、提炼和萃取,行政区经济理论体系初具雏形,随后建立和完善了“行政区经济”的理论概念与框架内容,并在“行政区经济”理论的基础上,进一步提出了“行政社区”的概念和构建大城市自上而下“行政区—社区”管理体系的理论思维,使行政区经济理论体系更加丰满,更具有实践性。主要标志是出版了由我主编、我国首部以“行政区经济”冠名的《中国行政区经济与改革丛书》(华东师范大学出版社,2000),这是一套力求符合中国国情、理论与实证结合的区域经济与管理及行政区划丛书。

这一时期,我们先后出版了 20 部约 450 多万字的一批学术著作,初步展现了行政区划、行政区经济及其相关理论的学术成就。主要包括华东师范大学出版社出版的刘君德主编的《中国行政区划文献目录》(1992)、《中国行政区划的理论与实践》(1996),中国环境科学出版社出版的舒庆著《中国行政区经济与行政区划研究》(1995),科学出版社出版的刘君德与靳润成、周克瑜编著的《中国政区地理》(1999,2007)和刘君德与靳润成、张俊芳编著的《中国社区地理》(2004),华东师范大学出版社出版的舒庆、周克瑜著《从封闭走向开放:中国行政区经济透视》(2003)、汪宇明著《中国省区经济研究》(2000)、王德忠著《企业扩张——理论研究及其对中国行政区经济问题的应用分析》(2002)、刘君德、冯春萍、华林甫、范今朝著《中外行政区划比较研究》(2002)和程玉申著《中国城市社区发展研究》(2002),以及东南大学出版社出版的刘君德、汪宇明著《制度与创新——中国城市制度的发展与改革新论》(2000)、卢为民著《大都市郊区住区的组织与发展——以上海为例》(2002)、黄珊著《国外大都市区治理模式》(2003)、张俊芳著《中国城市社区的组织与管理》(2004),复旦大学出版社出版的周克瑜著《走向市场经济——中国行政区与经济区的关系及其整合》(1999)、林涛著《国民经济区域调控——中心城市调控模式研究》(2000)，上海社会科学院出版社出版的张玉枝著《转型中的社区发展——政府与社会分析视角》(2003)、陶希东著《转型期中国跨省市都市圈区域治理——以"行政区经济"为视角》(2007)，湖南科学技术出版社出版的陈湘满著《中国流域开发治理的管理与调控研究》(2003)，中华工商联合出版社出版的秦学著《旅游业跨区域联合发展的理论与实证研究》(2004)等。

上述两个方面，前者侧重于实证研究、方案论证和理论研究，后者侧重于理论梳理和系统阐述，二者相互支撑、相互配合。通过实践与理论的有机结合，基本建立起"行政区经济"的理论体系框架。在我的第一位博士生舒庆的博士论文中比较系统地阐述了行政区经济的基本概念与理论内容。所谓"行政区经济"是指由于行政区划对区域经济的刚性约束而产生的一种特殊区域经济现象，是我国在从传统计划经济体制向社会主义市场经济体制转轨过程中，区域经济由纵向运行系统向横向运行系统转变时期出现的具有过渡性的一种区域经济类型。现阶段，我国"行政区经济"主要表现为以下特征：①企业竞争中渗透着强烈的地方政府经济行为；②生产要素跨行政区流动受到很大阻隔；③行政区经济呈稳态结构；④行政中心与经济中心的高度一致性；⑤行政区边界经济的衰竭性。

作为一个科学概念，"行政区经济"深刻揭示了我国转型期区域经济运行的本质特征与规律。由于"行政区经济"这一概念对我国自20世纪80年代以来由计划经济向市场经济转型的过程中，因行政区划而导致行政壁垒和地域分割的经济现象有着极强的概括力，从而被国内(乃至于海外的部分高校)一些学者和政界接受、引用。

自此以后，打破行政壁垒和地域分割，要求淡化政府直接干预行政区的经济功能、推进政府职能转变的呼声越来越高。这可以说是以建立华东师范大学中国行政区划研究中心为契机，以培养跨学科人才为目的，并通过大量实地考察、政策研究、区划方案论证和论著撰写等，从而使行政区经济的理论体系与框架逐渐深化和得以推广，这可以称得上是我推进行政区经济理论发展的第二阶段。

三

自"行政区经济"理论提出以后，在中国区域经济发展面临新的形势下，要求打破区域分割、推动区域联动发展、努力消除我国"行政区经济"负面影响的呼声也日渐高涨。事实上，正是在我与我的学生们形成的这个学术集体以及许多认同行政区经济理论学者的共同努力下，使得"行政区经济"理论客观上在积极推动我国城市—区域经济、社会发展与规划、建设管理的理论与实践研究方面，都起到了积极的影响作用。

研究认为，中国行政区经济的形成，与我国历史上的地方经济发展状况有关，而地方经济发展的传统又主要受三个因素的影响：①我国地域辽阔，自然条件和经济技术发展水平的地域差异大，拉开了地区之间经济收益的差距；同时，过于单一狭窄、传统的各类经济组织形式，阻碍了有组织市场的发育，导致难以形成全国性的统一市场。②国家统一，长期稳定，也使以省区为主的地方经济的各自发展成为可能。③我国市场发育状况决定了我国区域经济较低的联系水平，也导致我国经济长期被排斥在世界经济体系之外。上述因素使我国的地方经济往往囿于行政区域的范围内，呈现“封闭”式运行状态。

中国行政区经济形成的基础主要有两点：①传统形成的封闭式的省区经济使省区内外的经济差异逐步扩大，省区经济的稳定性进一步增强；②长时期科学技术水平低下和交通运输、通讯条件落后，减弱了区域经济在更大空间和更高层次的聚合程度。以上两点加上其他一些历史、政治、文化因素，为行政区经济的孕育、发展提供了温床，同时也成为区域经济一体化发展的桎梏。

行政区经济理论还认为，新中国成立以后，在计划经济时期的中央与地方条块关系变动环境下，行政区经济是以潜型形式存在的，一旦“条条”与“块块”之间的权力关系发生转移，即当“条条”与“块块”关系的平衡点向“块块”一方略有倾斜时，客观上就为行政区经济的强化创造了可乘之机。“大跃进”和“文化大革命”给我国区域经济发展打上了深深的烙印，也为行政区经济运行提供了基础。

行政区经济是在我国改革开放以后形成和发展的，新时期以来形成的区域经济冲突就是行政区经济在不同发展阶段运行的结果。我国的行政区经济运行大体上可以分为五个阶段：①1979—1984 年，是“分灶吃饭”等改革措施下的盲目布局与引进阶段；②1985—1988 年，是价格双轨制下的“原料大战”阶段；③1989—1992 年，是紧缩政策下的市场疲软和封锁阶段；④1992—1997 年，是金融秩序混乱和经济过热阶段；⑤1997年以后，是经济“软着陆”之后保护局部利益阶段。我们的研究认为，与世界上的其他国家，如采取市场经济体制的美国、计划经济体制的原苏联和混合经济体制的印度相比，它们都难以形成与中国行政区经济发育不相上下的土壤环境。因此，中国行政区经济是世界上表现最为突出的国家，也就是说，行政区经济是具有中国特色的。这主要表现在它有其独特的运行方式，即以企业为微观运行单位，在权力空间地域上和不同的行政区层次上表现出不同的特点。行政区经济理论认为，一旦全国统一大市场建立，行政区经济势必逐步瓦解，一种新型的区域经济关系将会形成、发展，但这可能还需要相当长的一段时间。

然而，随着对行政区经济理论认识的不断提高、行政区经济内容框架与理论体系构建的完善与发展，尤其是在对我国现阶段城市—区域经济社会发展、规划建设管理中存在的“行政区经济”现象已经具有较强的说服力和阐释效应的情况下，我认为仍有必要深入思考“行政区经济”理论的适用范围、理论扩展与深化提升的问题。概括起来主要有以下几个问题还需要回答：

(1) 行政区经济对我国当今转型期的城市—区域经济发展过程中存在的诸多特殊现象虽然已经有了较强的阐释力，但由此我们不得不进一步思考：我国的行政区经济现象只是在现阶段才有的吗？如果上溯，我国古代经济社会发展过程中有没有区域分割现象？如果有，这种区域分割现象是不是行政区经济现象？如果不是，那这种区域分割现象又怎样来解释？能不能运用行政区经济理论解释我国古代区域经济发展变迁中存在的由于行政区划引起的有关区域分割现象？

(2) 行政区经济理论是以西方市场经济理论体系为参照系的。那么，是不是只要我国社会主义市场经济体制建立和完善起来，行政区经济现象也就自然消失了？事实上许多人在引用行政区经济理论概念进行分析时往往也只看到其消极影响一面。人们要问，从我国城市—区域经济发展的过程来看，行政区经济到底有没有积极意义，或者正面效应？我们发现，行政区经济理论在经过实践不断检验的过程中，从区域经济理论发展动力、运行机制与运演过程来看，我们原来对行政区经济的正面的积极意义挖掘得不够，影响了对问题阐释的力度和全面性。事实上，仅以市场经济为唯一标准是远远不够的。因为市场经济也会失灵，在市场经济失灵的情况下，以国家干预为核心的市场经济与行政区经济有怎样的关系？而我国的社会经济发展也证明，如果没有以地方政府为主体的行政区域经济的高速发展，我国改革开放 30 年要取得这样的经济与社会发展的成就，那是难以想象的。因此，我们的研究认为，与通常人们所说的“诸侯经济”不同，中国转型期的行政区经济存在着“褒”(积极影响)“贬”(消极影响)双重属性，“行政区经济”的正、负面影响将伴随中国整个转型时期长期存在。如何不断扩大行政区经济的正面效应，逐步减弱行政区经济的负面影响，则是我们下一步研究中应该注意的问题。

(3) 行政区经济主要是以我国新时期以来从计划经济向市场经济转型过程中出现的一种区域经济现象为研究与解释的对象，这也是行政区经济理论体系广为接受的原因所在。但与此相关，让我不能释怀的是：在原苏联、东欧社会主义国家从计划经济向市场经济转型的过程中，是否也存在行政区经济现象？2005 年的 12 月，乌克兰驻华使馆的一位高级参赞在看过我们的行政区经济论著后，专程来沪找我，和我讨论行政区经济问题，他说，像中国现阶段存在的“行政区经济”现象在乌克兰也是存在的，并指出，乌克兰也要推进行政区划体制改革。近年来，我国香港和台湾地区也不断有学者来访，并邀请我赴港、台宣讲行政区经济理论问题。事实上，我国香港、台湾地区，乃至于美国等一些大学已经有不少学者关注中国内地的“行政区经济”理论问题，包括在研究生的论文选题中将行政区划和行政区经济问题作为重要研究内容。这不得不促使我更进一步深入思考，是否在全球范围内也普遍存在行政区经济现象？除了东欧国家，我们可以而且有必要作为一种比较性的研究对象外，欧盟是否也可以作为一个案例进行深入研究？全球有 230 多个不同政治体制的国家，是否也可以尝试用行政区经济理论进行探索性研究呢？更为重要的是，如何通过这种研究把我们的行政区经济理论与国际上通行的制度经济学理论、区域政治学与区域社会学理论以及城市—区域治理理念等相关的现代学术思想进行对接，也许这将是我们需要长期开展并与海外学者合作研究的重要命题。

从这个意义上看，随着全球经济一体化进程的不断加快和我国社会主义市场经济体制的深入推进与不断完善，我们开创的“行政区经济”理论也面临着不断创新与发展的机遇和挑战。它促使我们很有必要把“行政区经济”从一个理论体系框架提升到一门独特学科体系的高度，进而构建具有中国特色的区域政治经济学，这不仅是我国改革开放30年的一个重要学术思想成果，而且对研究现代世界国与国、地区与地区、各国内部地区之间乃至于国际性区域经济、政治、文化、社会等各类组织的区域空间权力结构与制度整合，将会起到非常积极的作用。如果站在这一高度看问题，我觉得更有必要把行政区经济理论体系逐渐向海外拓展，以此作为新的起点，进一步推动行政区经济理论研究走向新的更成熟的阶段。

四

我曾经说过："随着社会主义市场经济体制目标模式的确立，如何建立一套与之相适应的、具有中国特色的、科学的社会主义行政区划体系，是一项具有重要理论和现实意义的科学研究工作，同时也是一项复杂而艰巨的任务。一方面，它要依靠行政区划的实践，不断地总结经验教训，从而摸索出一条适合我国国情的行政区划改革新路子；另一方面，也必须要有科学的理论作指导，即依靠科学的理论思维，把握事物的本质与规律，从而指导我国行政区划的实践。"

《周礼》说："惟王建国，辨方正位，体国经野，分官设职，以为民极。"意思是说，建立一个国家，先要分辨清楚地理方位，然后划分行政区域，在此基础上，再分设官职，建立行政组织结构，以完成管理百姓的措施。如此简括的几句话，把国家建构的过程与要点勾勒得清清楚楚。由此可知，行政制度的建立，最根本的乃是行政区划与行政组织结构的耦合。但是，行政区划与行政组织结构又是根据什么确定的呢？二者之间又是怎样耦合的呢？这就必然涉及政治与行政制度的确立。用现代政治与行政理论来分析，就是先有权力主体，这就是政治与行政组织结构；而权力主体不可能是个空中楼阁，而是必须将其奠定在特定区域地理空间的基础上才更加坚实牢固。当国家一旦建立起来并运转的时候，它又不是随意的，而是必须根据特定的政治与行政制度，从而达到权力主体在特定社会空间良性运行的根本目的。我认为，行政区经济理论的第三个发展阶段，就是必须更加扩大和延伸学术视野，从区域政治、经济、社会、文化的系统整合的意义上，推动具有中国特色的行政区经济理论思想的建构，这也就是本丛书之所以命名为"当代中国城市—区域：权力·空间·制度研究"的根本所在，也是行政区划与行政区经济理论的新的学术增长点。

当然，随着现代政治、经济与社会的不断发展，人们对权力、空间与制度的认识已经有了很大变化。权力不再仅仅指单一的行政权力，而是扩展到了整个社会层面，这是由于现代行政的主体已经由政府扩展到各种企事业单位乃至群众团体，这必然导致权力的生产与再生产模式将面临一场重大变革。而空间也不再只仅仅是地理空间和空间差异问题，而是深入社会空间的各个层面，在一定意义上，社会空间的生产与再生产已经深刻改变了传统的对地理空间与空间差异理论的一般认识。同时，由于权力空间结构在要素排列上的深刻改变，这对权力空间秩序的生产与再生产形成了重大影响，不仅在一个国家内，而且在整个世界，新的权力空间秩序正在形成之中，因此，应积极寻求在新秩序建构的过程中，成为制度与规则的制定者之一，而不仅仅是一个模范的制度执行者。在这个意义上，建构以行政区经济理论为核心的具有中国特色的区域政治经济学理论的目的，就是为了根据不同侧面的空间尺度，对多元权力结构的行政权力与运行机制进行探讨分析，从而在特定的区域权力空间结构中占据主导地位。

如果说，时间是主导现代主义世界的话，那么空间化逻辑则主导着后现代社会。从过去到现在，人们已经认识到，在权力与空间发生作用时，空间的重要性得到了很大改变。福柯就明确地提出：空间是任何公共生活形式的基础，空间是任何权力运作的基础。因此，空间已成为资本主义条件下社会关系的重要一环。空间是在历史发展中产生的，并随着历史的演变而重新建构和转化。后现代空间化问题，在当代城市化的快速发展中已得到深刻反映。全球城市已成为经济、政治和文化权力重合的地方。这一观点实际上也得到了来自于城市政治学研究的大力支持。城市政治学是社会学科中的政治学分支领域，其研究的焦点问题就是城市公共决策的权力结构。在城市政治学的研究传统上，有两种城市政治结构模型：一是城市社区权力的"多元模型"(pluralist model)，即认为城市内各种社会群体与利益集团共同对城市的公共决策发生影响；二是"精英模型"(elitism model)，认为城市的主要公共决策是由少数精英分子和大的社会经济结构所决定的。但从主流模型的衍变来看，城市多元化的权力结构模型更成为与空间化逻辑主导形式相适应的一种主要模型。因此，努力发掘权力结构的空间化逻辑主导形式，就成为分析行政组织结构的行政空间与权力空间相互关系的生动起点。

而以我国行政区划与行政组织结构为核心的行政区经济理论体系，它的最大价值恰好在于它发现了我国以行政区域为单位形成的一种区域权力在空间经济的运行模式中所产生的各种现象，包括权力、空间与制度自身的各种问题。在某种程度上，行政区经济理论不仅是揭开我国当代最具有中国特色的区域政治经济学理论体系的一把钥匙，而且其最具有中国特色的学术前景也在于对于未来世界经济一体化进程中怎样通过以世界各国行政区划与行政组织结构之间的耦合关系研究，对现代国际区域政治经济学的发展作出中国学者应有的世界性贡献。

最后，我要对本丛书的出版情况作一点说明。20 世纪 90 年代中期以来，在华东师范大学中国行政区划研究中心先后出版了 20 本著作以后，近几年陆续又有一批由我指导的博士生通过了论文答辩，其中，有些学术成果已经问世，有的尚未出版。同时，近几年，还有国内其他学术领域的学者也主动与我联系；有的则通过各种渠道让我了解到他们也在应用行政区经济理论对不同的领域进行学术研究工作。因此，我希望能继续通过丛书的方式把这些成果比较系统地推出来，贡献给理论界、学术界和实践部门，让理论在实践中不断得到验证、深化和拓展。于是，经过与东南大学出版社的讨论、策划和历时 3 年的运作，这套丛书终于面世了。

我们设想本套丛书的结构大体包括五大部分：第一部分偏重于当代中国城市—

区域：权力、空间与制度的综合性理论研究；第二部分是权力、空间、制度视角的特定专题性研究；第三部分是权力、空间、制度视角的各类规划性研究；第四部分是当代中国行政区划改革研究；第五部分是我国几个大区域的综合性研究。上述五大部分相互配合形成比较完整的丛书体系，力求理论与实践的统一和行政区经济理论思想的融合。

此次丛书出版强调两个方面，一是开放性，二是创新性。本套丛书除选择一批我近年指导完成的优秀博士论文外，还特别吸收别的学科和实践领域应用行政区经济理论进行研究的拓展之作，体现开放性；同时，还特别希望和鼓励能在理论上提出新观点的创新之作，即使在理论框架和思想观念上还不是特别成熟，我们也很欢迎，体现创新性。

我衷心希望，能够推出一批质量上乘、观念新颖的学术创新著作，能够有更多有志于行政区经济理论研究的同行加入进来，能够使具有中国特色的行政区经济理论思想更加成熟！

本套丛书得以顺利组织、写作、出版，决定于两个因素：一是众多作者经过多次讨论形成的共识与全力以赴；二是国家民政部行政区划与地名管理司、东南大学出版社以及华东师范大学资源和环境科学学院领导的大力支持。非常荣幸的是，我们请到陆大道院士、胡序威研究员、杨汝万教授、王邦佐教授、邓伟志教授和崔功豪教授担任本丛书的学术顾问，他们都是不同学科长期从事城市—区域问题研究的国内外著名的专家、学者，他们的支持给了我们很大鼓励，也增添了新的动力。让我十分高兴的是，在丛书组织过程中，华东师范大学资源和环境科学学院人文地理学科被批准为国家重点学科建设项目与上海市重点学科建设项目单位，我们及时得到项目的支持，因此，这套丛书的出版也是“华东师范大学人文地理学”(No. B410)项目重要的成果之一。

还要说明的是，中国行政区划与行政区经济理论是一个新的、具有探索性的研究成果，本丛书中的一些观点，特别是有关行政区划改革的设想只代表作者的看法，衷心欢迎各类学科的理论工作者与政府部门的实际工作者提出批评建议。

刘君德

0 导论

当前,我国已经进入城镇化快速推进的时期,区域发展在我国经济社会发展中的地位日益重要。协调区域内的利益关系,实现区域的协调发展已经成为国家提升综合经济实力的重要手段。但是在行政区经济运行时期,区域经济的发展受到了行政力量的刚性约束,区域内行政区之间的恶性竞争阻碍了区域一体化的推进。因此迫切需要建立区域治理的协调机制,协调各利益群体的关系,整合各方力量,共同推进区域的协调发展。

0.1 选题的背景

0.1.1 全球视野:推行区域治理是通行的选择

1) 从市场失灵到政府失灵

20 世纪 30 年代,奉行自由主义市场经济模式的西方发达国家经历了席卷整个资本主义国家的经济大萧条。经济危机使得自由市场经济国家开始认识到单纯依靠市场并不足以实现资源的最优配置,市场并不是万能的,也就是存在着“市场失灵”。市场机制在资源配置效率方面有巨大的优越性,但市场机制也会造成分配不公、外部性、失业、市场垄断等失灵现象。

相比之下,与资本主义阵营对立的社会主义阵营采用集权式的政府管理,通过政府进行资源配置。加上东亚经济的腾飞似乎向世界宣布:政府管理模式才是唯一可行的模式。但是 20 世纪 90 年代以来,随着苏联的解体、东欧剧变以及东南亚金融危机的爆发,西方福利国家内部也出现了管理危机,职能扩张、机构臃肿、效率低下,财政危机遍布各国,社会分裂和文化分裂的现象,集权式政府管理国家的实践表明“政府失灵”也同样存在。集权制度在解决收入公平、失业等问题上具有相当的优势,但是等级制调节机制会造成政府过度增长,机构效率低下,行政信息受阻与失真等弊端。也就是说在社会资源的配置中既看到了市场的失效,又看到了国家的失效。①

① 俞可平. 治理与善治[M]. 北京:社会科学文献出版社,2000:6-7

2）市场失灵—政府失灵—治理的嬗变

在这样的背景下，西方国家开始寻求“第三条道路”，治理理论作为既重视发挥政府的功能，又重视市场机制作用的发挥，也重视社会组织群体相互合作、共同管理的方式和理念首先在西方发达国家登上了历史舞台。治理以其创新的思维、制度设计和实践行动，试图突破单中心、“政府与市场”二元对立等价值观的局限，建立一套与传统模式截然不同的资源配置方式。主张通过府际合作、政府与公民社会间合作、建立公私合作伙伴关系等新型发展模式来进行资源配置。在政府统治和市场权力之间架起一座桥梁，发掘“第三条道路”，探索多种社会资源广泛合作，共同促进区域公共问题解决的治理途径与策略。

在治理思潮的推动下，世界各国开展了积极的探索。各种区域治理组织、区域合作方式大量涌现，在区域发展中发挥了重要作用。作为世界多层治理结构（包括全球治理、跨国跨地区治理、公司治理）有机组成部分的区域治理，成为许多国家应对日益纷繁复杂的公共事务的探索性改革途径。政府—市场—社会的整合成为世界各国发展的模式选择。

0.1.2　中国视域：推行区域治理是理性的选择

新中国成立以后，建立了高度集权的计划经济模式，实行政府高度集权的管理，计划经济的优越性得到了充分发挥。在计划经济模式下，政府统管一切经济社会事务，统一进行资源配置，社会经济秩序迅速恢复，在一穷二白的基础上经济获得了飞速发展。但是在经历了“十年动乱”之后，新中国的社会经济体系遭到严重破坏。计划经济的弊端也开始显现，政府配置资源的模式遭遇到了前所未有的挑战。

改革开放以后，我国进行了经济体制改革，从计划经济向社会主义市场经济转型。在资源配置领域，政府的权力逐步让渡给市场，在权力纵向系统中，中央政府逐步向地方分权，社会主义市场经济得以快速建立，地方政府发展经济的积极性也得以充分释放，取得了举世瞩目的经济奇迹。在市场经济体制逐步建立的同时，市场经济的发展也造成了区域差距、城乡差距、行业差距逐渐扩大，各种社会问题也随之而生。行政区之间的竞争日趋激烈，地方保护主义迅速滋生，市场封锁与分割、重复建设和恶性竞争阻滞了市场经济的自发调节作用的发挥。自 20 世纪 90 年代初，中央政府多次出台协调区域发展的政策，多次降低存款利率试图刺激内需，采取各种措施抑制房价快速上涨，但是收效甚微。政府的调控能力受到极大制约。也就是说，在我国从计划经济向市场经济转型的过程中，政府失灵和市场失灵相伴而生。

在这种形势下要求我们跳出传统的政府与市场二元对立思维，探求建立一种既能发挥政府统筹调控功能又能发挥市场竞争机制的模式，这种新的模式就是推行治理。在治理模式下，社会成为政府与市场中间的桥梁。通过建立治理模式，充分发挥政府、市场与社会的作用，实现资源的有效配置。

0.1.3 区域视角：推行区域治理是现实的选择

随着我国经济的腾飞和市场经济体制改革的不断推进，我国的区域经济获得了飞速发展。2011 年长三角、珠三角和京津冀三大经济区的 GDP 已经占到全国经济总量的 44%。① 区域经济在全国的经济、政治、社会生活各方面发挥越来越重要的作用。但是在我国向市场经济体制转型过程中，区域经济发展的横向联系和行政区经济运行的纵向体系的矛盾日益突出，行政区划对区域经济的刚性约束也逐步显现。京津冀区域内各地方都是在本行政辖区范围内组织经济社会运行，产业同构、环境污染、基础设施重复建设等跨行政区的公共事务在现行模式下难以解决。北京、天津的“极化”作用日益强化，而扩散作用未能有效发挥，对区域经济的拉动作用不强。地方利益固化在整个区域内形成了看不见的围墙，严重束缚了区域协调发展，区域内、区域间的城乡差距、贫富差距等问题也日益严重。

在这种背景下要求我们创新观念，打破行政区划的界限，在整个经济区域内合理配置资源，借鉴发达国家的经验，探索适应我国国情的新型治理模式，为区域协调发展创造良好的环境。在区域经济的自然发展不断被行政区划的界限、被政府干预行为挫伤的背景下，为适应区域经济发展要求必须进行合理化的关系构建与行为调整，推行区域治理，在政府主导的前提下，重新建构政府、市场与社会的关系。强化市场机制在资源配置中的基础性作用，发挥社会力量在协调、监督方面的作用，整合政府、市场和社会的力量，共同推进区域协调发展。但是治理根植于西方发达国家特有的政治、经济、文化和社会土壤中，在我国转型过程中，如何构建适合我国国情的区域治理模式与机制就成为需要研究的重点。

---

① 根据 2012 年中国统计年鉴计算。

0.2 研究的意义

0.2.1 构建京津冀区域治理体系与机制，是经济全球化的必然选择

经济全球化的实质，是发达的市场经济体制和机制的全球化。区域经济一体化，是全球化在区域发展中的必然反映。任何国家或地区都应顺应这一历史潮流，融入全球化发展的大局。

西欧国家为了适应经济全球化的发展，打破国家间的界限，建立了欧盟，实现了优势互补，聚散为整，形成了“一个声音”。北美自由贸易区、东盟自由贸易区、拉美自由贸易区的相继出现，充分显示了区域经济一体化在世界经济发展中的地位愈来愈重要。经济全球化的大趋势，促使一个城市或者一个国家必须走联合之路，才能形成综合的竞争优势。因此，构建京津冀区域治理体系与机制，推动三地之间的合作与交流，加速京津冀区域经济一体化进程，加快区域经济发展步伐，增强综合实力，提高区域总体竞争能力，是顺应经济全球化大潮的必然选择。

0.2.2 构建京津冀区域治理体系与机制，是实现我国区域发展战略的战略举措

改革开放30多年来，随着经济社会发展水平的不断提高，区域协调发展越来越受到广泛重视。我国作出了一系列促进区域协调发展的重大决策和战略部署。区域发展战略逐步深化，相继提出了实施区域发展总体战略和全国主体功能区战略。“十二五”规划纲要明确提出，要优化格局、促进区域协调发展和城镇化健康发展。实施区域发展总体战略和主体功能区战略，构筑区域经济优势互补、主体功能定位清晰、国土空间高效利用、人与自然和谐相处的区域发展格局，逐步实现不同区域基本公共服务均等化。坚持走中国特色城镇化道路，科学制定城镇化发展规划，促进城镇化健康发展。推进京津冀地区区域经济一体化发展，打造首都经济圈，重点推进河北沿海地区的发展。

因此，构建京津冀区域治理体系与机制，加强京津冀区域经济交流与合作，就是落实科学发展观、促进我国区域发展总体战略和全国主体功能区战略以及城镇化战略的具体实践。实现“京津冀一体化”发展，对于尽快改变我国区域发展“南高北低”、“东快西慢”的状况和统筹区域协调发

展具有十分积极的现实意义。

0.2.3 构建京津冀区域治理体系与机制，是国家治理体系的有机组成部分

党的十八届三中全会首次提出“推进国家治理体系和治理能力现代化”的战略目标。国家治理体系和治理能力是一个有机整体，相辅相成，有了科学、有效的国家治理体系才能实现治理能力的现代化，不断提高国家治理能力才能充分发挥国家治理体系的效能。从空间范围角度来看，国家治理体系可以分为国家治理（全国层面的治理）、区域治理（跨省区治理）、地方治理（省内区域治理）以及基层治理（包括社区治理、乡村治理）等层面。京津冀区域是我国三大经济区之一，是构建国家治理体系的试验场和主战场。因此，京津冀区域治理体系是国家治理体系中区域治理的有机组成部分。京津冀区域治理体系的构建，是事关国家治理体系创建和治理能力现代化的重要战略问题。推进京津冀区域治理体系和治理能力的现代化，要求我们及时更新治理理念、深入改革治理体制、丰富完善治理体系、努力提高治理能力。

0.2.4 构建京津冀区域治理体系与机制，是加快环渤海地区发展的现实需要

环渤海地区位于全国“两横三纵”城市化战略格局中沿海通道纵轴和京哈京广通道纵轴的交汇处，包括京津冀、辽中南和山东半岛地区。该区域正处于南北发展不平衡和东西发展不平衡两个“不平衡”的结合部。全国主体功能区规划中明确提出，环渤海地区是“北方地区对外开放的门户”，我国参与经济全球化的主体区域，有全球影响力的先进制造业基地和现代服务业基地，全国科技创新与技术研发基地，全国经济发展的重要引擎，辐射带动“三北”地区发展的龙头，我国人口集聚最多、创新能力最强、综合实力最强的三大区域之一。环渤海地区的迅速崛起，对于中西部乃至全国区域经济协调发展具有重要的影响。

京津冀区域处于环渤海区域的中心位置，聚集着北京、天津和河北11个城市组成的城市群，具有政治、区位、资源、科技、人才等多方面的优势，是我国北方发展程度最高的经济核心地区。强化京津冀更深层次的合作，有利于三方合理分工、错位发展、优势互补、提升区域的整体竞争力，从而有效地提升环渤海地区的发展水平，使这一地区更好地融入全球经济，释放潜能，形成叠加优势和乘数效应，促进经济社会又好又快发展。

1992 年，党的十四大报告就提出了加快环渤海地区开发开放的战略要求。国家“十一五”规划进一步明确提出，要建立环渤海区域协作协调互动机制，形成合理的区域发展格局。但是直至今日，京津冀地区仍然没有形成有效的互动协调机制。为此，尽快建立区域治理体系与机制，推动京津冀区域一体化进程，将京津冀区域建设成为“三北”地区的重要枢纽和出海通道，全国科技创新与技术研发基地，全国现代服务业、先进制造业、高新技术产业和战略性新兴产业基地，我国北方的经济中心，就成为加快环渤海地区发展的现实需要。

0.3 研究范围、思路方法与内容

0.3.1 研究范围

本书的研究范围是京津冀区域，该区域位于环渤海地区的中心，包括北京市、天津市和河北省全部(图 0-1)。京津冀区域是我国北方沿海的黄金海岸带和重要的出海通道，同时，这一地区腹地非常广阔，可以辐射到东北、华北、西北和华中的内陆地区。广阔的腹地与巨大的市场潜力，使得该区域成为我国经济发达、人口集聚最多的三大区域之一。该区域

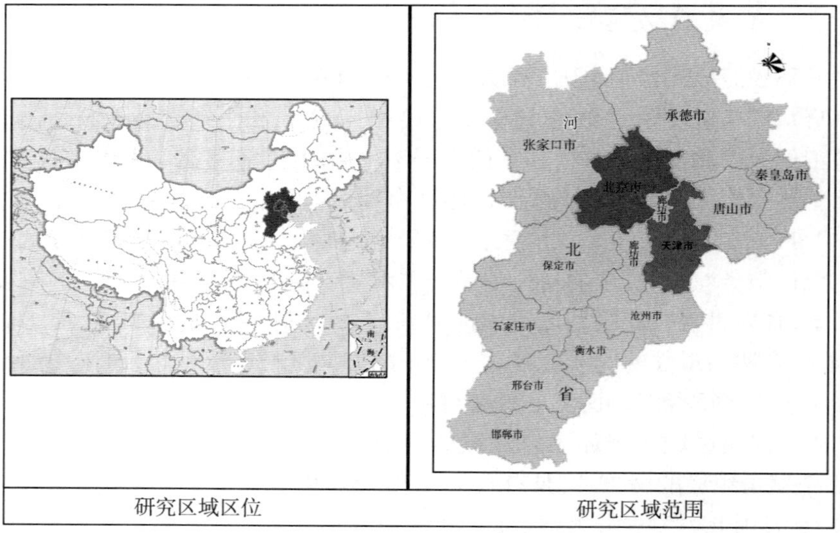

图 0-1 研究范围示意图①

① 作者绘制。

面积21.68万km^2，占全国的2.26%；2011年拥有人口10 615万人，占全国的7.88%；GDP达到52 075万元，占全国的11.01%。①

京津冀区域是我国经济、科技、文化和教育最发达的地区之一，是我国对外交流与合作的重要基地。京津冀区域的协调发展，不仅关乎京津冀三地人们的福祉，而且对于我国北方地区的发展，乃至全国经济实力和竞争力的提升都具有重要的战略意义。近年来，京津冀各地在区域协调发展方面取得了共识，各方都逐步加强区域之间的合作与交流，区域协作不断发展。但是与长三角和珠三角地区相比，京津冀区域一体化的进程相对缓慢，整个区域的发展相对落后，急需构建区域治理协调机制，以促进区域的协调发展。

0.3.2 研究思路与方法

1）研究思路

在研究一个区域的治理机制时，必须要掌握该区域的经济发展水平、社会文化背景和政治体制等方面的因素，寻找影响区域治理的关键因素和薄弱环节。京津冀区域包括北京市、天津市两个直辖市和河北省，是我国的政治、文化中心和北方经济中心。该区域的经济发展水平、政治背景和社会文化发展都有其特殊性。北京作为首都，是全国的政治中心和文化中心，同时也是京津冀区域事实上的经济中心，天津是规划的经济中心。双核心的存在是该区域的重要特征。而且行政力量强大、经济发展水平差距较大、社会发育不足也是该区域现阶段的固有特性。因此，对该区域治理机制的研究，首先从该区域的经济、社会、政治等背景切入，从总体上把握该区域的发展现状，剖析区域发展中存在的问题及影响该区域协调发展的制约因素。然后分析京津冀区域治理的发展进程，综合评价现有的研究和实践，从中找出该区域推行区域治理的特征与规律。在此基础上，借鉴其他地区的实践经验，探索适应京津冀区域的区域治理体系与协调机制，提出推进区域治理的思路、模式与对策建议。

2）研究方法

文献研究与访谈相结合。跟踪学术前沿，对治理理论进行系统梳理；全面收集各类文献资料，研究国内外关于区域治理的理论与实践文献，借鉴他人不同角度的研究成果和观点；对相关地区的部门领导进行深度访谈，了解区域合作的历程，各地区的利益诉求以及对构建区域治理机制的设想。对相关的专家学者进行访谈，借鉴他们的思想精华。

案例研究与对比研究相结合。通过对京津冀、长三角和珠三角地区的

---

① 根据2012中国统计年鉴计算。

实地调研取得第一手资料，深入剖析制约京津冀区域治理推进的因素；通过比较研究，探讨京津冀区域与其他区域的差距；通过对典型案例的分析，总结其他地区的先进经验和做法，为构建京津冀区域治理机制提供参考。

规范研究与实证研究相结合。通过调研和访谈等形式，充分利用各种数据资料，研判数据指标，实证分析京津冀区域发展的现状，利用SPSS、CorelDraw、Photoshop等统计软件绘图工具，编绘有关专题要素图，提供结论的直观表达方式。规范分析在我国现行体制下的区域治理模式创建，构建京津冀区域治理体系、治理平台、治理机制的路径(图0-2)。

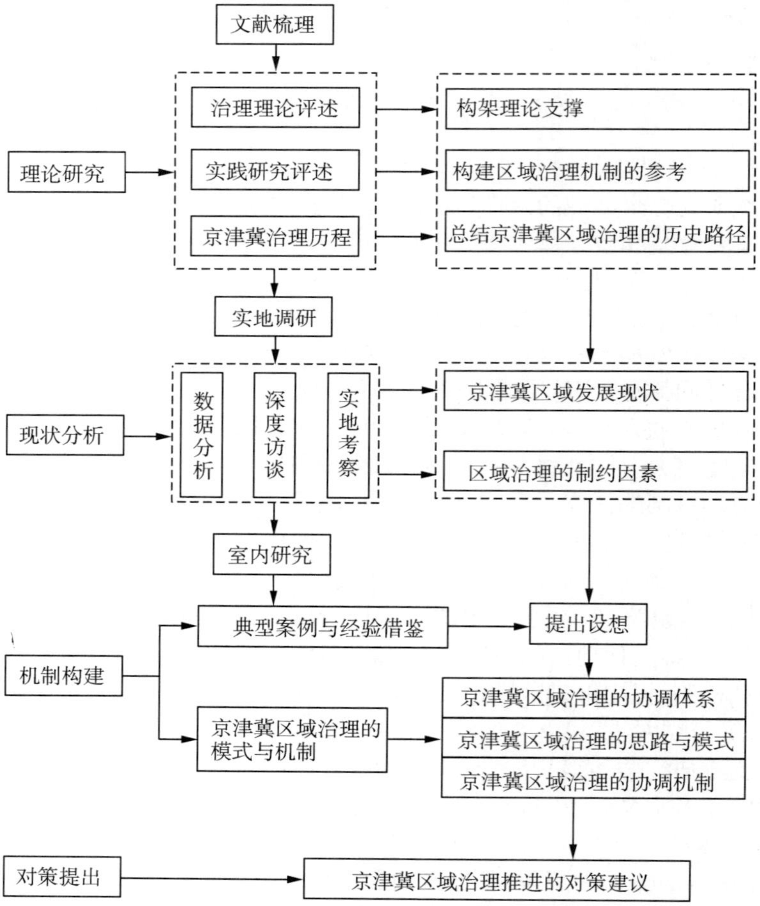

图0-2 研究框架①

① 作者绘制。

0.3.3 研究内容

本书将系统梳理京津冀区域相关研究文献，并对国内外相关研究进行综合评价，在剖析京津冀发展的历史、现状和问题的基础上，结合其他地区的先进经验，构建推进京津冀区域治理的协调机制。

本书的主要内容包括：

导论。概述选题的背景，阐述研究的意义，界定研究的范围，阐明研究的思路、方法与内容。

研究综述。对区域治理的内涵及相关理论进行整理和分析，奠定扎实的理论基础。评价现有的学者和政府界对京津冀区域的研究，吸取其精华，为进一步研究打下基础。

行政区行政—区域行政—区域治理。从理论上对区域治理的演变轨迹和趋势进行分析，包括上层建筑演进路径：行政区行政—区域行政—区域治理和经济基础演进路径：传统时期的行政区经济—转型期的行政区经济—经济区经济。

京津冀区域治理的历史与现状及制约因素。对京津冀区域发展的历史、现状进行总体性分析和考察，把握该区域发展的现实问题与内在矛盾，通过对京津冀地区的实际考察和文献资料，揭示京津冀区域发展和区域治理中存在的问题和制约因素。

区域治理的典型案例及经验借鉴。分析国外成功运行的区域治理模式，总结其经验以及对京津冀区域治理的借鉴意义。

区域治理的目标、原则与思路。主要探讨区域治理的目标，为实现这一目标建立区域治理协调机制应遵循的基本原则，以及构建区域治理协调机制的思路与模式。

区域治理的协调体系。构建京津冀区域治理的理论模型，对区域治理的主体、客体及运行体系进行界定。

区域治理的协调机制。主要提出京津冀区域治理的组织平台，推进时序以及区域治理的协调机制。

对策建议。总结前面几章的研究结论，并由此提出推进区域治理的建议。

1 区域治理的理论演进及京津冀区域治理的研究

治理理论是一套复杂的思想体系,作为一种分析和解释途径,它试图说明在激变的社会发展中,当今国家与社会间关系出现的新结构形变。而作为一种创新性实践活动,它力图促进传统政治、行政制度的变革,构建分权、参与、多中心的公共政策体系。[①] 区域治理是当今世界多元、多层次治理结构中的有机组成部分,它运用治理的理念和精神,再造着区域公共事务管理的制度和过程。

1.1 区域治理相关概念

1.1.1 区域概念的界定

1) 地理学的观点

最早研究区域的学科是地理学,而且长期以来一直是地理学研究的中心问题之一。地理学把区域作为地球表面的一个地理单元,认为整个地球是由无数区域组成的。近代地理区域学派创始人赫特纳认为,区域是形态上内部性质相对一致而外部差异性最大的地表连续的地段或状态。[②] 地理学研究的区域应是人类与环境相互作用的结果,所有自然界中与人类活动相互影响的一切要素,与自然环境相互联系的人文现象都是区域的特征。一个区域所包含的地表空间具有同质性,与其上的人类活动有密切的相关性和整体性。区域之间则表现出差异性,不同的区域,资源的种类、数量、质量及组合与自然、社会经济条件不一,发展潜力和可能性相互有差异,存在问题也不同。

地理学的新兴分支经济地理学和新经济地理学则提出区域是人类经济活动所占据的空间范围。但是在进行理论和具体区域问题研究时,学者们对区域这个概念的理解和使用有所不同。在进行理论研究时,区域

---

① 孙柏瑛.当代地方治理——面向21世纪的挑战[M].北京:中国人民大学出版社,2004:18

② 陈瑞莲,孟华,张紧跟.当代中国的区域行政研究:源起与发展[C]//公共管理研究与教育国际学术研讨会论文集,2001:132-233

是一个抽象的、观念上的空间概念，或者说是一个隐含着要素禀赋差异和经济活动差异特质的经济空间。它没有地理界线，在很大程度上是学者们用来标志其研究问题的特性或分析区域经济现象的工具。在进行具体区域经济问题研究时，区域则是指具有明确的地理界线的经济活动空间范围。它具有明显的要素禀赋、经济活动、范围大小等方面的特征，不能有另外完全相同的区域同时存在于另外一个地方。①

2）经济学的观点

经济学把区域理解为一个在经济上相对完整的经济单元，将区域视为由人的经济活动所造成的、具有特定地域特征的经济社会综合体。最早从经济学角度对区域概念进行界定的当推1952年全俄中央执行委员会直属经济区划委员会所给出的定义："所谓区域应该是国家的一个特殊的经济上尽可能完整的地区。这种地区由于自然特点、以往的文化积累和居民及其生产活动能力的结合而成为国民经济链条中的一个环节"。②目前广为接受的是美国著名区域经济学家埃德加·M. 胡佛给出的定义："区域是基于描述、分析、管理、计划或制定政策等目的而作为应用性整体加以考虑的一片地区，而所有的定义都把区域概括为一个整体的地理范畴，因而可以从整体上对其进行分析"。③ 正是区域内在的整体性要求我们更多的考虑区域内各部分之间的关系协调问题。法国经济学家帕鲁提出了著名的"增长极"理论，认为一个区域的增长极能够引发空间辐射效应和规模经济，由此引申出区域内的点与面的互动关系问题。

3）社会学的观点

社会学把区域作为具有人类某种相同社会特征、承载相应功能的人类聚居社区。这种相同的社会特征是指相同的语言、相同的信仰和民族特征等。④ 社会学认为区域更多的是一种功能区域，而非地理区域或行政区域。我国著名的社会学家费孝通教授认为区域的概念更多的应是功能取向，而不是单纯的地理意义上的，一个区域内各个组成部分之间，重要的不在于地理环境或行政隶属关系是否相同，而在于整合程度的高低。

4）政治学的观点

政治学一般把区域看作国家实施行政管理的行政单元，主要从政治和法律的角度看待区域的问题，由此产生行政区域的概念。而当这种行

---

① 李小建. 经济地理学[M]. 北京：高等教育出版社，2001：163

② 全俄经济区划委员会. 苏联经济区划问题[M]. 王守礼，译. 北京：商务印书馆，1961：82

③ [美]埃德加·M. 胡佛. 区域经济学导论[M]. 王翼龙，译. 北京：商务印书馆，1990：239

④ 陈瑞莲. 区域公共管理导论[M]. 北京：中国社会科学出版社，2006：2

政区划超脱了民族国家的法定疆界的时候，具有战略意义的若干国家或地区会结成某种关联，由此引出地缘政治学的区域话题。

5）本书的观点

综上所述，不同的学科对区域的理解和研究的侧重点是不同的。地理学侧重于区域的空间特性，经济学注重区域空间内的经济活动，政治学关注的则是区域内的权力关系，社会学聚焦于区域的社会功能。不论何种理论都关注区域的空间性和整体性。综合以上各个学科的观点，我们可以总结出区域具有以下的基本特征：

（1）空间性：区域是一个空间的概念，尽管划分的标准不同，但各种类型的区域总是地球表面一定的地理单元。

（2）整体性：整体性是所有区域的共同特征。古典地理学家认为要把区域看作是相互影响、相互依赖的有机统一体；区域经济学家主张从整体性上把握区域的本质以及区域内部的相互关系；社会学家把相同的人类特征作为识别区域的标准。这就说明，区域之间有差异性，但区域内部却是一个有机统一的整体，必须从整体上来研究区域问题。

（3）结构性：区域的各构成单元或要素按一定的联系形成一定的结构。如区域的城镇体系结构、空间结构、资源—环境结构等。区域的结构具有层次性（如城镇体系结构具有自上而下的递阶控制的特征）和稳定性。没有稳定的结构，也就没有区域的整体性。区域结构源于区域的联系，由不同的联系产生不同的结构。

（4）相对性：区域既是地球表面上的客观存在，又受到研究目的的限制，带有一定的主观性。区域是为了某种研究目的而划定的，作为经济学研究对象的区域，不是以自然特征为标准划分的自然区域，也不是以社会文化特征为标准划分的社会文化区域。

区域治理中的区域既可以是几个行政单元组成的地域，也可以是某一条河流流域流经的地域，还可以是某一语系包括的地域。区域既可以是地球表面一个连续的地理单元，也可以是不连续的地理单元。总之，区域治理中的区域可以理解为基于一定的自然、经济、社会、政治、文化等因素而联系在一起的地域。区域治理中的区域可以分为宏观区域、次区域、中观区域、微观区域四个层次。宏观区域是指洲际之内由民族国家结合各国的规则形成的组织联合体，比如“欧盟”、“东盟”、“北美自由贸易区”等；次区域是指较小范围的、被认可为一个单独经济区域的跨国界或跨境的多边经济合作，如“中华经济区”、“新柔廖成长三角”、“图们江地区的次区域经济合作”、“澜沧江—大湄公河地区的次区域经济合作”等；而中观区域层次，则多指一国内部的出口加工区、工业园区或省际的经济合作，如我国的“长江三角洲经济区”、美国的田纳西河流域等。微观区域指更低层次的行政区（如市、县或乡镇）之间的联合体。如基于经济联系形成的区域治理：苏锡常都市圈、长株潭都市圈治理等；基于文化联系形成的江南水乡集镇治理（2001 年江苏的周庄、同里、甪直，浙江的乌镇、西塘、南浔六镇共同申报世界历史文化保护遗产）；基于社会因素形成的区域社会治理：上海青浦区的金泽镇和江苏吴江市的芦墟镇（2006 年两镇成立联合人民调解委员会）。

1.1.2 治理的内涵

英语中的“治理”（governance）可以追溯到古典拉丁语和古希腊语中的“操舵”一词，原意主要指控制、指导或操纵。但是，自 20 世纪 80 年代以来，伴随着经济全球化和后现代哲学的提出，西方政治学家和经济学家赋予了治理新的内涵，以与“统治”（governing）和“管理”（government）区别开来。

就传统用法和辞典上的解释而言，“治理”是“统治”的同义词。但是在愈来愈多的讨论治理的著作中，治理的用法和内涵都转移了方向，治理意味着“统治的含义有了变化，意味着一种新的统治过程，意味着统治的条件已经不同于以前，或是以新的方法来统治社会”。一些学者甚至认为区分治理与统治是正确理解治理的前提条件。治理标志着政府管理含义的变化，指的是一种新的管理过程，或者是一种改变了的有序统治状态，或者是一种新的管理社会的方式。

格里·斯托克认为，与“政府统治”一样，“治理”作为一种政治过程，也是为了维持正常的社会秩序。但“治理”与“政府统治”至少有两个区别：(1)“治理”与“政府统治”的最基本的或是本质性的区别是：“治理”虽然需要权威，但这个权威并不一定是政府机关，而“政府统治”的权威则必定是政府；“政府统治”的主体一定是社会的公共机构，而“治理”的主体既可以是公共机构，也可以是私人机构，还可以是公共机构和私人机构的合作。(2) 管理过程中权力运行的向度不一样：“政府统治”的权力运行方向总是自上而下的，而“治理”则是一个上下互动的管理过程。①

治理理论诞生后，被运用于各种语境。治理至少有六种不同的用法：作为最小国家的治理、作为公司治理的治理、作为新公共管理的治理、作

---

① 俞可平，等. 中国公民社会的兴起及其对治理的意义[M]∥中国公民社会的兴起与治理的变迁. 北京：社会科学文献出版社，2002：193-194

为“善治”的治理、作为社会—控制系统的治理、作为自组织网络的治理。① 治理理论的主要创始人之一罗森瑙(J. N. Rosenau)在其代表作《没有政府的治理》和《21 世纪的治理》等论著中将治理定义为一系列活动领域中的管理机制,它们虽未得到正式授权,却能发挥作用。与统治不同,治理指的是一种由共同的目标支持的活动,这些管理活动的主体未必是政府,也无须依靠国家的强制力来实现。世界银行在《治理和发展》一书中对治理的定义偏重规范和管理:“治理是通过建立一套被接受为合法权威的规则而对公共事务公正而透明的管理”,并且提出了“善治”的治理。联合国开发计划署(UNDP)则提出了“健全的”治理,联合国教科文组织又提出了“民主的”治理。而全球治理委员会(Commission on Global Governance)的定义则更为宽泛,该委员会在《我们的全球伙伴关系》的研究报告中对治理作出了如下界定:治理是各种公共的或私人的和个人机构管理其共同事务的诸多方式的总和。它是使相互冲突的或不同的利益得以调和并且采取联合行动的持续过程。这既包括有权迫使人们服从的正式制度和规则,也包括各种人们同意或以为符合其利益的非正式的制度安排。

不同观点的激荡与交锋,丰富了治理的内涵,推动了治理理论的研究与实践。虽然侧重点各有不同,但是对于治理的界定也有着共通点。

1.1.3 治理的特征

对于治理的内涵的界定,不同的学科、不同的学者、不同的组织有不同的定义。1998 年,英国学者格里·斯托克(Gerry Stoker)对流行的各种治理概念作了一番梳理后指出,各国学者对作为一种理论的治理已经提出了五种主要的观点。② 这五种观点分别是:(1) 治理是指一系列来自政府,但又不限于政府的社会公共机构和行为者的复杂体系;(2) 治理意味着在为社会和经济问题寻求解决方案的过程中,存在着界线和责任方面的模糊性;(3) 治理明确肯定了在涉及集体行为的各个社会公共机构之间存在着权力依赖;(4) 治理意味着参与者最终将形成一个自主的网络;(5) 治理意味着,办好事情的能力并不限于政府的权力、政府的发号施令或运用权威。在公共事务的管理中,还存在着其他的管理方法和技术,政府有责任使用这些新的方法和技术来更好地对公共事务进行控制和引导。

---

① Rhodes R A W. The New Governance: Governing Without Government [J]. Political Studies, 1996, 44(4): 652-667

② Stoker G. Governance as Theory: Five Propositions [J]. International Social Science Journal, 1998, 50(155):17-28

英国地方治理委员会的罗伯特·罗茨认为,治理涉及一个全新的社会统治、控制方式转型的进程。治理有以下几个基本特征:第一,组织之间相互依存。治理比政府管理范围更广,包括了非国家的行为者。改变国家的边界意味着公共的、私人的以及志愿部门之间的界限灵活了、模糊了;第二,相互交换资源以及协商共同目的的需要导致的网络成员之间的持续互动;第三,游戏式的互动以信任为基础,由网络参与者协商和同意的游戏规则来调节;第四,保持相当程度的相对于国家的自主性。网络不对国家负责,它们是自组织的。尽管国家没有专门的最高权力,但是它能够间接地并且在一定程度上调控网络。①

对于治理的内涵与特征有不同的理解与表述,对于治理的理解也如同盲人摸象,这使得我们难以把握治理的精髓。需要我们从各种线索中抽丝剥茧,寻找各种理论、流派的共同点:一是治理主体的多元化,除了政府之外,还存在着私人部门、社会组织和公民等利益相关者的广泛参与;二是运行机制的互动性和多样化,通过合作、协商、谈判、伙伴关系等方式构建新型治理关系,注重强调共同利益,从而为各主体间的利益协调和联合行动提供思路和途径,多元主体在竞争中合作、冲突中持续互动地协调;三是治理目标的一致性,在信任为基础的网络体系中,通过多元化的参与、多中心的治理、多元主体的互动,协调各方的集体一致行动,促进政府、市场和社会间的互动,使得政策制定更为有效,共同实现公共利益。

1.1.4 区域治理的界定

治理已经成为社会各界广泛使用的词汇,目前为止尚未形成统一的定义。因此对区域治理的界定也变得十分困难。

一些学者用罗列的方式列举了区域治理的研究内容。美国学者Dodge认为区域治理应重点研究五方面的内容:(1) 区域治理的成长状况、可见性和重要性应该增强,必须成为区域的重点;(2) 区域必须对其所面临的挑战有诊断,并发展出一个关于未来的远见和战略以及实现这种远见的重点的基本共识;(3) 克服经济不平等和种族隔离的方式必须是区域治理的优先着眼点,真正的区域治理将不是在大都市区有大的经济与种族差异;(4) 区域必须有区域共同体感觉,否则社区领袖将不支持加强区域治理的动议;(5) 区域治理必须制度化,区域主义的文化必须被

① Rhodes R A W. The New Governance: Governing Without Government [J]. Political Studies, 1996, 44(4): 652-667

培养，人与组织的网络必须被发展以表达区域的挑战和对区域共同体的坚持。[①] 德国学者 Benz 认为，区域治理没有教科书式的定义，但可以从以下七个方面进行解释：(1) 区域规划和控制结构在本质上是跨组织的；(2) 行动首先受到制度化的“宪章”的规制和协调；(3) 主体在规划和机制定义的范围内进行合作；(4) 合作通过一个协商过程变成现实，在这一过程中，合作的意愿和争议的决议由调解人和仲裁机构执行；(5) 合作的持久性通过一个基于主体的自律、互信和及时交流为基础的网络来维系；(6) 网络和控制结构包括融入具有各种内部结构的组织之中的主体，及其由不同规则支配的主体行为；(7) 区域空间并不是一个决定资格界限的地域范围，而是一个进行合作过程中的功能和行为空间。[②] 这一研究是从规划的角度出发，提出了区域治理要建立制度化、网络化的组织与机制，倡导交流、合作与协调，并且对区域治理的区域进行了界定。

当代知名区域治理专家戴维 · 汉密尔顿则从公私伙伴关系的角度指出：“区域治理是一种公私部门之间伙伴关系的协作过程，尽管公私伙伴关系并不必然构成一个完整的区域治理，但正式的或非正式的公私伙伴关系是区域治理的必要组成部分。”[③]主张改变政府在区域公共物品生产与供给中的单一主体格局，为区域提供公共物品。区域公共物品的提供更多依赖于市场机制和公私伙伴关系。这一定义只是反映了区域治理的一个侧面，未能就治理所倡导的多中心、社会参与、网络化体系等问题给予充分的关注。

国内学者张京祥较早使用了区域管治这一概念，但是未进行明确的界定。杨毅、李向阳则较为明确地提出了区域治理的概念，区域治理是治理理论在区域层次上的运用，它通常就指在具有某种政治安排的地区内，通过创建公共机构、形成公共权威、制定管理规则，以维持地区秩序，满足和增进地区共同利益所开展的活动和过程，它是地区内各种行为体共同管理地区各种事务的诸种方式的总和。[④] 这一概念是从政治安排的角度提出，属于政治学的研究，主要论及区域的经济和安全方面(如欧盟的模式)，而没有涉及一个国家内部的区域层次的治理。

---

① Dodge W. Regional Excellence: Governing Together to Compete Globally and Flourish Locally [M]. Washington: National League of Cities, 1996:47-49

② 洪世键. 大都市区治理——理论演进与运作模式[M]. 南京：东南大学出版社，2009:53

③ Hamilton D. Developing Regional Regimes: A Comparison of Two Metropolitan Areas [J]. Journal of Urban Affairs, 2004, 26(4):455-477

④ 杨毅，李向阳. 区域治理：地区主义视角下的治理模式[J]. 云南行政学院学报，2004(2):50-53

区域治理是治理理论在区域范围内的应用,将治理的范围限定在某一类区域。区域治理中的区域的界限不是固定的,而是可变动的。既可以是一个行政区域,如城市区域;也可以是一个经济区域,如长江三角洲经济区;还可以是一个自然区域,如海河流域;也可以是社会功能区域,如少数民族区域。这些区域是基于某种关系而紧密联系在一起的共同体,其内部具有同质性,与其他区域相比具有较强的异质性。区域的范围随着面对的具体问题的不同进行变动。

区域治理作为一种创新性实践过程,它力图再造区域公共事务管理的体系,以应对日益纷繁复杂的区域公共事务。区域治理中的治理不能被缩减为某种国家体制,或者政治制度,它不是简单的政府管理体制的延伸,更不能简化为良好的区域公共管理技术。正如全球治理委员会在《我们的全球伙伴关系》中指出的那样,治理不是一整套规则,也不是一种活动,而是一个过程;治理过程的基础不是控制,而是协调;治理既涉及公共部门,也包括私人部门;治理不是一种正式制度,而是持续的互动。① 区域治理目的是在各种不同的制度关系中动员各方力量去引导、协调和规范社会的各种活动,以保证社会的生存、团结和发展,以及社会与生态的平衡,最大限度地增进公共利益。

区域治理是在基于一定的经济、政治、社会、文化和自然等因素而紧密联系在一起的地域空间内,依托政府、市场、非政府组织以及社会公众等各种组织化的网络体系,整合区域内外利益相关者的力量,建立正式与非正式的制度化安排,通过持续的互动、协商、合作对区域公共事务进行的协调和自主治理的过程。

1.2　区域治理的理论流派

1.2.1　区域主义:集权式的单中心治理

区域主义(Regionalism)诞生于20世纪初期的美国,由于近期出现的新区域主义,也将区域主义称为传统区域主义。传统区域主义起源于对区域"碎片化"的批判,主张组建统一的具有正式权威的大都市区政府,"一个区域,一个政府"来促进区域协作,优化区域公共物品的供给。

"碎片化"表现在两个方面:一是地域的碎片化,即每一个地方政府都

---

① The Commission on Global Governance. Our Global Neighborhood: The Report of the Commission on Global Governance[M]. Oxford: Oxford University Press, 1995: 2-3

对城市的一部分具有统治权,而没有一个覆盖整个区域范围的单一政府单位;二是职能碎片化,意指一个特定地区内地方政府职能在若干个主体之间进行分割,而没有一个统一的单位来履行这些职能。基于专业分工、科层制的政府组织结构在工业化时代体现了效率的原则和理性的价值。按照职能分工的原则,科层制的政府由诸多不同的部门组成,部门之间的分工也越来越细,即形成了职能碎片化。科层制治理的最根本的问题是地方政府结构体系的碎片化、分割化和分散化,导致了公共服务的效率低下,造成了地方政府之间财政资源的不平衡。"我们大部分政府和商业组织建立的原则是劳动分工、专业化、标准化、明确的等级制度、个人责任、可互换的零部件和员工,这些原则产生了以隔离为特征的高度分散的组织与部门之间的隔离,部门与职员的隔离,机构和顾客的隔离,机构和供应商以及卖主的隔离。"①由于政治实体众多、利益集团繁杂,区域内部各利益主体之间矛盾重重,碎片化将本属社会与经济单一体的大都市社区分裂开来。结果,产生了公共服务的财政与分配方面的严重不平等、服务的均等化问题,以及无力处理区域性问题,产生了诸多弊端。

传统官僚层级体系以职能为导向的政府组织的运行,服务视野狭窄、各部门间相互推卸责任、政策目标与计划实施互相冲突、资源运用重复浪费,造成公共服务提供的认知与实际执行之间的差距;而政府结构设置也常常出现重叠,导致公共服务分散于各部门之间,又缺乏适当的连通渠道,以至于处置失序,无法及时提供民众所需要的服务。希克斯等学者将这种现象称为"功能碎片化治理"(functionally fragmented governance)。②

在对碎片化进行批判的同时,传统区域主义者提出了解决碎片化的途径与策略——大都市区政府,即"巨人政府论"。主张建立具有正式权威的集权式大都市区政府,以应对日益增加的相互依赖性要求,采取综合性的和协调性的规划与权威性行动,统一负责区域公共物品和服务的提供。传统区域主义认为,"一个大都市区的福利只有通过一个一体化的政府结构才能实现,在这样一个结构中,市政决策正式集中在一个单一的管辖范围内。"③因此,针对传统科层制治理的各种改革主张开始盛行。具

---

① [美]拉塞尔·M. 林登. 无缝隙政府——公共部门再造指南[M]. 汪大海,吴群芳,等译. 北京:中国人民大学出版社,2002:18

② Perri 6, Leat D, Seltzer K, Stoker G. Towards Holistic Governance: The New Reform Agenda [M]. New York: Palgrave, 2002:39

③ Bellush J. Government in Metropolitan Regions: A Reappraisal of Fractionated Political Organization [J]. National Civic Review, 1967, 56(2):119

体而言,其改革措施包括:(1) 兼并,一种方式是中心城市的扩张,兼并邻近的郊区和市镇,另一种方式是市县合并,专区政府与市县政府合并;(2) 建立广泛权限和自治的双层制大都市区政府,上层大都市区政府功能主要集中于那些跨地区的事务,如空气和水污染控制、垃圾处理、区域性土地利用规划等,而地方性事务,如街道照明、地方公园和运动场、垃圾收集等由下层地方政府处理;(3) 市县重组。"巨人政府论"认为,改革不仅可以产生出统一的行动、更公平的公共服务、更强的区域公共治理能力,而且给公众带来了对更有效的政府进行控制的民主化福利,并提高了选举的或被任命的官员的品质。①

传统区域主义的区域治理机制建立在这样的逻辑上:碎片化的政府致力于追求各自的利益,无法解决日益复杂的各种区域矛盾,导致了效率低下、公共服务不均、缺乏对区域的整体性关注等问题。造成了"有组织的混乱",如无计划的发展、基础资源欠缺、管理能力和专业技能缺乏、在公共问题上缺乏一致行动、责任混乱、种族和社会隔离、财政不均和财政剥削。② 将合并看成是最好的解决方式,主张构建区域范围的大都市区政府,通过大都市区政府这一集权的单中心的治理主体,来统筹规划区域发展,提供公共物品。但是巨人政府论没有充分的事实证明制度的巩固是成功的,而且大多数的改革现在证明是失败的。③ 碎片化、财政不均以及其他问题可能继续存在于合并后的政府体制之中,④单一的政府不能满足不同社区和邻里的偏好,相反,分权化的地方政府间的合作可能更有利于解决区域性问题。

1.2.2 公共选择理论:市场化的多中心治理

公共选择(Public Choice)学派是当代西方经济学的一个分支,作为传统区域主义的对立学派而产生发展起来,在对大都市区政府的批判中占据了上风,在西方发达国家占据了主流地位。

---

① Hawkins B, Ward K J, Becker M P. Governmental Consolidation as a Strategy for Metropolitan Development [J]. Public Administration Quarterly, 1991,15(2): 255-267

② [美]文森特·奥斯特罗姆. 美国地方政府[M]. 井敏,陈幽泓,译. 北京:北京大学出版社,2004:65-68

③ Lefèvre C. Metropolitan Government and Governance in Western Countries: A Critical Review [J]. International Journal of Urban and Regional Research, 1998, 22(1): 9-25

④ Blomquist W, Parks R B. Fiscal, Service, and Political Impacts of Indianapolis-Marion County's Unigov [J]. The Journal of Federalism, 1995, 25(4): 37-54

丹尼斯·缪勒将公共选择理论概括为“我们可以把公共选择定义为是对非市场决策的经济学研究，或者简单地定义为经济学运用于政治科学的分析。就研究对象而言，公共选择无异于政治科学：国家理论、投票规则、选民行为、党派、官僚体制等等。然而，公共选择的方法却是经济学的。与经济学一样，公共选择的基本行为假设是，人是自利的、理性的效用最大化者”，所以公共选择理论也被认为是最为名符其实的“政治经济学”。①理性假设、方法论上的个人主义和将政治视为交易是公共选择理论的三大支柱。

公共选择理论认为公共选择的重要主题之一是政治科学的主题，即国家理论、投票规则、投票者行为等。然而，公共选择的方法论主要来源于经济学和数学。在现代宏观经济分析中，政府作为经济体中的一个部门，主要提供公共产品，私人产品由私人部门提供。不过，介于公共产品与私人产品之间还有一种产品，称作准公共产品或混合产品，多数由政府提供，也可以由私人联合提供。准公共产品类似于俱乐部提供的产品，研究准公共产品的供给、需求与均衡数量的理论，也叫“俱乐部理论”。

公共选择理论认为，经济学是一门交易科学，经济学研究的特定主题就是人们在市场关系中的行为。把经济学的这一方法运用于政治学研究，它所展现的政治是个人、集团之间出于自利动机而进行的一系列交易过程。皮考克(Alan Peacock)把公共选择理论的研究分为三个大的政治市场，即初级政治市场、政策供给市场和政策执行市场。在初级政治市场上，政治家把政策“卖”给选民，选民则为政治家支付选票；在政策供给市场上，官员为了实现当选政府的政策目标而提供不同的行政手段；在政策执行市场上，主要分析政策的执行结果及其影响。

公共选择理论认为，市场经济下私人选择活动中适用的理性原则，也同样适用于政治领域的公共选择活动。也就是说，政府以及政府官员在社会活动和市场交易过程中同样也反映出“经济人”理性的特征。政府及其公务人员也具有自身的利益目标，或者说政府自身利益本身也是一个复杂的目标函数，其中不但包括政府本身应当追求的公共利益，也包括政府内部工作人员的个人利益，此外还有以地方利益和部门利益为代表的小集团利益等等。可见政府及其公务人员并不一定只代表公共利益。从另一个角度来说，即使政府基本上代表着公共利益，但由于公共利益本身

---

① [英]丹尼斯·缪勒. 公共选择理论[M]. 杨春学，等译. 北京：中国社会科学出版社，1999：4

有不同的范围和层次划分，因此中央政府与地方政府作为不同的利益主体，除了自身利益诉求之外，在公共利益的总体目标方面也有着不同的价值取向和偏好程度上的差异。

公共选择理论的结论是：政治市场上的基本活动也是交易。方法论上的个人主义在公共选择的运用，可以说，经济学家把政治学研究向前推进了一大步。熊彼特认为，“一切行为都是人的行为，当个体成员的行为被排除以后，就不会有社会团体的存在和现实性”。所以，经济学中的“经济人”理性、生产者、消费者概念，都是把个人的偏好、个人的目的性作为一切问题的出发点。

公共选择把方法论上的个人主义运用于自身的理论体系，它表明，“人是一个自利的、理性的、追求效用最大化的人”，而政府只是在个人相互作用基础上的一种制度安排，所以，政府也并不是我们所想象的一个抽象实体，政府也并不是我们所想象的那样，总是一心一意地追求社会总体福利最大化目标。

在公共选择理论体系中，所谓的公益、社会正义等这些难以界定的概念是不存在的。如同布坎南所说：“人是自利的、效用的最大化，在市场中如此，在公共领域中也是如此。当个人由市场中的买者或卖者转变为政治过程中的投票者、政治家、纳税人或官员时，他们的品性不会发生变化。”可以说，公共选择把个人的目的性放在首位，用个人的行为目的来解释政治过程，它展现的是政治过程的个人主义理论。

公共选择理论的特点是用经济学方法来研究政府的管理活动及各个领域公共政策的制定和执行。公共选择理论的代表人物奥斯特罗姆等人在《大都市区的政府治理组织：理论质疑》一文中，对传统区域主义建立大都市区政府的主张进行了批判。该文认为政府间的相互作用远未达到通常描绘的紊乱程度，相反，由于竞争关系的存在他们构成了一个相互依赖的关系系统，地方政府必须彼此考虑，达成各种协议和协作性承诺，或者是尝试建立解决冲突的集中机制，使得相互作用的行为变得协调和可预期。① 对于公共选择学者来说，地方政府的碎片化是一项优势，而不是有待纠正的缺陷。由于提供的公共服务不同，因此政府组织的规模也应有所区别。在应对大都市区问题时，并不缺少一个“大都市区的框架”，相反，大多数的大都市区拥有丰富和复杂的“框架”来协商、识别和决定影响

① Ostrom V, Tiebout C M, Warren R. The Organization of Government in Metropolitan Areas: A Theoretical Inquiry [J]. The American Political Science Review, 1961, 55(3): 831-842

分散公共利益的问题。

与传统主义观点致力于改革完善政府自身不同，公共选择关注的中心是政府与社会的关系。该学派认为没有任何逻辑理由证明公共服务必须由政府官僚机构来提供，摆脱困境的最好出路是打破政府的垄断地位、建立公私机构之间的竞争，[①]从而使公众得到自由选择的机会。因此区域内若有许多不同的地方政府存在且管辖权彼此重叠，就能通过相互竞争产生高的效率，更好地满足公民的需求。对于各种不同性质的公共物品供给而言，存在不同的、多种可替代服务提供机制和组织制度安排。E. S. 萨瓦斯从公共服务安排者、生产者和消费者之间的动态关系角度，提出了 10 种机制或制度安排：政府服务、政府出售、政府间协议、合同承包、特许经营、政府补助、凭单制、自由市场、志愿服务和自我服务。[②]

与巨人政府相比，多样化的城市政府可以提供更多类型的公共服务，分散的、地方自主的公共支出模式可以更好地反映居民的偏好，公民通过"用脚投票"可以促使不同的地方政府在相互竞争中实现合理、高效、有针对性的公共物品和公共服务的提供。[③] 公共选择理论从多元中心体制出发以设计区域治理的组织模式。奥斯特罗姆提出"多中心政治体制的特点是存在许多决策中心，它们在形式上是相互独立的"。[④] "多中心"意味着有许多在形式上相互独立的决策中……它们在竞争性关系中相互重视对方的存在，相互签订各种各样的合约，并从事合作性的活动，或者利用核心机制来解决冲突，在这一意义上大都市地区各种各样的政治管辖单位可以以连续的、可预见的互动行为模式前后一致地运作。大、中、小规模的政府和非政府的企业既相互竞争，又相互合作。

公共选择理论否定了通过合并方式组建大都市区政府的单中心治理模式，突破了传统意义上的政府与市场二元对立思维，将关注的焦点从正式结构的建立转移到个人的需要的偏好，考虑正式与非正式的制度安排。从公共选择理论出发衍生出了"区域行政"、"区域公共管理"、"新公共管理"等术语。无论是区域公共管理还是区域行政都主张调整区域内现有地方政府之间的关系，通过政府重构，建立多中心、多层次的区域公共管

---

① 周志忍. 当代国外行政改革比较研究[M]. 北京：国家行政学院出版社，1999：4

② [美]E. S. 萨瓦斯. 民营化与公私部门的伙伴关系[M]. 周志忍，等译. 北京：中国人民大学出版社，2002：69-70

③ Tiebout C M. Pure Theory of Local Expenditures [J]. The Journal of Political Economy, 1956, 64(5)：416-426

④ [美]迈克尔·麦金尼斯. 多中心体制与地方公共经济[M]. 毛寿龙，译. 上海：上海三联书店，2000：69

理体系,对区域公共事务进行综合治理,以便实现社会资源的合理配置与利用,提供更优质的公共服务。

但是公共选择理论过于强调市民追求公共和私人物品最大化和选择居住地的经济理性行为,现实生活中的市民通常并不是理性的追求效用最大化的经济人。“用脚投票”的选择行为实际上“是一种成本很高的行为,绝大多数公民都不会仅仅因为对城市服务不满意而搬迁”。[①] 而且地方政府既非民族国家也非企业,公共管理竞争也不同于市场上商品买卖的竞争,因此多中心治理也不可能有效解决所有的问题,在强调效率与经济的同时却可能忽视类似平等和公正这样重大的社会问题。[②] 公共选择理论夸大了地方政府的协调服务的能力,地方政府的极度碎片化,强化了经济的隔离,政府间的竞争常常抑制了整个地区迎接经济挑战的能力。

1.2.3 新区域主义:合作式的网络化治理

传统区域主义强调的是科层制基础上的单中心的集中治理,公共选择学派强调的是通过市场机制形成的竞争服务的多中心治理,二者都不能有效解决区域性问题。在这种背景下,20 世纪 90 年代以来,一种建立在北美和西欧大都市区治理经验性研究基础上的区域治理新视角开始形成,这就是新区域主义(New Regionalism)。新区域主义认为区域治理的关键在于建立起由政府、私人部门、公众等多方参与的社会合作网络,通过持续的社会实践过程和集体行为来应对可持续发展和区域内各地的均衡发展问题,包括环境污染、种族隔离、发展差距等问题,实现区域一体化。

新区域主义认为在当今世界中区域是不同机构参与而形成的充满机遇的开放网络或者它的一部分,这种整体结构已经逐步成为研究区域本身的基本点。[③] 城市区域是在政府和市场经济构成的制度网络中自发生长的,最小交易成本是其动力。人的流动、物的流动、资本的流动、信息的流动等等构成了当今网络社会,这些流动的空间将会构筑出不同的空间场所,区域空间的形成依赖于网络的构成结构,巨大的城市区域将会随着

---

① [美]文森特·奥斯特罗姆. 美国地方政府[M]. 井敏,陈幽泓,译. 北京:北京大学出版社,2004:96

② Wolman H, Goldsmith M. Urban Politics and Policy: A Comparative Approach [M]. Oxford: Blackwell Publishers, 1992:17-18

③ Deas I, Lord A. From a New Regionalism to an Unusual Regionalism? The Emergence of Non-standard Regional Spaces and Lessons for the Territorial Reorganization of the State [J]. Urban Studies, 2006, 43(10):1847-1877

网络密集化及其空间流动复杂化而越来越多。英国地理学家Michael Batty认为当今自然和人文地理的网络拓扑空间关系动态地影响社会、经济和文化等方面。① 城市空间网络形态是通过人的社会经济流动自发地突然形成的，同时，这个空间网络作为一个组织制度作用于人的流动，从而形成富有活力的城市中心和边缘，空间网络和人流量的非匀质性决定了动态的多中心布局。

区域是网络社会的一部分，区域内部结构也不仅仅是垂直和平行的结构，而是一种网络结构，这种复杂的区域网络结构要求区域治理的结构也不能是单一的垂直结构，而是开放的网络式治理结构。在网络结构下，各利益主体通过自组织方式进行协调。自组织的治理包括三个层次的网络：人际关系网络、组织间关系网络和系统间关系网络。这三种网络不是独立地存在于管理形式之中，而是相互联系、相互促进的。人际的信任可以为组织间的谈判提供有力根据，保障谈判顺利进行；组织间的对话可以促进系统间的沟通与交流；而系统间的负面协调又可通过增进相互理解和稳定期望而促进人际的信任。②

区域的空间结构和边界是模糊的、动态变化的。从空间的角度来看，新区域主义认为参与形成某个区域的城市和城市之间，中心区和边缘地带之间，城市、郊区和农村之间存在着相互依存的关系，它们会自发地相互支持和制约，而且区域的空间结构、边界和规模是暂时的、模糊的、弹性的，是随时间和突发事件而不断变化和被重新定义的，边缘地带有可能成为中心区，中心区也可能成为边缘地带，因而区域空间结构应该是动态的、变化的。当今越来越不可能去明确限定一个区域、城市中心或者城市功能区的边界，区域或者中心的出现常常是跨越已有的功能或者行政边界，甚至是国界，它的边界是随经济、社会、文化等动态变化的，因而应在“之间”的概念下定义边界。③ 基于此，区域不可能是单中心的结构，其必然形成多中心的多样化的空间结构。多中心可以出现在不同的空间层面上，某个层面上的单一中心可能是另一个层面上多中心的一个中心。

---

① Batty M. Network Geography: Relations, Interactions, Scaling and Spatial Processes in GIS[R]. London: Centre for Advanced Spatial Analysis (UCL), 2003

② 罗小龙，张京祥，张洪. 元管治：规范化的自组织协调机制——元管治与我国城市规划公众参与组织形式的构建[J]. 人文地理，2002(2)：27-31

③ Healey P. Spatial Planning as a Mediator for Regional Governance: Conceptions of Place in the Formation of Regional Governance Capacity[M]// Fürst D, Knieling J. Regional Governance: New Modes of Self-government in the European Community. Hanover: Verlag der ARL, 2002: 13-25

新区域主义也强调不同机构或者个人之间横向的公平竞争和合作。合作能使区域在全球经济中更有竞争力，在区域网络结构和多中心格局的背景下，需要考虑个人或者机构能够公平地参与到区域的每个空间活动中，这是保持区域竞争力的一个重要方面。区域的竞争力与活力源于区域内公共机构、私人机构、非营利组织等之间的自发协商和分享，它们之间的合作是自下而上地形成的，而它们各自内部以及它们之间也相互制约，这样有限制的自发过程是区域形成的机制。① 虽然新区域主义和传统区域主义都是从区域的角度推动经济和社会的发展，但是它们最大的不同点在于，新区域主义更强调不同部门在横向协商合作中自发地、自愿地、开放性地形成区域本身，而旧的区域主义更强调不同部门在纵向指令中直接计划干预形成区域。② 新区域主义"针对区域内各地方共同面对的制约区域可持续发展的问题……而建立起区域内互惠、合作和共同发展的网络体系。参与区域治理的主体力量来源于大都市区不同层次政府间、地方公民团体间或各地方政府与私营机构间形成的社会网络，他们组建起区域治理的协作或合作组织，采取多种形式来解决区域的公共问题。"③新区域主义认为有三条实践路径来解决区域公共问题，即多层级政府方式(multitiered approach)，由处于不同层级的政府提供与之相对应的不同范围的公共服务；功能链接方法(linked functions approach)，建立区域功能的合作或地方政府间合作协议；综合网络方法(complex networks approach)，通过多层次、多主体的合作协议网络来促进区域治理。④

传统区域主义强调构建大都市区政府或减少政府层次与数量以提高效能，而新区域主义不再试图建立一个区域性政府，而是强调区域治理、推崇自愿合作、聚焦网络建构、更关注过程而非结构、倡导跨部门横向协商合作，试图建立一种全方位的包括政府与非政府组织、中心城市与郊区在区域性问题中的合作过程。新区域主义是对传统区域主义的集权式单中心治理模式和公共选择学派的市场化多中心治理模式的综合和改进，但新区域主义也常因将区域治理简单等同于区域合作而遭受诟病。甚至新区域主义能否作为一个独立的学派也受到了质疑，如有批评者指出，新

---

① Väyrynen R. Regionalism: Old and New [J]. International Studies Review, 2003, 5(1): 25-51

② Frisken F, Norris D F. Regionalism Reconsidered[J]. Journal of Urban Affairs, 2001, 23(5): 467-478

③ 张紧跟. 新区域主义：美国大都市区治理的新思路[J]. 中山大学学报, 2010(1): 131-141

④ Savitch H V, Vogel R K. Paths to New Regionalism [J]. State and Local Government Review, 2000, 32(3): 158-168

区域主义并未形成库恩科学哲学意义上的研究范式，甚至连新区域主义的倡导者阿明也承认，新区域主义既不存在内部一致的经济理论，也不存在一致同意的必要政策行动(表 1-1)。

表 1-1　三种理论的简要比较

	传统区域主义	公共选择理论	新区域主义
时间	1900—1960 年代	1950—1990 年代	1990 年代至今
关注的核心	效率	效能	公正
关注的问题	碎片化	集中化	平等与竞争力
区域治理的方式	科层制(集权式)：建立大都市区政府(如兼并、合并或新的政府层次)	市场(分权式)：依托地方政府的市场化竞争，使城市保持低税收水平，提供良好的公共服务和良好的商业环境，以吸引企业和居民	科层制/合作(网络式)：城市区域的政府与治理，政府、非政府组织、私营机构等的合作网络

以上三种不同的治理流派，争论的焦点之一是资源配置的主体，传统区域主义主张建立巨人政府统一进行资源配置，公共选择学派则推崇市场化的资源配置，而新区域主义倡导网络化的资源配置。从本质上看，权力的集中与分散是三种流派的分歧所在，从发达国家的实践来看，公共选择学派和新区域主义主张的分散化占据了上风，代表了区域治理演变的趋向。

1.3　区域治理的国外研究

在欧美国家，治理的理念已经被广泛接受，区域治理的研究主要是属于政治学家和社会学家的研究领域。关于区域治理的研究集中在三个方面：全球治理、大都市区治理和地方治理。全球治理关注的是通过具有约束力的国际规制解决全球性的冲突、生态、人权、移民、毒品、走私、传染病等问题，以维持正常的国际政治经济秩序。① 全球治理研究的是跨越民族国家界限的全球性问题，与本书的研究范围不同，因此不再赘述。

1.3.1　都市区治理

随着整合的大都市政府在市场经济体制下不可或缺的作用的逐渐证实，学者们将大都市囊括在经济、政治、社会大系统中，尝试运用系统科学、社会学等相应学科方法对其进行研究。这些研究主要包括三个方面：

① 易文彬. 全球治理模式述评[J]. 世界经济与政治论坛，2005(4)：118-122

第一，大都市区的治理模式研究，围绕大都市区治理体系的构建、大都市区政府系统内部行政权力的合理分配等问题进行研究，主要包括大都市各级政府和各部门之间，以及相邻城市间权力关系的整合等。在此问题上存在两种争论：公共选择理论者把大都市区看成一个巨大的公共市场，在那里市民可在竞争的公共商品中进行选择，政府之间的竞争可以降低成本，使政府更加有效，因而反对地方政府、行政区划的合并；①而合并倡导者认为，合并行政区划范围，减少地方政府的数量，实行大都市区管理，可以按照规模经济的要求更有效地提供服务，从而减少财政不平衡，促进经济发展。② 具体而言，主要存在单中心体制论、多中心体制论和大都市区域主义三种观点，处于不断争论之中。在这些争论中又形成了一些共同的观点：一是由于国家及城市政治因素的影响，不同的大都市区应采取不同的治理模式；二是在经济全球化和区域化背景下，大都市区面临的主要矛盾就是新的竞争需求和政府能力的不相匹配，进行大都市区的政府或权力重组和能力再造，建立区域化的协调机制是解决问题的关键；三是要想使大都市区的政府结构符合现实的能力要求，就应考虑采取可选择的多种改造模式，主要包括对新的郊区采取兼并、直接合并那些小规模市政机构、产生双层次的区域政府结构来提供集体服务；四是治理作为一种可认识的概念，它是存在于正规的行政当局和政府机构内部和外部权力的总称，包括政府、私营部门和市民社会。这些关系又分解为正式的和非正式的结构和规则等诸多方面。③

第二，大都市区治理的影响因素和机制研究，主要围绕大都市区公共管理的行政化和非行政化、市场化运作机制、城市管理决策的社会化、公众参与、建立满足城市居民需求的城市管理模式等等内容进行，其实质是在权力不流失的情况下探讨市场和社会参与决策的模式，以实现效率的提高。④基本的观点是：实现大都市区有效治理的前提应该是采取分权化的改革，提高公民在大都市区经济开发和政策制定中参与的能力和程度，中央政府应

① Parks R B, Oakerson R J. Metropolitan Organization and Governance: A Local Public Economy Approach[J]. Urban Affairs Quarterly, 1989, 25(1): 18-29; Schneider M. Fragmentation and the Growth of Local Government[J]. Public Choice, 1986, 48(3):255-263

② Frisken F. The Contributions of Metropolitan Government to the Success of Toronto's Public Transit System[J]. Urban Affairs Review, 1991, 27(2):268-292

③ McCarney P L. Reviving Local Government: The Neglected Tier in Development[R]//McCarney P L. The Changing Nature of Local Government in Developing Countries. Toronto: Centre for Urban and Community Studies, 1996:3-32

④ 黄珈. 国外大都市区治理模式[M]. 南京：东南大学出版社，2003:17

在许多方面给予地方政府充分的权利和责任，大力培育和发展非政府组织和社区组织，来组织居民自己的改革方案，并提供相应的服务。①

第三，大都市区治理以人为本思想的研究，包括城市管理决策的社会化、公众参与及建立满足城市居民需求的城市管理模式。② 都市区治理应当建立一个中立、客观的组织，给所有的利益相关者提供一个解决区域公共问题的协商平台，关注于投入和参与的过程，并制定和遵守战略规划。③ 在政策制定中，都市治理不仅需要税收、契约等工具，也需要谈判、中介、志愿、监督等协商和对话过程，来推动工具的应用，所有的公民和利益相关者都有权力发出自己的声音。④

1.3.2 地方治理

地方治理的研究主要有三种：⑤

1）实力—依赖关系论（power-dependence in central-local relations）

实力—依赖关系论的代表人物是英国的罗兹（Rhodes），该理论认为，无论是中央还是地方，都试图调动其所掌握的资源使其影响最大化，并将对对方的依赖降到最小，但没有一方能够完全掌握实现其目标所需的宪法、法律、组织、财政、政治、信息资源。因此，尽管有个别的政府可能按科层结构组织外，大多数的政府组织都是以相互依赖为特征的，资源交换是相互依赖的结果。

罗兹指出随着社会复杂性的加强，对社会政治的治理，已由一个“自组织（self-organizing）的组织间网络（interorganizational network）”的互动系统所主导，这个互动系统就是政策网络。它既非市场，也非国家，但与以上两者存在着互补的关系，他认为治理是一个市场和科层制进行权力资源配置、控制和协调的必要补充。⑥ 治理过程中的行动者除了政府

---

① Shatkin G. Obstacles to Empowerment: Local Politics and Civil Society in Metropolitan Manila, the Philippines[J]. Urban Studies, 2000, 37(12): 2357-2375

② 黄珊．国外大都市区治理模式[M]．南京：东南大学出版社，2003：17

③ Hamilton D K. Regimes and Regional Governance: The Case of Chicago[J]. Journal of Urban Affairs, 2002, 24(4):403-423

④ Bingham L B. The New Urban Governance: Processes for Engaging Citizens and Stakeholders[J]. Review of Policy Research, 2006, 23(4):815-826

⑤ 任进．地方政府理论与地方治理理论述评[EB/OL]．http://www.governance.cn/governance_ceshi/1226/browarticle.php? wz_id=61

⑥ Rhodes R A W. The New Governance: Governing Without Government[J]. Political Studies, 1996, 44(3): 652-677

机关以外，还包括其他私部门和志愿性团体，且这些行动者彼此之间具有资源互赖的关系，任何治理结果的产出都必须经由行动者之间协商和资源交换而完成。网络治理模式中官僚体制与其他社会行动者分担或分享生产、设计和维持等三类治理职能。在国家涉入的最低限度下，各类行动者与利害相关者通过协商、讨价还价、博弈等形式自发地解决他们自己的问题，借助协力合作关系和资源共享的目的来整合社会各类资源。①

鉴于政策网络具有相互重合的特征，罗兹将英国的政府制度说成是"变异政体"。权力可能会在某些集合体中集中，但国家的变异结构产生了相互依赖，其潜在的权力并不能总是被动员。中央政府受到比过去更复杂的限制：在内部，中央受到自身部门化和协调其他组织能力的限制；在外部，中央要依赖其他组织实施其政策。因此，中央政府不能直接对其他组织发号施令，或将自身的意志强加于地方政府。为实现政策目标，中央政府必须通过广泛的政策网络起作用，其中包括动员地方政府和市民社会的力量，否则将不可避免产生政策混乱。他认为英国 1979 年至 1995 年间的政策失误，主要原因是中央政府未参考政策网络。

2) 政权论(regime theory)

美国学者斯通(Stone)1989 年从他在美国亚特兰大所作的研究中提出"都市政权"的概念②："都市政权是一种非正式但相对稳定的、易于获得体制内资源的集合体，这一资源使之在决策中保持持久的作用。"强调政府和非政府力量在面对经济和社会挑战时的互赖关系，聚焦于政府和非政府行动者之间的合作和协调问题。要发挥效果，政府必须将其能力与各种非政府行动者结合在一起。在应对社会变迁和冲突时，政府和非政府行动者受到鼓舞要形成政权(regime)，以便促进行动和自我壮大。政权论认为地方政治具有多样化和复杂性的特征，要受相互依赖关系而非简单的、科层权力关系的制约。权力被都市政府、非政府组织分解成复杂的关系网络，即权力的分散化导致政府政策常常出现偏差。因此，政府与非政府组织在复杂的环境变化中进行有效的治理是最为关键的。其中，最重要的是政府与非政府组织如何结盟，二者在多大程度上能进行合作以取得共同的经济和社会目标。

基于这种认识，政权论强调应对都市政府进行角色再造，以适应从地

---

① Rhodes R A. Understanding Governance: Policy Networks, Governance, Reflexivity and Accountability[M]. Buckingham: Open University Press, 1997:44-60

② Alan Harding. Elite Theory and Growth Machines[M]//Judge D, Stoker G, Wolman H. Theories of Urban Politics. London: SAGE Publications Inc,1995:35-53

方政府到地方治理的转变，而且提出存在不同的政权模式。斯托克认为，政权论的实质就是政策选择的模式，公共政策由三个要素决定：(1) 一个治理联盟的组成；(2) 治理联盟中成员之间的关系本质；(3) 成员带入治理联盟内的资源。因此，治理联盟并非在社会和经济的真空中运作，而是回应不同时空脉络下社会经济环境的问题和变化。[①] 在复杂、碎裂的都市世界里，都市政治里的权力有各种形式：系统性权力（社会经济结构中的位置、脉络、情境的性质或逻辑）、支配或社会控制的权力（通过资源的积极动员以达成对其他利益群体的支配）、联盟权力（行动者不会试图主宰，而是根据各自的自主力量基础而协商）、社会生产的权力（基于在复杂社会里对领导权的需要，以及某些联盟中的利益群体提供这种领导权的能力，这种领导权控制并非通过意识形态教育而获得，而是利益群体能够解决实质集体行动问题，以便组成可执行所需功能之结构的结果。权力的行动乃是建立政权，以便形成治理的能力），并认为资源是特别重要的因素，既然政权是可行的，政权就必须能够动员为满足政策议程所需要的资源。

政权论方法很好地说明地方联盟采取的不同形式，而且解释了与地方政党控制以外因素有关的差别。[②] 尽管政权论能够描述发生在美国一些城市的问题，但也受到了一些学者的批评：政权论不能够解释权力分配的动因，过分强调了政权的地方性特征，没有看到更广泛的社会经济变化过程，“充其量是描述了一种模型或一种概念而不是一种理论”。

3）调节论（regulation theory）

根据调节理论者的说法，资本主义危机和矛盾的成功调节，并不会自动和必定发生，但也不会纯粹通过刻意而精细的设计而产生。反之，当调节产生时，经常是为了其他理由而刻意采取的行动和过程之间互动的非意图后果。这个一般原则由两个核心概念来具体化，一个是积累体制（regime of accumulation）（表明投资、生产与消费之间经济关系的性质），另一个是调节模式（mode of regulation）（确保前述关系的政治与社会文化体制和实践）。[③] 认为资本积累是一个矛盾冲突的过程，必须要建立一个政治、社会、文化的调节机制，即所谓的社会调节机制（mode of social

---

① Stoker G. Regime Theory and Urban Politics[M]//Judge D, Stoker G, Wolman H. Theories of Urban Politics. London: SAGE Publications Inc. ,1995:54-71

② Dowding K, Dunleavy P, King D, et al. Regime Politics in London Local Government [J]. Urban Affairs Review, 1999, 34(4): 515-545

③ Painter J. Regulation Theory, Post-fordism and Urban Politics[M]//David Judge, Gerry Stoker, Harold Wolman. Theories of Urban Politics. London: SAGE, 1995:276-295 regulation)，才能支持资本积累的再生产。在积累体制里，再生产、生产、循环和消费循环里的不均衡，被延缓或转移了。尖锐的危机和明显的不规律，暂时被慢性的危机趋势及平缓的经济循环所取代。当生产、消费和投资之间，以及劳动与资本的供需之间，达到了大体上的均衡，让经济成长得以在相对长期的时间里，以合理的稳定性维持下去，就形成积累机制。

然而，这种稳定不会仅因为资本主义核心过程的操作就能达到。稳定产生时（这不必然会发生），那是社会与政治活动的偶然结果。例如，生产和消费之间的协调一致，并非资本主义的自动特质。反之，这是通过各种社会和政治制度、文化规范，甚至是道德符号而产生的。这种规范和符号并非为了维持积累体制而建立的，但是它们有时候可以互动而产生这种效果。这种情形发生时，它们就构成了调节模式，这也可以称为“社会调节模式”(mode of social regulation, MSR)。

葛德文(Goodwin)和潘特(Painter)指出，调节论从宏观的层面弥补了政权论的不足，但是也存在空间过于广泛的问题。因此，应该将二者结合，将社会模式看作是一个过程，且调节过程与社会实践是在时空中互动组成的，应该关注空间和地理作用。①

实力—依赖理论强调政策网络和多中心的治理结构，政权理论强调主导的政治联盟如何建立和维持治理能力，调节理论则强调生产系统的治理，这三种理论各有其优缺点，对我们实施区域治理都具有重要的借鉴意义。都市区治理和地方治理的研究既有差异又有联系。二者都关注都市区的治理研究，但后者也关注非都市区的研究，而且地方治理更侧重于“地方”，通过不断的分权和提高公民社会的参与，最终实现地方自治。国外对于区域治理的研究一方面集中于全球治理，这与本文的研究范围不同，但是其思想有着借鉴意义。大都市区治理和地方治理的模式、方法以及理论等方面的研究对本文有很好的参考价值，但是外国的国情与我国不同，其都市区治理和地方治理的产生有着不同的历史、文化、体制等方面的背景，因此，在治理的内容、实现路径、治理结构等方面与我国都有很大的差异，如何构建适应我国国情的治理体系才是重中之重。

---

① Goodwin M, Painter J. Concrete Research, Urban Regimes and Regulation Theory[M]//Lauria M. Reconstructing Urban Regime Theory: Regulating Urban Politics in a Global Economy. London: SAGE Publications, 1997: 13-29

1.4 京津冀区域治理的中国研究

随着我国经济社会的快速发展,区域协调发展问题日益成为学术界和政府界关注的焦点。京津冀区域差距的快速拉大,各种区域公共问题频繁涌现,推动了各界对这一地区的治理的研究和实践。近年来,探讨京津冀区域协调发展问题的文献层出不穷,各界纷纷开出了京津冀区域协调发展的"药方",综合起来有三种观点。

1.4.1 行政区划调整的观点

为了打破由于行政分割而引起的一系列区域性问题,一些学者提出了行政区划调整的行动策略。通过行政区划调整,自上而下地调节区域内地方政府间的行动,统筹区域发展。其中最具代表性的就是京津合并方案。

1) 京津合并

早在 2001 年 3 月,时任天津市规划局副总工程师的穆学明作为全国政协委员向全国政协九届四次会议提案:将天津与北京两市合并,用 5 年至 10 年时间将其建设成为世界级国际大都市。他认为吴良镛教授主持的"大北京"规划并没有跳出区域经济协作的传统模式,"整个中国目前仍处于一种行政区划经济模式,经济割据导致了各个城市闭门造车,力求自给自足的大而全、小而全。如果不对京津进行合并,那么'大北京'规划注定只能是一个美好的愿望,或者说,永远是一张画饼。"①他的设想是将北京和天津分别设立为特区,现有行政级别不变,在两个特区之上设置大区政府,行政长官可以是国务院副总理级别。由大区统一组织、制定国民经济社会发展规划,统一制定大区及两市区域布局规划,并对指标体系给予量化,大区行政长官限期由北京、天津两市分别实施。② 中国人民大学的欧阳志远教授也提出了将京津合并的主张,"将这两市合并,同时在两城之间尽快建立生态隔离带,让天津名正言顺地成为与北京原有城区相对独立的工业卫星城"。③

---

① 京津合并会有期[EB/OL]. 经济观察报,2001-11-26. http://www.china.com.cn/chinese/2001/Nov/79763.htm

② 刘玉海,叶一剑,李博. 困境——京津冀调查实录[M]. 北京:社会科学文献出版社,2012:88

③ 欧阳志远. 京津合并,以功能剥离实现首都环境的根本改善——关于北京城市总体规划的一个构想[J]. 自然辩证法研究,2004,20(8):96-98

京津合并有助于两地统筹规划区域发展事务，消除各自为政的发展格局带来的负面影响，但是实施难度大，而且即使将京津合并也并不一定带来区域的快速发展。1958—1965年中央曾将天津市与河北省合并，不但没有因此而促进天津、河北的发展，反而还对它们的发展造成了很多不良影响。

2）设立超省级行政区、“大首都特区”

周克瑜在《“都市圈”建设模式与中国空间经济组织创新》一文中提出，要在中央与省之间再设立一级政区——都市圈，把现行省级政区变为二级政区，把原属各省的经济权限有选择地逐步上收到都市圈一级，让都市圈拥有相当的规划、建设及管理权限。在短期，可先行建立一种负责跨界职能的都市圈联合政府，并辅之以一定数量的非政府协调机构。①

2008年农工民主党北京市参政议政委员也提议从调整行政区划入手解决中央与地方分权体系面临的种种冲突——创建“大首都特区”(或北京大区、国务院华北行政直属管理区)，以“大首都特区”为形式，推进以大首都城市圈为中心的华北大城市群开发。② 泛华北地区全部资源重组，产业结构布局重新整合，早日将环渤海中心地带(海滦大辽河全流域及黄河下游地区)建成中国东部沿海第三个国际化大都会地区。农工民主党中央调研部高级研究员、“大首都特区规划”主要执笔人谭卫和也认为应该恢复大行政区，在遵循中央统一领导下，给大区更多的地方治理自主权，授予大区人大更大的紧急创制权。这种“大首都特区”有巴黎大区和东京都的影子，它的目的已不仅仅是为京津合并而合并，而是将京津一体作为“泛华北五环绕复合同心圆圈区”的核心圈，逐层外向辐射拉动，最终形成一个强势的所谓“泛大华北区域经济协作地带”。

超省级行政区或者大首都特区的设立将我国的行政区划改革与都市区建设构想有机结合起来，有利于解决现存的行政区与经济区之间的矛盾和冲突，一定程度上有助于消除省级行政区对区域发展造成的负面影响，但是这种做法削弱了原有的各地方政府区域经济协作的动力，不利于调动各地方政府的积极性和主动性。而且，我国在20世纪50年代也曾有过设立超省级行政区——大区的做法，但实践效果并不好。

3）河北“四分”

孟祥林在《京津冀“双核＋双子”模式城市化进程研究》一书中提出，

---

① 周克瑜.“都市圈”建设模式与中国空间经济组织创新[J].战略与管理，2000(2):11-15

② 杨连云.京津冀区域合作的历史、现状与展望[EB/OL].2012-10-22.http://blog.sina.com.cn/s/blog_48d89ff801016zqp.html

将现在的河北省行政区划为四个部分：京津以北的张承地区与京津冀之间的廊坊地区划归北京管辖；唐山设立直辖市管辖现在的唐山市、秦皇岛和承德；现在天津以西的廊坊地区归天津管辖；保定设立直辖市。行政区划改变之后的河北省包括石家庄、沧州、衡水、邢台和邯郸等地。① 该书认为，重新整合之后形成京津唐保紧密联系的城市群，以这四个核心城市再次对周围地区形成经济辐射，能够缓解环京津的经济贫困，曲线化解行政区划体制下的保护主义，各市之间可以形成竞争态势，促进京津唐保的交通体系建设。

该方案的调整力度较大，将河北省分拆为四个部分，而且将河北省的经济重镇唐山、廊坊、秦皇岛等地分离出去，而且根据这一方案，河北省将仅剩下沧州港一个港口，对河北而言是巨大的损失。因此，来自现实的阻力会更大。

4）秦皇岛特区

北京市政府专家顾问团顾问、中国人民大学孙久文教授在《北京市政府专家顾问团简报》2001 年 12 期提出“关于调整北京区域经济布局、建设秦皇岛滨海特区的建议”，②建议在秦皇岛建立隶属北京市的滨海特区，其中的工业区可以专门用来吸引北京的转移企业。他的理由是——秦皇岛实际上早已成了北京人的“后花园”，而且，自 20 世纪 50 年代始，中央就把秦皇岛作为暑期办公地。早在 20 世纪 80 年代，就有专家提出在冀东地区为北京建设出海港口的建议，后来又有京唐港的建设，但当时改变行政区划还不现实。北京在秦皇岛建设滨海特区的条件已经成熟。首先，北京建设国际化大都市已经得到全国的支持，经济实力大大增强，首都圈的影响日益扩大，北京与秦皇岛等周边地区的经济联系更加密切；其次，北京与秦皇岛之间的交通联系已经十分方便，公交化的铁路、高等级公路使京秦连为一家；再次，为支持北京举办奥运，扩大北京的地域范围得到了全国人民的理解。所以，现在提出在秦皇岛建设滨海特区正逢其时。北京市域的扩大，是北京或者首都概念的扩大。首都是全国人民的首都，形成一种“首都认同感”，是十分重要的。

但是该观点有一个天然的缺陷——在北京和秦皇岛之间，还有天津和唐山的辖区，如果建设滨海特区，那么势必形成“飞地”，将会带来行政

---

① 孟祥林. 京津冀“双核+双子”模式城市化进程研究[M]. 成都：西南财经大学出版社，2011：84-86

② 孙久文. 首都经济圈区域协调发展研究[EB/OL]. 2012-10-25. http://www.china.com.cn/zhuanti2005/txt/2004-04/21/content_5549960.htm

成本的提升。

行政区划调整的方法在一定程度上能降低地区间分工协作的行政壁垒,缓解地方保护主义和本位主义的危害,减轻行政区对区域发展的刚性约束。行政区划是国家治理的基本手段,我国行政区划是历史演进、文化交融以及自然地理环境等众多因素叠加的结果,它的存在有很大的合理性。京津冀区域发展中的矛盾主要是由于行政区划刚性约束产生的制度性壁垒,因此我们进行区域治理时,应立足于现有行政区划,推进体制改革,协调好跨行政区的公共事务的治理,而不是推翻现有体制,重新建立新的体制。行政区划调整方法在理论根源上是传统区域主义的延续,而西方发达国家业已证明传统区域主义所主张的巨人政府论并不能有效解决政治碎片化问题。行政区划调整只能是加剧碎片化的进程。而且,当今世界行政管理体制改革的方向是扁平化,无论是合并方案,还是超省级行政区方案、特区方案都会增加行政层级,"会带来行政管理上沉重的负担,会减少发展活力、增加管理成本",①这与世界和我国行政管理体制改革的趋势不符。行政区划体制上的调整会牵涉到方方面面的利益,势必会降低原有各行政区的政治、经济地位,从而不利于调动地方积极性。京津冀区域的发展更应依靠经济手段,而不是行政手段,京津冀一体化找总理不如找市场。

1.4.2 规划协调的观点

1）经济区划调整

与行政区划调整不同的另一种观点是,在行政区划保持不变的情况下,在国家与各省区之间增设由关系较密切的省区组成的大经济区,作为规划协调组织的一个重要层次。根据社会劳动地域分工的规律、区域经济发展的水平和特征的相似性、经济联系的密切程度,或者依据国家经济社会的发展目标与任务分工,对国土进行战略性区划。通过组建大经济区来加强省区之间的规划协调。

经济区划调整早期是以经济协作区的形式存在的。早在 1958 年中央成立了东北、华北、华东、华中、华南、西南、西北七大经济协作区,各协作区都成立了协作区委员会及经济计划办公厅。20 世纪 80 年代成立了第一个区域协作组织——华北地区经济技术协作区。主要通过高层会

---

① 史维勤. 京津合并不可取——访民政部区划地名司司长戴均良[J]. 中国社会导刊,2002(6):18-19

商,解决地区间的物资调剂,指导企业开展横向经济联合。经济协作区是计划经济思维的产物,事实上起着大行政区的作用,在中央和省区之间多了一个行政管理机构。因此,有学者建议组建大经济区,作为省区(市)之间的规划协调机构。其中最具代表性的是中国科学院地理研究所的胡序威教授,他建议将全国各省、区、市组合成东北、华北、西北、华东、华南、西南 6 个大经济区,京津冀被划入华北大经济区。大经济区可采取与现有的一般跨省区(市)协作经济区基本相似的组织形式,成立由各相关省区(市)负责人参加的规划协调委员会,下设精干的常设机构规划协调办公室,组织各有关省区市计委和某些专业部门共同参与跨省市区域规划的编制与实施,在协调省区(市)利益的基础上谋求共同发展。① 胡序威特别强调指出,大经济区与一般协作经济区的本质区别在于,大经济区与国务院、原国家计委直接挂钩,有一定的权威性,可对区内各成员省(区、市)规划协调的实施进行必要的监督。

这种设立大经济区的方案强调了区域经济联系,跳出了区域治理的行政区模式,对京津冀区域治理结构的设计具有很大的启发意义。但是,这种方案也有其局限性,在具体操作中势必会遇到两难选择。一方面,"大经济区"再大也只是经济区。其区域经济协调的权威性很难得到保证;另一方面,如果大经济区的权威性得到强有力的保障,则又很可能会导致其权力的过分膨胀,最终使得名义上的"大经济区"转变为实际上的"大行政区",与设立超省级行政区的方案没有什么两样。②

2) 空间规划协调

20 世纪 80 年代,由于京津冀地区经济总量、城市规模的扩大,以及资源环境和基础设施的支撑能力等方面出现了一系列地区间、部门间发展不协调问题,国务院决定开展空间规划试点。地域空间规划能够发挥地域空间开发的导向和约束作用,在空间目标冲突基础上进行空间协调。因此,随着城市规划法、城乡规划法等一批法律的颁布实施,社会各界对于空间规划的研究日渐活跃,试图通过空间规划的制定和实施推动区域协调发展。

最具有影响力的是吴良镛院士主持的《京津冀地区城乡空间发展规划研究》,该报告共分两期。吴良镛院士认为,京津冀地区如果没有一个有战斗力的规划,也难以有大推进。一期报告建议规划"大北京地区",综

---

① 胡序威. 组织大经济区和加强省区间规划协调[J]. 地理研究,1994,13(1):16-22

② 张召堂. 中国首都圈发展研究[M]. 北京:北京大学出版社,2005:218

合考虑大北京地区的功能调整，提出建设世界城市的构想；同时报告指出了加强区域统筹管理，建立区域协调与合作机制，开展跨地区重大项目的协调与合作。建议成立由国务院牵头，国家发展计划委员会、建设部和国土资源部等相关部委与北京、天津、河北等组成大北京地区规划建设委员会，发挥有力的、务实的区域协调功能。① 二期报告提出，以“首都地区”的观念，构筑“一轴三带”空间发展骨架，即京津发展轴、滨海新兴发展带、山前传统发展带，以及燕山—太行山山区生态文化带。二期报告建议，完善区域综合交通体系，引导区域空间发展。包括筹建整个地区的全天候运行的枢纽机场，推动渤海湾港口群的形成，构建综合交通通道，加快城际轨道交通建设，加强综合交通枢纽建设。报告还提出了推进京津冀地区空间协调发展的建议，包括开展政府间合作与非政府间协作，强化区域治理；建立“大滨海地区”概念，开展区域空间结构合作规划；以战略项目为突破口开展区域合作，加强规划实施的检讨与督察，以学术共识推进区域协调行动等。②

此后不久，国务院也于 2004 年正式启动了《京津冀都市圈区域规划》的编制工作。但由于种种原因，这一规划至今仍未获得国务院批准。作为这一规划的前期研究成果，由樊杰教授主持的《京津冀都市圈区域综合规划研究》于 2008 年正式出版。该研究将京津冀都市圈定义为“以中国首都为中枢，具有京津双核结构特征和较高区域和谐发展水平的新型国际化大都市圈”。提出协调区域发展的基本途径，包括加强区域产业的联系和合作，促进区际协作与分工；加强人才的区域合作，合理配置人力资源；建立和完善生态和水资源补偿机制；成立区域协调机构，成立由国务院牵头、由中央部委和北京、天津、河北三地主要负责人及有关专家共同参与的区域协调领导小组，负责协调省市间及部门间在合作中遇到的重大问题，并就解决问题的方案形成最终政策性决议。③

“大北京地区”和“首都地区”概念的提出丰富了京津冀区域的研究，为我们从不同角度理解和把握该区域的发展提供了有价值的参考。但是其中有些概念的提出值得商榷。这两个概念有一个共同的特点，就是以首都——北京为中心，它与计划经济时期的“保障首都”、“服务首都”的思

---

① 吴良镛，等. 京津冀地区城乡空间发展规划研究[M]. 北京：清华大学出版社，2002：142-143

② 吴良镛，等. 京津冀地区城乡空间发展规划研究(二期报告)[M]. 北京：清华大学出版社，2006：4-6

③ 樊杰. 京津冀都市圈区域综合规划研究[M]. 北京：科学出版社，2008：238-241

维是契合的。当前京津冀区域治理难以推进的重要原因之一就是三地地位不平等,而这种概念却正是不平等的延续。以大北京的名义来实现区域之间的整合,却存在认识上的障碍,[①]不易得到区域的广泛认同。都市圈的提法也存在着局限:其一,无论是京津唐地区还是京津冀地区,在我国已经是习惯的称谓;其二,都市圈的概念是从日本引进的,日本在运用"圈"时所表达的含义,也是"区域"、"地域范围"的概念。[②] 笔者认为使用京津冀区域这一概念更为确切。

空间规划方面的研究从区域整体考察区域协调发展,运用空间规划的手段,对区域空间开发利用、治理保护进行宏观调控,这些研究为我们推进京津冀区域治理提供了宝贵的借鉴。但是,空间规划方面的研究对于地区间、部门间的冲突和矛盾的分析不足,如何协调、协调什么等问题都未能很好地回答。而且,区域规划的权威性和约束性也难以保证,由于我国没有相应的区域规划方面的法律,因此这类规划对区域各方也缺乏约束力,在推进过程中就可能出现"纸上画画、墙上挂挂"的窘境。

1.4.3 政府间合作的观点

在我国经济转轨尤其是分权化改革以来,地方政府获得了发展经济的自主权,政府间竞争已经成为一种客观存在。地方政府不仅成为具有独立经济利益的主体,而且拥有追求经济利益的手段和工具,追求辖区经济的发展和繁荣成为地方政府行为的主要目标。分权化的改革释放了地方政府发展经济的积极性,推动了我国经济的飞速发展,但是过度地追求经济利益也造成了跨行政区界限的区际矛盾和冲突不断加剧,催生了地方保护主义,阻碍了区域协调发展。因此,关于如何打破行政区划界限,推动政府间合作,从而促进区域协调发展成为研究的热点问题。

1) 区域行政

华东师范大学的刘君德教授对地方政府之间的恶性竞争、重复建设、市场封锁、地方保护等问题进行了研究,在 20 世纪 90 年代中期就提出了"行政区经济"的概念。行政区经济的研究认为,历史上中国几千年的封建社会所形成的"诸侯经济"是地方保护主义滋生的根源;儒家思想支配下的"父母官"意识使得地方政府只关注本地利益而忽略区域利益、整体利益,地方保护主义、本位主义盛行,区域市场被分割;分税制使本级企业的利润与地方财政收入相关,地方经济利益刺激了利大税高企业的发展,导致地方重

---

① 刘学敏. 首都区——实现区域可持续发展的战略构想[M]. 北京:科学出版社,2010:7

② 陆大道. 序[M]//樊杰. 京津冀都市圈区域综合规划研究. 北京:科学出版社,2008

复建设、产业同构、市场分割加剧；官员为升迁，要出政绩，便想方设法扩大本地经济规模，维护本地区的利益。此外，投资体制、金融体制、司法制度等因素使中国转型期的“行政区经济”得以发展和强化。① “行政区经济”的研究聚焦于行政区划对于区域经济的影响，提出了跨界管理、区际关系调控等概念，主张打破行政界限，通过建立跨界联合政府（准实体）、跨界区域管理组织来推动政府间合作，协调区域发展的问题。②

另有学者从政府间关系的角度提出了区域行政的概念。认为传统的行政区行政是在一种切割、闭合和有界的状态下形成的政府治理形态，必须走向政区利益的协调。陈瑞莲等指出区域行政就是在一定区域内的政府（两个或两个以上），为了促进区域的发展而相互间协调关系，寻求合作，对公共事务进行综合治理，以便实现社会资源的合理配置与利用，提供更优质的公共服务。③ 区域行政从政府间关系的角度，提出走向政区利益的协调，其实质是区域政府管理。

行政区经济属于政区地理学的研究，它有助于我们分析中国转型期京津冀区域的行政分割、重复建设、市场封锁、地方保护等现象，深刻理解地方政府行为，从而为创建区域治理机制提供了一种研究思路和研究视角。但是这种理论对于跨界区域管理组织的运行机制、市场机制作用的发挥、社会的参与等方面缺乏进一步的研究。而区域行政则属于政治学科的研究视角，其提出的在区域范围内进行行政管理的思想具有积极的意义，但是区域行政的视角仍然未能摆脱政府一元主体治理区域事务的模式。

2）区域公共管理、复合行政

20 世纪 90 年代末期开始，当代西方的新公共管理思潮在国内学界得到广泛的传播，这对传统的公共行政概念产生了重要影响。杨爱平、陈瑞莲提出，区域公共问题的大量兴起，对基于行政区划刚性约束的行政区行政提出了严峻的挑战，它要求建构一种既区别于传统范式又补助于行政区行政模式的新的政府治理形态，进而催生了区域公共管理这种崭新的治理制度安排。④ 他们使用区域公共管理这一概念来替代区域行政。

---

① 刘君德. 中国转型期“行政区经济”现象透视——兼论中国特色人文—经济地理学的发展[J]. 经济地理，2006，26(6)：897-901

② 刘君德. 一个长期被忽视的重要领域——跨界组织与管理问题[J]. 杭州师范学院学报，1999(1)：44-46

③ 陈瑞莲，张紧跟. 试论我国区域行政研究[J]. 广州大学学报（社会科学版），2002(4)：1-11

④ 杨爱平，陈瑞莲. 从“行政区行政”到“区域公共管理”——政府治理形态嬗变的一种比较分析[J]. 江西社会科学，2004(11)：23-31

他们认为“区域公共管理是以区域政府组织和非政府组织为主体的区域公共管理部门,为解决特定区域内的公共问题,实现区域公共利益而对区域公共事务进行现代治理的社会活动”。[①] 从而将区域公共事务治理的行为主体从单纯地方政府扩展到了区域政府组织和非政府组织,进而提出在现有的行政体制框架内,建立多中心、多层次的区域公共管理体系。并且提出传统的行政区行政模式和现代的区域公共管理模式,应该成为行政区域内外社会公共问题治理的“双元”形态。

另有学者提出复合行政的概念,王健等认为当代中国区域经济一体化与行政区划的冲突是由于行政区划分割而形成的行政壁垒对区域经济形成了一种刚性约束,阻碍区域经济一体化的根本原因不是行政区划,而是政府职能未能适应我国市场经济的发展转变到位。解决问题的根本出路,并不在于行政区划调整,而是要加快政府职能转变,实行“复合行政”。[②] 所谓“复合行政”,就是在经济全球化背景下,为了促进区域经济一体化,实现跨行政区公共服务,跨行政区划、跨行政层级的不同政府之间,吸纳非政府组织参与,经交叠、嵌套而形成的多中心、自主治理的合作机制。并且提出了区域合作的四种形式,即合并、成立区域性政府、组建区域服务伙伴关系、社会化。[③]

区域公共管理和复合行政的研究属于政治学科的研究,实质上是政府治理方式上的制度变迁,即打破原有行政区行政的制度安排,重塑利益格局的制度演变过程。对于我们跳出传统的行政管理体制的思维框架,探寻新的改革路径具有启示意义。虽然将区域治理的行为主体扩展到了政府之外,但是二者都侧重于政府对公共事务的管理,突出了政府对区域事务的作用。本质上仍然是一种自上而下的管理方式,是政府管理体制的延伸,从概念上仍然难以突破政府一元治理的限囿。因此,这些概念具有一定的局限性。笔者认为,借鉴国际上通行的做法,引入区域治理(regional governance)这一中性的概念更为合理。

1.4.4 区域治理的观点

区域治理是治理理论和思维在区域范围的应用,这一概念是从西方国家引进的,在我国学术界被应用于各个领域,众多学者对其进行了研

---

① 陈瑞莲. 区域公共管理导论[M]. 北京:中国社会科学出版社,2006:1

② 王健,鲍静,刘小康,等. 复合行政的提出——解决当代中国区域经济一体化与行政区划冲突的新思路[J]. 中国行政管理,2004(3):44-48

③ 王佃利. 市管县实践的反思:“复合行政”的视角[J]. 北京行政学院学报,2004(4):19-23

究，但是目前尚未超越概念、理论的介绍和引进阶段。

1）理论、实践的引进和介绍

俞可平主编的《治理与善治》，译著《没有政府的治理》、《多中心体制与地方公共经济》、《公共事务的治理之道》、《多中心治道与发展》等为我国学术界引进了盛行于西方的治理理论。孙柏瑛引介了地方治理理论，提出地方治理是“在一定的贴近公民生活的多层次复合的地理空间内，依托于政府组织、民营组织、社会组织和民间公民组织等各种网络化的网络体系，应对地方的公共问题，共同完成和实现公共服务和社会事务管理的改革与发展过程”。[①] 黄珊的《国外大都市区治理模式》、洪世键的《大都市区治理：理论演进与运作模式》等著作系统研究分析了国外大都市区治理的理论演进与模式，张京祥等人也对区域治理进行了引介，前已论述。

这些著作为我们了解国外治理理论的发展和进展，借鉴发达国家推行区域治理的经验起到了重要的作用。

2）区域治理在中国的应用研究

区域治理在我国的应用研究主要集中于都市区（圈）治理。南开大学周立群教授长期关注于京津冀区域发展的研究，在《创新、整合与协调——京津冀区域经济发展前沿报告》一书中提出，塑造“市场拓展型政府”以促进区域市场的创生，实现京津冀发展路径由承接型合作向互动型合作转型、由政府主导的行政区经济向城市群带动的区域经济转型、由城市主导型发展向城乡协调型发展转型。[②] 陶希东对我国跨省都市圈治理进行了研究，提出了跨省都市圈空间整合的区域治理体系，包括跨省都市圈城市政府间网络互动—合作伙伴—行政协调的新型关系再造，建立跨省都市圈现代区域市场体系、非政府组织体系和社会信用体系。[③] 母爱英等对京津冀都市圈的管治模式与协调机制进行了研究，提出建立双层多核心的管治模式，重点进行城市管治、空间管治和区际关系协调，并且提出了发挥京津冀都市圈规划的作用，建立综合或专门的圈级行政组织以强化区域协调管理，完善京津冀都市圈城市建设组织，通过项目合作、市场机制运作合作、非政府组织合作等方式建立省市政府层面的协调管

---

① 孙柏瑛. 当代地方治理——面向 21 世纪的挑战[M]. 北京：中国人民大学出版社，2004：33

② 周立群. 创新、整合与协调——京津冀区域经济发展前沿报告[M]. 北京：经济科学出版社，2007：6

③ 陶希东. 转型期中国跨省市都市圈区域治理[M]. 上海：上海社会科学院出版社，2007：152-204

理机制。[①] 李国平、陈红霞等对京津冀区域的区域发展动力机制、区域合作进程与市场一体化水平、经济空间联系等进行了分析，提出了京津冀区域治理的优化路径，即合理的多元主体权力框架，建立区域治理的运行机制和运行组织等方面的建议。[②] 付承伟从地方性要素、体制性要素和冲击性要素三个方面对京津冀区域内政府间竞争与合作的发生机理进行了研究，指出政府间竞争过度、合作不足制约京津冀区域经济发展，三大尺度要素直接影响着政府间竞争与合作的态势，提出建立利益共享机制、利益补偿机制、政绩考核机制和中央干预的政策建议。[③] 马海龙于 2007 年提出了区域治理的概念，并且对京津冀的区域治理进行了研究，提出了通过建立京津冀区域治理体系的建议。京津冀区域治理的主体应为区域利益相关者，包括政府、企业和社会；治理的内容是区域公共事务；治理的载体是运行机制。并且提出了建立政府主导的治理网络，以及短期内采用派出机构的治理组织，中期采用核心功能组织模式，长期建立综合功能组织的治理模式。[④]

此外还有众多的学者对京津冀区域治理的研究有所涉猎，这些论述零星地见诸于学术论文中。

京津冀区域治理的研究尚处于起步阶段，正处于方兴未艾的上升时期。治理理论的引进，为我们跳出政府与市场的二维对立模式，探求适应我国国情的区域治理模式有着重要的借鉴意义。但是，现有的研究仍限于治理理论的引介上，而对于区域治理的关注不足。已有的京津冀区域治理的研究中，大多限于政策建议层面，致力于建立一个区域治理框架。而对于京津冀区域治理的体系、组织平台、治理协调机制的研究缺乏系统性的思考。正因为此，笔者以京津冀这一特殊区域为研究对象，重点探讨京津冀区域治理的组织平台支撑与治理协调机制的构建，试图为推进京津冀区域协调发展提供一种可行的解决思路。

---

① 母爱英，武建奇，武义青，等. 京津冀：理念、模式与机制[M]. 北京：中国社会科学出版社，2010：66-75

② 李国平，陈红霞，等. 协调发展与区域治理——京津冀地区的实践[M]. 北京：北京大学出版社，2012：14-224

③ 付承伟. 大都市经济区内政府间竞争与合作研究——以京津冀为例[M]. 南京：东南大学出版社，2012：48-152

④ 马海龙. 行政区经济运行时期的区域治理——以京津冀为例[D]. 上海：华东师范大学，2008

2 京津冀区域治理的历史、现状与制约因素

京津冀地区是一个联系紧密、相互依托、不可分离的区域。从历史上看,京津冀三地在经济发展中始终有着很高的经济依存度和关联度,三地之间的区域合作随着我国经济体制改革的推进在不同时期展现出不同的发展态势。区域治理的历史路径对我们现阶段构建新的区域治理协调机制有着重要的影响和制约作用。因此,我们首先分析京津冀区域治理的历史演变轨迹,回顾历史,审视现状。

2.1 京津冀区域治理的历史进程

2.1.1 区域治理的演变轨迹

1) 中央政府主导时期:1949—1978 年

从新中国成立至改革开放的近 30 年中,在高度计划经济管理体制下,京津冀的区域合作随着我国经济制度的建立与完善而逐步展开。建国初期,由于人财物严重不足,城市建设与发展主要是围绕工业建设有重点、有步骤地进行。在均衡发展的战略模式下,生产由国家统一部署,物资统一分配与调拨,财政实行统收统支,一切经济管理都由国家统一安排。

1958 年,中央为了加强对地区经济的计划指导,协调各大区内省、市、自治区间的经济联系,成立了东北、华北、华东、华中、华南、西南、西北七大经济协作区,各协作区都成立了协作区委员会及经济计划办公厅。1961 年,华中区与华南区合并成中南区,全国形成六大经济协作区。后因“文化大革命”,经济协作区被撤销。

20 世纪 70 年代,中央提出在各地建立自成体系的工业经济,燕山石化、石景山钢铁厂等大型项目在北京相继投产。这就促成了京津冀的产业同构,相互之间争投资、争能源、争项目的情况时有发生。河北省面对北京、天津经济功能的集聚,处于一种被动的状态,在人财物等方面对北京、天津功能集聚做出了很大的支持。

1978 年,第五届全国人民代表大会第一次会议又提出基本建成 6 个

大区经济体系的任务。在1970年编制的“四五”计划中，决定以大军区为依托，将全国划分为西南区、西北区、中原区、华南区、华北区、东北区、华东区、闽赣区、山东区、新疆区等十个经济协作区。

这一阶段的区域合作主要是围绕区域内自然资源而展开的，由于资源禀赋的差异，河北省主要为京津提供能源、原材料以及农产品。京津根据计划为河北省提供工业品。而从京津两地的关系来看，北京与天津长期竞争，原因在北京的定位。天津过去一直是华北地区的工业中心、商贸中心。北京在解放前，其实是一个消费城市。但是，解放后，北京大力发展工业，像首钢扩建、燕山石化一些重工业都放在了北京，这种定位抑制了天津的发展。

2）中央政府主导、地方政府参与时期：1979—1991年

改革开放初期，我国提出实行有计划的商品经济，经济体制处于重要转型时期。这一阶段是我国经济体制改革和对外开放的14年，三地借助改革开放的动力，经济增长迅速，京津冀三方经济关系发生了巨大变化。三方的经济技术协作逐步增加。

以1979年国务院提出的“扬长避短、发挥优势、保护竞争、促进联合”十六字方针为标志，中国各经济区开始摒弃追求独立工业体系与国民经济体系的传统思维与战略，开始寻求地区之间的协作。1980年国务院颁布了《关于推动经济联合的暂行规定》。“暂行规定”首次赋予企业可以在国家计划外自主选择合作伙伴组织生产，企业开始享有经营自主权。

早在1981年华北五省、自治区、市（京津冀蒙晋）组建了国内第一个区域经济合作组织——华北地区经济技术协作会。主要通过高层会商，解决地区间的物资调剂，指导企业开展横向经济联合。它的成立有效地促进了地区间的物资协作，在解决区域内各省区物资短缺方面发挥了显著作用。京津冀的经济合作在该协会的指导下得以逐步展开。随后，北京与河北环京地市进一步合作，建立了肉蛋菜等生活资料基地和纯碱、生铁等生产资料基地。河北邢台市第二棉纺厂从天津引进资金200万元，用于5万纱锭的扩建工程，以增加市场紧缺棉纱的生产能力。邢台市医用塑料厂从天津国际租赁公司引进285万美元和55万元人民币，兴建年产6 000万支一次性注射器生产线，产品部分或全部出口。①

1984年5月国务院发布了《进一步扩大国营工业企业自主权的暂行

① 《中国横向经济年鉴》编委会，等. 中国横向经济年鉴[M]. 北京：中国社会科学出版社，1992:254-255

规定》,明确了发展横向经济联合的必要性,赋予了企业参加和组织经济联合体的自主权。这也意味着企业可以自己组织生产经营方面的联合、协作、配套。这种与过去政府与企业之间上下级纵向关系不同的企业与企业之间的相互平等的经济联系被学界称之为"横向经济联合"。

1986年,国务院做出了《关于进一步推动横向经济联合若干问题的规定》,明确指出企业之间的联合是发展的重点。对企业、行业、地区之间开展横向经济联合的有关原则与方法做出了全面的规定,使中国地区经济协作进入了有章可循的阶段。1986年以后,物资协作不再是区域协作关注的热点,区域内相邻地区的小区域、企业间合作日益活跃,华北协作区显现出了区域范围过大、地区间经济关联度低、凝聚力下降的弊端和没有日常工作机构的组织缺陷(表2-1)。

表2-1 1979—1991年京津冀区域合作重大事件

时间	京津冀区域合作中的重大事件
1980年7月	国务院颁布了《关于推动经济联合的暂行规定》,积极支持和鼓励各种形式的经济联合,强调各级政府要加强对经济联合的领导,要尊重企业的自主权,不要搞不合理的行政干预
1981年	由京、津、冀、蒙、晋成立了全国最早的区域协作组织——华北地区经济技术协作会,主要通过高层会商,解决地区间的物资调剂,指导企业开展横向经济联合。到1990年共举行7次会议
1982年	北京市城市建设总体规划方案,首次提出"首都圈"的概念
1982—1984年	由原国家计委委托中国城市规划设计研究院、中国人民大学计划统计系、中科院地理所等机构开展了京津唐国土规划研究,范围包括北京市、天津市、河北省的唐山市、唐山地区(含秦皇岛)和廊坊地区
1984年5月	国务院发布了《进一步扩大国营工业企业自主权的暂行规定》,规定在不改变企业所有制形式、不改变隶属关系、不改变财政体制的情况下,企业有权参与或组织跨部门、跨地区的联合经营;有权择优选点,组织生产协作或扩散产品
1986年	国务院做出了《关于进一步推动横向经济联合若干问题的规定》,国务院有关部门和各级政府要进一步贯彻落实国务院发布的有关扩大企业自主权的规定,积极推动和引导企业发展各种形式的经济联合,特别是跨地区、跨部门、跨行业的企业之间的经济联合,不得从本位利益出发加以干涉
1986—1988年	1986年,为了扩大区域经济联合,由天津发起倡议,联合环渤海沿岸的丹东、秦皇岛、唐山、沧州等15个城市成立了环渤海地区经济联合市长(专员)联席会。到1988年共召开了三次会议
1987年	环渤海经济研究会,完成了涵盖辽东半岛、山东半岛和京津冀地区的环渤海经济区经济发展规划纲要的编制。 海河水利委员会第三次汇总编制了海河流域综合规划

续表 2-1

时间	京津冀区域合作中的重大事件
1988 年	由北京与河北省环京地区的北京、保定、张家口、承德、廊坊、唐山、秦皇岛组建了环京经济协作区，定位为“北京市、河北省政府指导下，以中心城市为依托的开放式、网络型的区域组织”，建立了市长、专员联席会制度，设立了日常工作机构

1986 年，为了扩大区域经济联合，由天津发起倡议，联合环渤海沿岸的丹东、秦皇岛、唐山、沧州等 15 个城市成立了环渤海地区经济联合市长联席会，于 5 月 26 日在天津召开了第一次会议。这一阶段共召开了三次会议，环渤海各城市之间的合作主要是进行物资串换和经济协作，各种类型的合作均处于起步阶段。

1988 年，北京与河北省环京地区的 6 地市组建了环京经济协作区，包括北京、保定、张家口、承德、廊坊、唐山、秦皇岛等，辖 102 个区县(市) 2 201个乡镇，总面积为 14.284 4 万 km^2，人口 3 945 万。环京经济协作区定位为“北京市、河北省政府指导下，以中心城市为依托的开放式、网络型的区域组织”，建立了市长、专员联席会制度，设立了日常工作机构。协作区以推进行业(系统)联合为突破口，带动企业间的联合与协作，相继创办了农副产品交易市场、工业品批发交易市场，组建了信息网络、科技网络、供销社联合会等行业协作组织，建立起地区企业间的广泛联系，卓有成效地推进了区域经济合作。

在中央政府和地方政府的大力推动下，三方之间的经济技术合作逐步加强。统计资料表明，1985—1989 年间，河北省与其他省市共签订经济联合项目 10 037 项，引进省外资金 71.37 亿元，引进技术 4 888 项，引进人才 25 863 人。其中，与京津二市签订经济联合项目、引进技术和人才均占总数的 63%，而引进资金总额的 75%来自京津。①

3）政府缺位、市场寻位时期：1992—1999 年

1992 年以后，由于初期那种开展合作就可以很快见到效益的事情已不多见，即没有了“显而易见的利益”和“最容易办到的事情”，区域组织又难以承担起区域规划和政策协调的职责，解决不了深层次的问题，影响了协作区的凝聚力。另一方面，企业寻求合作的内在动力和企业之间建立的广泛联系使政府经济协作部门的倡导协作、“牵线搭桥”职能已不再重要。再加上政府机构改革对经济协作部门的冲击，区域协作和区域组织逐步削弱。华北地区经济技术协作会在经历 1982 年到 1990 年七次会议

① 闫凌州. 政府主导京津冀科技创新联盟研究[D]. 天津：河北工业大学管理学院，2005

后销声匿迹。环京经济协作区自 1994 年后也进入了走走停停的状态。由于缺少了区域协调机构，企业之间、地区政府之间无序竞争、重复建设也愈演愈烈，区域生态环境破坏严重，沙尘暴连年冲击京津地区。

这一时期是以统一市场为核心的经济一体化阶段。与以往相比，中央政府在推动区域合作方面没有发挥强有力的作用，地方政府之间加强了高层互访和协商。但是，随着政府体制改革和市场经济体制改革的推进，政府对企业的控制力逐渐减弱，政府主导的区域合作显然难以适应现实的需求。因此，这一时期区域治理的主体缺失了政府这一主要力量。十四大报告明确提出了社会主义市场经济的改革目标，随着市场经济体制的建立和完善，企业之间合作的积极性得到了一定程度的发挥，市场力量寻求发挥作用的空间，但是由于市场经济体制尚不完善，企业之间的合作受到体制、机制等因素的制约，企业之间合作的层次较低。从区域治理的主体来看，在此阶段政府逐渐淡出，市场尚未形成(表 2-2)。

表 2-2 1992—1999 年京津冀区域合作重大事件

时间	京津冀区域合作中的重大事件
1992—1994 年	由京津冀两市一省的城市科学研究会发起召开了五次京津冀城市发展协调研究会。1994 年 8 月由研讨会提交的《建议组织编制京津冀区域建设发展规划》的报告获国务院批准，并由原国家计委牵头，会同建设部门和各地区组织编制
1992—1997 年	环渤海地区经济联合市长(专员)联席会第四—第八次会议召开
1995 年	河北省正式提出加速自身发展的“两环开放带动”战略，即外环渤海、内环京津
1996 年 3 月	《中华人民共和国国民经济和社会发展“九五”计划和 2010 年远景目标规划纲要》提出，我国要“按照市场经济规律和内在联系以及地理自然特点，突破行政区划界限，在已有经济布局的基础上，以中心城市和交通要道为依托，逐步形成七个跨省区市的经济区域”，提出形成以辽东半岛、山东半岛、京津冀为主的环渤海综合经济圈
1996 年	北京市组织编写《北京市经济发展战略研究报告》提出，北京周边地区的范围主要包括天津市和河北省北部地区，即以京津为核心，包括河北省的唐山、秦皇岛、承德、张家口、保定、廊坊、沧州七个市，面积共 16.8 万km^2 的“首都经济圈”

区域合作的内容主要集中在化工、纺织等传统行业。合作的内容也从简单的物资交换发展到技术合作、资本联合、资源的优化配置，合作的地域范围由较发达地区向落后地区扩展。

4) 地方政府主导、市场参与时期：2000 年以来

自 21 世纪以来，随着经济全球化和我国加入 WTO，珠三角和长三角

地区掀起了新一轮区域经济合作浪潮，并由此带动了区域一体化的发展。在这种形势下，京津冀区域合作再次受到了政府、企业以及学术界的广泛关注，区域治理开始复兴，合作步伐加快、力度加大、领域拓宽、规模增大、方式增多、层次提高。

2001 年，吴良镛院士在《面向新世纪建设“大北京”》中提出了大北京地区规划的思路，引起了广泛关注，获得了较多的认同。2004 年 2 月 12 日，国家发展改革委员会地区经济司召集北京、天津、河北省暨秦皇岛、承德、张家口、保定、廊坊、沧州、唐山等市召开了京津冀区域经济发展战略研讨会，最后达成了加强区域合作的“廊坊共识”(表 2-3)。

表 2-3 2000 年以来京津冀区域合作重大事件

时间	京津冀区域合作中的重大事件
2000 年	国家林业局会同农业部、水利部及京津冀晋蒙五省区市共同编制了《2001—2010 年环北京地区防沙治沙工程规划》
2000—2011 年	环渤海地区经济联合市长(专员)联席会第九次—第十五次会议。2008 年更名为环渤海区域合作市长联席会
2001 年	国务院批复《21 世纪初期首都水资源可持续利用规划》，组建了由水利部、发改委、财政部、环保局、林业局以及河北省、山西省、北京市组成的 21 世纪初期首都水资源可持续利用协调小组
2001 年	吴良镛院士在《面向新世纪建设“大北京”》中提出了大北京地区规划的思路
2002 年	吴良镛院士发表了《京津冀地区城乡空间发展战略研究》，提出综合考虑地区的功能调整、建设世界城市的构想，建议加强区域统筹管理，建立区域协调与合作机制
2003—2009 年	由北京市海淀区政府与天津开发区管委会首倡，“首届京津塘科技新干线论坛”在北京召开，论坛旨在以科技为纽带、以京津塘高速公路沿线区域为载体，推动区域间合作、促进区域经济、社会协调发展。提出建立京津政府间科技联席会议制度，建立联络员制度，开通两地科委视频会议系统，建立高速信息通道，形成对话交流与区域合作决策沟通机制。到 2009 年成功召开六次会议
2004 年 2 月	国家发改委及京津冀发改委达成加强经济交流与合作的“廊坊共识”
2004 年 5 月	环渤海七省区市政府达成“北京共识”：召开五省二市副省级会议，正式建立环渤海合作机制，并将合作机构的日常工作班子设在廊坊
2004 年 6 月	国家发改委、商务部和京津冀晋蒙鲁辽七省区市在廊坊召开会议，达成了《环渤海区域合作框架协议》。决定成立 3 层组织架构，负责推进合作发展。第一层架构是确立由各省省长、直辖市市长、自治区主席担任环渤海合作机制轮值主席，每年举行一次的联席会议制度，研究决定区域合作重大事宜。第二、三层架构是建立政府副秘书长协调制度和部门协调制度

续表 2-3

时间	京津冀区域合作中的重大事件
2004 年 11 月	由国家发改委牵头启动了《京津冀都市圈区域规划》的编制工作
2005 年	北京市和天津市签署了《京津城市流通领域合作框架协议》,涵盖了商贸、物流、口岸三大领域 北京市平谷区、天津市宁河县、蓟县、宝坻区及河北省兴隆县、三河市等六县市区正式决定建立泃河水系跨省域综合治理联席会议制度,实施区域协作,改善生态环境
2006 年 10 月	北京市和河北省签署了《北京市人民政府、河北省人民政府关于加强经济与社会发展合作备忘录》。合作的 9 个方面包括交通基础设施建设、水资源和生态环境保护、能源开发合作、产业调整合作、产业园区合作、农业合作、旅游合作、劳务市场合作和卫生事业合作
2007 年	北京、天津、河北三地首次联合发布的《2006 京津冀都市圈城市商业发展报告》。三地建立统一质量标准认证体系,同时研究建立市场应急保障互助机制、三地商务政策文件将建交换制度
2008 年 2 月	2 月 18 日至 19 日,由天津市发改委倡议和发起,经过京津冀发改委共同协商、酝酿的"第一次京津冀发改委区域工作联席会"在天津召开。京津冀发改委共同签署了《北京市、天津市、河北省发改委建立"促进京津冀都市圈发展协调沟通机制"的意见》。其主要内容为:一是京津冀发改委为实施好《京津冀都市圈区域规划》,促进区域发展,建立联席会和联络员制度;二是明确会议议题,主要是交流区域合作发展情况,沟通规划、产业、政策等信息,研究当前和近期区域合作中需解决的问题,提出工作建议,督促落实省市政府议定的区域合作工作;三是建立发改委区域工作信息发布制度,抓紧筹建发改委区域工作信息系统,及时向国家、三省市有关方面发布区域经济社会发展、合作和工作进度情况;四是议定下次会议的主要议题,为建立京津冀三省市省市长联席会制度做好前期工作。到 2009 年共召开 3 次会议
2008 年 11 月	天津市人民政府与河北省人民政府联合召开了经济与社会发展合作座谈会,签署了《天津市人民政府、河北省人民政府关于加强经济与社会发展合作备忘录》。合作内容包括共同推进天津滨海新区和唐山曹妃甸新区、沧州渤海新区的开发建设、产业转移对接、联合建设现代化综合交通运输体系、加强水资源和生态环境保护合作、加强金融合作、加强科技和人才合作、加强农业合作、加强旅游合作、加强劳务合作、加强口岸通关合作、加强教育合作、加强卫生事业合作等 11 个方面
2008 年 5 月	"京津冀检务合作签约仪式暨检察文化论坛"在河北省兴隆县检察院召开。北京市平谷区、密云县,天津市蓟县,河北省唐山市路南区、遵化市、迁西县、玉田县、兴隆县三省市 8 个相邻县区检察院到区域内任何一个院办案,都将获得大力支持。"京津冀检务合作"主要包括 5 个方面的内容。一是办案协作配合机制,相互为协作院来本院办案提供人力、物力支持,积极协助案件办理;二是检察工作经验交流机制,共同对区域内的趋向性问题进行研究应对;三是检察改革成果共享机制,相互将检察改革成果优先向协作院通报;四是信息共享机制,相互就近期主要工作情况进行通报;五是检察文化共建机制,深入开展跨区域文化交流协作

续表 2-3

时间	京津冀区域合作中的重大事件
2008 年 6 月	由唐钢集团、邯钢集团组建而成的河北钢铁集团有限公司正式揭牌成立，组建后河钢集团年产量有望以 3 158 万 t 超过宝钢集团跻身国内第一、世界第五
2008 年 10 月	北京至石家庄铁路客运专线——京石铁路客运专线正式开工建设。建设总工期为 4 年，投资估算总额 438.7 亿元，由铁道部和北京市、河北省共同投资，组建合资铁路公司，组织工程建设
2008 年 11 月	天津至秦皇岛铁路客运专线工程正式开工。由铁道部、天津市、河北省共建，正线全长 261 km，总投资估算 338 亿元。工程完成后将实现天津到秦皇岛 1 小时通达
2008 年 11 月—2012 年	首届京津冀晋蒙政协区域经济发展论坛在廊坊举行。共同签署了《京津冀晋蒙政协关于举办区域经济发展论坛的合作框架协议》。到 2012 年，每年召开一次会议，目前已成功召开五次会议
2008 年 11 月	河北省建设厅与北京市建委、天津市建委日前共同签署了《构建京津冀地区共同建筑市场框架协议(草案)》，这标志着京津冀三地构建共同建筑市场工作正式启动。根据协议，京津冀将用 3 年左右的时间，实现三地企业在区域内建筑市场的互认共管
2009 年	北京市旅游局、天津市旅游局、河北省旅游局联合签署了《京津冀旅游合作协议》，共同推动区域内旅游资源、产品、市场、信息、客源和利益共享 天津、北京、承德、唐山和秦皇岛五个城市正式签署《旅游质量监督工作互动合作协议》，五个城市将在处理旅游案件转办、质监网络和旅游服务质量等多方面展开互动
2010 年	河北省提出规划建设“环首都绿色经济圈”，环首都绿色经济圈包括环绕北京的张家口、承德、廊坊和保定四个地级市，将打造以新兴产业为主导的环首都绿色经济圈。并且成立了河北省环首都绿色经济圈建设领导小组，下设办公室
2011 年 4 月	北京、天津、河北三省市签署了《京津冀区域人才合作框架协议书》。三方一致表示，要通过三省市人才开发的政策协调、制度衔接和服务贯通，不断推进人才合作进程，逐步建立京津冀区域的人才信息共享、人才结构互补、人才智力自由流动、人才培养合作新机制，形成统一的人事制度框架、人才市场体系和人才服务体系，最终实现区域内人才的自由流动和优化配置
2011 年 5 月	2011 京津冀区域合作高端会议在廊坊召开，本次京津冀区域合作高端会议由河北省人民政府与国家发改委经济研究所主办，河北省环首都绿色经济圈建设办公室和华夏幸福基业股份有限公司承办。国家发改委和京津冀三地的领导、专家，与来自美国、韩国、新加坡等地的专家就首都经济圈和京津冀一体化进行了深入的交流和探讨

续表 2-3

时间	京津冀区域合作中的重大事件
2012 年 4 月	北京市金融工作局与河北省金融工作办公室签署区域金融合作协议，双方将建立金融合作协调机制，共同研究制定京冀金融合作的相关规划，以设立区域金融综合改革试验区为突破，以开展要素市场合作为基础，以建设金融后台基地和服务外包聚集区为依托，全方位推进合作。会议决定成立京冀金融合作办公室
2012 年 9 月	温家宝总理主持国务院常务会议，通过了《京津风沙源治理二期工程规划(2013—2022 年)》。工程区范围由北京、天津、河北、山西、内蒙古 5 个省(自治区、市)的 75 个县(旗、市、区)扩大至包括陕西在内 6 个省(自治区、市)的 138 个县(旗、市、区)

2006 年 3 月国家“十一五”规划将天津滨海新区列入国家战略，8 月国务院批复了《天津市城市总体规划(2005—2020 年)》，明确天津市将逐步建设成为北方经济中心，国务院批复北京建设世界城市的目标，至此北京与天津的经济中心之争暂时告一段落。在这一背景下，京津冀三地之间的区域合作逐渐增多，合作层次也不断提高。特别是进入 2008 年以来，三地之间的高层次协调会议频繁，各种合作协议不断签署落实，京津冀区域治理进入复兴阶段。

2.1.2 京津冀区域治理演变的特征

1) 区域治理主体：从政府主导向政府主导与市场推动转变

(1) 从中央政府主导向地方政府主导转变

改革开放以前，京津冀地区的合作主要以物资协作为主，在解决物资短缺方面成效显著。地方政府遵从中央政府的计划指令，充当项目的实施者，企业只是被动地作为项目的承担人。

改革开放以来，我国的经济体制和经济运行机制发生了重大的变革。“七五”计划开始强调区域合作的地方主体，提出地区协作实行中央和地方分级管理、以地方为主的原则，鼓励地方、部门之间联合兴办国家急需的建设工程，地方政府的主动性、参与性和积极性有了很大提高。[①]

着眼于放权让利，中国的经济体制围绕着诸如财政、税收、信贷、价格等进行了一系列重大变革，这些改革措施承认和突出了个人、企业、地方等微观主体独立的利益追求，极大地提高了各个地区发展地方经济的积

① 高新才. 改革 30 年来中国区域经济合作的回顾与展望[J]. 西北大学学报(哲学社会科学版)，2008，38(5)：20-27

极性和主动性。在这种背景下，地方政府一方面有了发展经济的权力，另一方面有了发展自身经济的利益诉求，因此，在三地政府的推动下，京津冀的区域合作得到了迅速发展。

(2) 从政府主导向政府主导市场推动转变

随着市场经济体制改革的逐步深化，市场经济体制逐步建立和完善，企业被赋予了一定程度的自主权，基于市场利益的驱动，企业有了参与合作的动力，在地方政府的大力推动下，企业逐渐主动加入了区域合作。随着市场经济的发展和区域联系的紧密，北京市的一些企业需求新的发展空间以降低产品的生产成本，劳动密集型、高污染型产业开始向周边转移、扩散。环京津七地市成为承接这一扩散最多的地区。

20 世纪 90 年代中期以来，市场经济体制逐步完善，政府管理体制改革也初见成效，对区域发展的认识和观念都逐步深化，政府和企业各个层面都认识到只有合作才能实现发展，才能实现“共赢”，因此，区域合作的积极性空前高涨，政府、企业和理论界都积极参与到区域合作之中。三地政府部门以及中央政府(国务院和商业部等部门)在推进区域发展的总体规划，构建统一市场，消除壁垒，扩大开放等方面做了许多积极的努力。三地企业在市场推动下，在农业、工业、旅游、交通、基础设施等微观层次也展开了广泛合作。初步形成了政府主导和市场推动的区域合作局面。

但是，我们应该看到，京津冀的区域治理的主要动力仍然是来自于政府的强力推动，是一种自上而下的运作方式。自下而上的“草根式”的运行方式难以形成，区域治理的制度基础没有真正形成，区域治理的自组织能力缺乏支撑。

2) 区域治理客体：从经济领域逐步扩大到非经济领域

(1) 经济领域合作逐步深化

新中国成立以后，从战争中解脱出来的中国千疮百孔，百废待兴，物资紧缺，为了适应当时的国际形势和国内经济发展需要，中央提出将全国划分为 7 个大经济协作区，国家统一部署，物资统一分配与调拨，财政实行统收统支。至改革开放以前，京津冀的区域合作一直是以物资统一分配与调拨为主要内容的。

随着改革开放与国民经济的迅速发展，京津冀之间的经济技术合作逐步加强。经济合作逐渐成为重点，合作内容和领域不断得以深化。20 世纪 80 年代，京津冀地区的区域合作主要是解决地区间的物资调剂，指导企业开展横向经济联合。随着市场经济体制的不断完善，市场的力量逐步壮大。企业之间的经济、技术合作开始增强。

20 世纪 90 年代中期以来，在政府的积极主导和市场的积极推动之下，京津冀地区的区域合作走上了新的台阶。经济领域的合作更加广泛，农业、工业、能源、商贸流通、技术、信息、旅游等领域的合作都得以展开。

产业梯度转移也开始逐步推进，北京高校众多，科研实力雄厚，是文化和金融中心。其高新技术产业发达，高新技术成果向河北推广、扩散日益增多。天津工业基础雄厚，尤其是轻工业、电子制造业发达，依托滨海新区打造北方的经济中心。河北省既有相当实力的中小城市，也有资源丰富但经济欠发达的农村地区，与京津的城市分工和产业转移具有较强的互补性。三个省市的产业梯度明显，北京的一些传统工业开始向河北转移，河北、天津的一些企业的研发和营销总部也开始向北京转移。在汽车、电子信息等行业初步形成了产业链条，沿京津塘高速公路高新技术产业带也初具规模。

(2) 环境保护、基础设施建设领域合作日益加强

经济领域合作不断深化的同时，水资源保护与合理利用、重大生态建设和环境保护、公共交通等方面的治理也不断发展。随着社会经济的发展，资源、生态环境问题越来越引起重视，在这些领域的利益是共同的，最容易达成共识。京津冀地区整体上属于资源短缺地区，特别是水资源严重匮乏。因此，在资源的开发利用领域，京津冀地区开始了较为密切的合作。此外，在环境保护、联合治沙、森林保护等方面也有较为深入的合作。在公共交通领域，北京的公交线路已经扩展到河北，京津快速路、京津城际轨道开通运行。在港口建设方面，天津港与北京、河北等省市合作建设无水港。截至 2012 年 3 月，内陆无水港和物流节点的总数达到 21 个，包括北京、石家庄、包头等，已基本覆盖主要内陆腹地，有效发挥了对内陆腹地的服务辐射作用。

(3) 社会领域合作顺利展开

此外，京津冀三地在社会领域内的合作也得以开展。京津冀三地之间在劳务市场、人才市场、卫生事业、教育事业方面也签署了一系列合作协议。2006 年 10 月北京市和河北省签署了《北京市人民政府、河北省人民政府关于加强经济与社会发展合作备忘录》，2008 年 11 月，天津市人民政府与河北省人民政府签署了《天津市人民政府、河北省人民政府关于加强经济与社会发展合作备忘录》，这两个协议都涉及加强教育合作、劳务合作、卫生事业合作。

2008 年京津冀检务合作也得以开展。京津冀三地建立了办案协作配合机制、检察工作经验交流机制、检察改革成果共享机制、信息共享机

制、检察文化共建机制，深入开展跨区域文化交流协作。

2011年北京、天津、河北三省市签署了《京津冀区域人才合作框架协议书》。逐步建立京津冀区域的人才信息共享、人才结构互补、人才智力自由流动、人才培养合作新机制，形成统一的人事制度框架、人才市场体系和人才服务体系，最终实现区域内人才的自由流动和优化配置。

3）区域治理机制：从无序逐步走向有序，从单中心逐步走向多中心

（1）环渤海区域经济合作市长联席会——“一枝独秀”

自新中国成立以来到20世纪90年代，我国的区域治理主要是通过经济区或经济协作区的机制进行的。所谓经济协作区是我国经济建设初期特有的一种经济区域组织形式。以省级行政区为单位，以省际经济协作为主要经济联系内容，其范围相当于基本经济区。

从我国经济区划的发展历程来看，20世纪80年代之前，京津冀地区属于华北经济技术协作区，设有协作区委员会及经济计划办公厅，负责协调大区内各省、市、自治区之间的经济联系，并组织各种经济协作。区域经济合作处于一种高度组织的状态，但是这种合作基本上是以指令性计划的形式实现的，依靠的是自上而下的行政力量的推进。

20世纪80年代华北地区率先打破地区分割，成立了全国最早的区域协作组织——华北地区经济技术协作会。但是，该组织没有常设的日常工作机构，因此其协调能力有限，是一种松散的组织，并不能有效解决区域发展问题。1988年成立的环京经济协作区，建立了市长、专员联席会制度，设立了日常工作机构，推动了地区之间的经济合作和联系。但是只是北京和河北6个地市的组织，缺少了天津的参与，因此其作用的发挥受到极大的制约。

20世纪90年代以后，这种合作机制自身固有的缺陷使得它逐渐解体。京津冀的区域治理进入到无序发展阶段，在此后相当长时期内，企业之间、地区政府之间无序竞争的局面日益突出，重复建设也越演越烈，京津冀区域与我国另两大经济区长三角和珠三角的差距也逐渐拉开。

进入21世纪以后，这种无序发展的局面才开始改观，2004年形成的“廊坊共识”将区域规划、生态环境治理、基础设施建设、公共交通等纳入到区域治理的范畴。随后签订的《环渤海区域合作框架协议》决定成立3层组织架构，负责推进合作发展。但是自此次会议后，再无下文。

自1986年成立的环渤海地区经济合作市长（专员）联席会（2008年更名为环渤海区域经济合作市长联席会）成为推进京津冀地区区域合作的常青树。成员由成立之初的环渤海15个沿海城市发展到包括天津、河

北、内蒙古、山西、山东、河南、辽宁在内的41个成员城市，是中国最早成立的地方政府间区域性合作组织。①

环渤海区域合作市长联席会是由参加联席会的各成员市政府组成。市长联席会的市长会议，是联席会的最高组织形式和决策机构。

市长联席会设秘书长一名，由执行主任城市负责区域合作部门的主要负责人担任。

市长联席会下设办公室，是市长联席会的常设办事机构，在秘书长的领导下负责处理日常工作。办公室成员由市长联席会主任城市、执行主任城市和副主任城市的市长特派员及专职工作人员组成。办公室办公地点设在天津市人民政府经济协作办公室。

市长特派员，由各成员市政府委派县处级以上人员担任。其中，主任城市、执行主任城市可委派地厅局级人员担任。

市长联席会市长会议原则上每两年举行一次，根据情况可以提前或延期召开，由各成员市轮流主办。

特派员工作会议，原则上每年召开两次。通报情况，协商事宜，研讨工作，落实任务。

专业工作会议，由办公室根据需要组织召开。

该组织自成立以来已经连续召开了15次会议，在推动区域经济合作、发挥企业在区域经济合作中的主体地位、推动多层次行业组织的整合发展等方面发挥了积极作用。成功召开了环渤海地区科技博览会、建材交易会、人才智力交流洽谈会、经贸洽谈会等，实现了区域内人流、物流、资金流、信息流的合理流动，优势互补。组建了体现环渤海区域经济发展整体形象的环渤海控股集团有限公司，开发建设了建筑面积达12万m^2的环渤海经济发展中心；牵头组织成立了区域性人寿保险股份有限公司——恒安人寿保险公司；帮助天津家世界集团拓展市场，在环渤海地区的青岛、济南、唐山、北京、威海、烟台等市成功建立连锁超市等等。成功地建立了环渤海港口城市旅游合作组织，签订了《环渤海16港口城市旅游合作框架协议》；发起成立了由多种所有制成分企业参与的环渤海企业

① 截至2012年，环渤海区域经济合作市长联席会成员包括：天津市；辽宁省：丹东市、大连市、营口市、锦州市、盘锦市、葫芦岛市、沈阳市、阜新市、朝阳市；河北省：石家庄市、秦皇岛市、唐山市、沧州市、承德市、邢台市、廊坊市、保定市、邯郸市；山东省：济南市、滨州市、德州市、东营市、烟台市、威海市、青岛市、淄博市、潍坊市、聊城市、日照市；山西省：太原市、长治市；内蒙古：呼和浩特市、通辽市、呼伦贝尔市、满洲里市、鄂尔多斯市、包头市、赤峰市；河南省：安阳市、濮阳市。

合作促进会,成员包括环渤海地区 30 个成员市的 120 余家企业。① 这些组织的成立对于推动环渤海地区行业间整合资源、发展壮大,把环渤海区域合作向更实、更深推进发挥重要作用。

尽管环渤海区域经济合作市长联席会在区域协调发展方面发挥了积极作用,但是该组织是一个松散型组织,其成员虽然众多,但是缺少了最重要的成员——北京市的参与,因此,在京津冀区域协调发展方面,该组织的协调能力受到了严重制约,作用有限。

(2) 多中心的合作机制正在萌芽——"多点开花"

进入 21 世纪以来,京津冀区域各类型合作组织不断涌现,形成了不同层次的区域治理架构,参与主体也不断扩展,企业、社会力量也逐步参与到京津冀区域治理中,逐步向多中心型的现代治理转变。

政府层面的正式协调机制:

在省市级层面:环渤海区域经济合作市长联席会已召开 15 次会议,有力地推进了区域协调发展;政府部门层面:京津冀发改委区域工作协调会到 2009 年召开 3 次会议,第四次会议尚未召开。

政府层面的非正式协调机制:2011 年京津冀区域合作高端会议以及京津冀三地之间不定期召开的各种协调会议。包括北京市和河北省签署的《北京市人民政府、河北省人民政府关于加强经济与社会发展合作备忘录》,天津市和河北省签署的《天津市人民政府、河北省人民政府关于加强经济与社会发展合作备忘录》等。

非政府层面的协调机制:京津冀晋蒙政协区域经济发展论坛,从 2008 年到 2012 年,每年召开一次会议,目前已成功召开 5 次会议;京津塘科技新干线论坛,自 2003 年到 2009 年已召开了 6 次会议;此外还有由学术界发起的各种研究会、论坛在推动京津冀区域治理方面也发挥了重要作用。

京津冀的区域治理机制已经由改革开放初期的政府单中心机制,逐步向政府、市场、社会公众的多中心治理机制发展。但是从总体上看,政府主导推动仍然是京津冀区域治理的主要机制,市场力量正逐步发育,在政府推动下逐步提升为区域治理的主体。社会公众开始参与到区域治理之中,但是由于公民社会的发育不足,第三方组织和社会公众还很难发挥作用。

---

① 环渤海区域信息网. 环渤海地区经济联合市长联席会的有关资料[EB/OL]. http://www.huanbohai.gov.cn/article.asp? id=6153.2006-01-17

2.2 京津冀区域发展现状

2.2.1 经济持续快速发展，总体竞争力不强

改革开放以来，京津冀地区经济获得了飞速发展，经济实力不断增强。从1996年到2010年，三地GDP的年均增长率都高于全国平均水平（图2-1）。天津市自20世纪90年代中期以来，始终保持了远远高于全国平均水平的增长。特别是“十一五”以来，天津经济更是实现了领跑全国的高速增长，2011年GDP增速高达16.4%，位列全国第一，人均GDP达到85 213元，跃居全国第一。

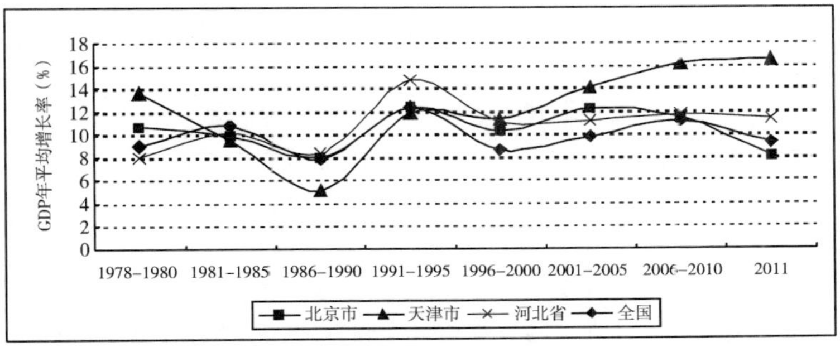

图2-1 1978—2011年京津冀与全国GDP年均增长速度①

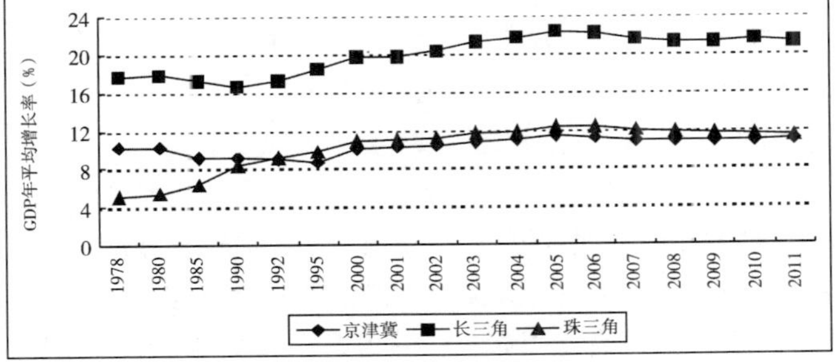

图2-2 1978—2011年三大地区经济总量占全国的比重②

京津冀三地经济的持续快速增长，带动了整个区域经济的快速增长。

---

① 根据2012北京、天津、中国统计年鉴和2012河北经济年鉴绘制。

② 根据2012北京、天津、中国统计年鉴和2012河北经济年鉴绘制；长三角包括江苏省、浙江省和上海市；珠三角指广东省。下同。

自20世纪90年代以来,京津冀区域经济总量在全国经济总量中所占的比重持续上升,从1993年的8.82%提升到2011年的11.01%(见图2-2),表明该地区是我国经济活跃、发展迅速的地区之一。

但是,与长三角地区相比,京津冀区域的竞争力明显较弱。京津冀的经济总量和单位土地面积产出大约是长三角地区的1/2;从人均GDP来看,京津冀的人均GDP相当于长三角的77%,经济实力有着明显的差距。京津冀地区与珠三角地区相比,经济总量和人均GDP差距不大,但单位土地面积产出明显较低(表2-4)。

表2-4　2011年京津冀、长三角、珠三角经济发展比较①

	地区生产总值(亿元)	单位土地面积GDP(万元/km²)	人均GDP(元/人)	GDP占全国的比重(%)
长三角	100 624.81	4 774.82	64 055.52	21.28%
珠三角	53 210.28	2 959.21	50 652.34	11.25%
京津冀	52 074.94	2 410.65	49 057.88	11.01%

2.2.2　京津冀区域差异的测度

1)城市首位度的测度

马克·杰斐逊(M. Jefferson)于1939年提出了首位城市律(Law of the Primate City),采用首位城市度来衡量首位城市的地位,并提出了二城市指数:$S_2=P_1/P_2$(P_n表示按人口规模排在第n位的城市的市辖区人口)。此后有学者对两城市指数加以改进,提出了四城市指数:$S_4=P_1/(P_2+P_3+P_4)$和十一位城市指数:$S_{11}=P_1/(P_2+P_3+\cdots+P_{11})$。表2-5根据上述三种方法计算了京津冀区域的城市指数。

根据位序—规模原理,二城市指数为2,四城市指数和十一城市指数为1,是城市规模结构的理想状态。2011年京津冀区域的二城市指数为1.48,低于标准值2,表明首位城市北京的优势并不明显,呈现双核发展态势。而且二城市指数有上升趋势,说明第二位城市天津发展不足,与北京之间的差距在逐步拉大。相比之下,长三角的二城市首位度大于2,表明上海的中心城市地位明显。但是二城市指数呈现下降趋势,表明该区域第二位城市南京与上海的差距在逐步缩小。

京津冀区域四城市指数低于1,说明天津、唐山、石家庄等城市的规

① 根据2012北京、天津、江苏、浙江、上海、广东、中国统计年鉴和2012河北经济年鉴绘制。

模偏小，发展不足，速度偏慢。而且与2005年相比有缓慢上升趋势，表明这些城市与首位城市的差距在拉大。而长三角区域的四城市指数接近1，且表现出下降趋势，说明南京、杭州、徐州等城市发展迅速，与上海的差距在缩小。

京津冀区域的十一城市指数远低于1，而且有上升趋势，表明其他10个城市与北京的差距在逐步拉大。长三角区域的十一城市指数也远远低于1，表明其区域内部差距更大，但是十一城市指数呈现下降趋势，说明其他10个城市的发展在加速，与上海之间的差距在逐步缩小（表2-5）。

表2-5 京津冀与长三角区域城市首位度指数①

首位度指数	2000年		2005年		2010年		2011年	
	京津冀	长三角	京津冀	长三角	京津冀	长三角	京津冀	长三角
S_2	1.43	3.93	1.44	2.51	1.47	2.45	1.48	2.45
S_4	0.96	1.81	0.86	1.08	0.87	1.04	0.88	1.03
S_{11}	0.63	0.79	0.59	0.50	0.59	0.47	0.61	0.45

通过与长三角区域的比较来看，京津冀区域城市之间的差距要小于长三角区域，长三角区域的城市群梯度明显，规模较为合理。京津冀区域北京与天津两个中心城市的差距在逐步缩小，然而京津两个中心城市对其他城市的带动作用不强，其他城市的发展较慢，区域内部的差距在逐步拉大。

2）经济联系度的测度

城市流强度可以用公式表示为$F=N\cdot E$，式中F为城市流强度，N为城市功能效益，即各城市单位外向功能量指标，则城市是否具有外向功能量E，主要取决于其某一部门从业人员的区位商，则i城市j部门从业人员区位商Lq_{ij}为

$$Lq_{ij}=\frac{G_{ij}/G_i}{G_j/G}(i=1,2,\cdots,n;j=1,2,\cdots,m) \tag{2-1}$$

其中，G_{ij}表示i城市j部门从业人员数量，G_i为i城市从业人员数量，G_j为全国j部门从业人员数量，G为全国总从业人员数量。若$Lq_{ij}<1$，则i城市j部门不存在外向功能，即$E_{ij}=0$；若$Lq_{ij}>1$，则i城市j部门存在外向功能，因为i城市的从业人员中分配给j部门的比例高于全国的分配比例，即i部门在j城市中相对于全国是专业化的部门，可以为城

① 根据2001、2006、2011、2012中国城市统计年鉴数据绘制。

市外界区域提供服务。

因此，i 城市 j 部门的外向功能 E_{ij} 为

$$E_{ij}=G_{ij}-G_i(G_j/G) \tag{2-2}$$

i 城市 m 个部门总的外向功能量 E_i 为

$$E_i=\sum_{j=1}^{m}E_{ij} \tag{2-3}$$

i 城市的功能效益 N_i 用人均从业人员的 GDP 表示，则

$$N_i=\mathrm{GDP}_i/G_i \tag{2-4}$$

i 城市的城市流强度 F_i 为

$$F_i=N_i\cdot E_i=\frac{\mathrm{GDP}_i}{G_i}\cdot E_i=\mathrm{GDP}_i\cdot\frac{E_i}{G_i}=\mathrm{GDP}_i\cdot K_i \tag{2-5}$$

K_i 为 i 城市外向总功能量占总功能量的比重，反映了 i 城市总功能量的外向程度，称为城市流倾向度。

选取 2006 年和 2011 年的《中国城市统计年鉴》中京津冀区域的 13 个城市的外向型服务业数据作为分析对象。外向型服务业主要选择交通运输仓储邮政业、批发和零售业、金融业、房地产业、教育文化体育娱乐业、卫生社会保险福利业、科学研究技术服务和地质勘查业、租赁和商业服务业作为分析城市流强度的指标。选取 2005 年和 2010 年各城市市辖区就业人口(G_i)、市辖区地区生产总值 GDP，根据公式 2-3、公式 2-5 计算得出京津冀区域各城市的外向功能量(E_i)、城市流强度(F_i)和城市流倾向度(K_i)等指标。结果见表 2-6。

表 2-6 京津冀区域城市流强度指标

城市	2005 年			2010 年		
	E_i(万人)	F_i(亿元)	K_i	E_i(万人)	F_i(亿元)	K_i
北京市	98.51	1 352.23	0.20	162.40	3 216.75	0.27
天津市	9.46	175.38	0.05	16.89	618.61	0.09
石家庄市	3.92	50.99	0.07	7.55	154.91	0.14
唐山市	0.43	9.22	0.01	1.44	51.17	0.03
秦皇岛市	2.85	44.90	0.15	3.33	78.19	0.17
邯郸市	0.00	0.00	0.00	0.97	16.14	0.03
邢台市	0.21	2.01	0.02	0.35	4.47	0.02

续表 2-6

城市	2005 年			2010 年		
	E_i(万人)	F_i(亿元)	K_i	E_i(万人)	F_i(亿元)	K_i
保定市	2.24	24.87	0.11	1.14	22.04	0.05
张家口市	0.62	6.36	0.04	1.08	22.40	0.07
承德市	0.61	6.55	0.06	1.59	28.58	0.15
沧州市	0.49	6.21	0.04	1.17	30.80	0.09
廊坊市	1.07	14.73	0.11	1.22	23.26	0.08
衡水市	1.15	14.25	0.13	1.69	27.40	0.19
合计	121.55	1 707.70	—	200.82	4 294.72	—

从表中的外向功能量数据来看，京津冀区域外向功能量上升趋势明显，从 2005 年的 121.55 上升到 2010 年的 200.82。北京的外向功能量从 2005 年的 98.51 上升到 2010 年的 162.40，居该城市群的首位，并且远远大于第二、第三位城市（天津和石家庄），北京与天津和石家庄等城市的差距逐步拉大。北京市强大的外向功能量主要由于租赁和商业服务业，科学研究、技术服务和地质勘查业，房地产业，批发和零售业，交通运输、仓储邮政业的外向功能量远高于其他城市，通过这些行业的传导与辐射推动了区域经济和社会的发展；天津和石家庄的外向功能量虽不及北京，但也明显高于其他城市。作为第二大城市的天津外向功能量也远大于其他城市，其外向功能量主要来自于租赁和商业服务业、交通运输、仓储及邮政业、批发和零售业，这与其作为港口城市有密切的关系。石家庄作为河北的省会城市，外向功能量达到了 7.55，位居第三位。此外，秦皇岛作为煤炭运输的大港，其外向功能量达到 3.33，位居第四位。

从城市流强度来看，京津冀区域可以分为四类：高城市流强度城市——北京；较高城市流强度城市——天津；中等城市流强度城市——石家庄、秦皇岛、唐山；低城市流强度城市——沧州、承德、衡水、廊坊、保定、张家口、邯郸、邢台。从城市流倾向度来看，京津冀区域总体呈上升趋势，在 13 个城市中，有 10 个城市都有较大的提高。只有保定和廊坊两个城市与 2005 年相比出现了较大程度的下降，邢台保持不变。北京市的城市流倾向度遥遥领先，而作为第二大城市的天津的城市流倾向度却只排在第五位，低于石家庄、秦皇岛、承德、衡水等。表明天津较高的城市流强度主要取决于其强大的经济实力，但天津市的外向型服务业发展不足，城市对整个区域的综合服务能力不强（图 2-3）。

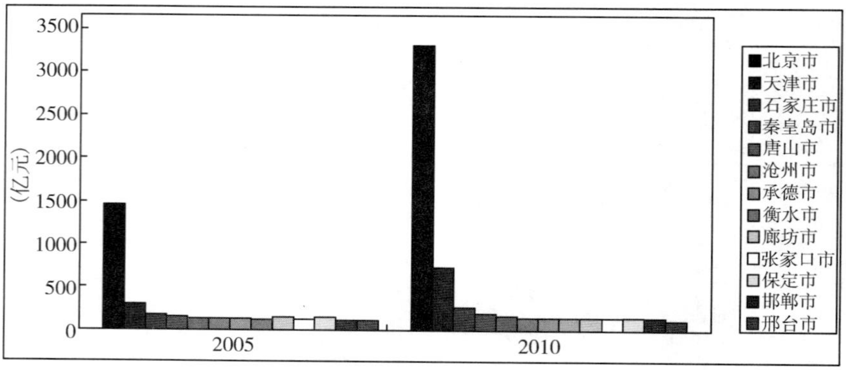

图 2-3　京津冀区域城市流强度①

总体上看,京津冀区域的发展呈现出严重的不协调趋势。尽管京津冀区域的城市流强度从 2005 年的 1 707.70 亿元上升到 2010 年 4 294.72 亿元,提高了 151.49%,但是其他城市与北京的差距不断扩大。北京作为京津冀区域中心城市,其城市流强度、城市流倾向度和外向功能量都居于首位,在京津冀区域的经济空间联系中起到了主导作用,北京的城市流强度远远高于其他城市,其中心地位无可替代;天津作为次中心城市,其辐射范围更多的是面向区域;石家庄、秦皇岛和唐山则构成了环绕京津的三个区域性联系中心。而且,除了北京和石家庄之外,城市流强度最高的城市分布在沿海地区,尤其是沧州的城市流强度提升速度很快。河北省沿海地区的城市的发展得益于河北沿海地区发展规划的实施和推进。河北省北部和南部的其他城市的发展却比较缓慢。

3）非均衡的空间测度

(1) 发达的中心城市:双星闪耀

在超过 100 km 的空间范围内,赫然耸立着京津两个世界级的大城市,这在世界范围内也是罕见的。这种独特的区位条件,为两个城市的各自发展和联合互动创造了优越的条件。随着京津城市功能定位的明确,两市的经济集聚和人口集聚进一步加速,形成了像欧洲一样发达的双中心城市。两大中心城市经济发达,2011 年人均 GDP 均超过 8 万元,按年平均汇率(1 美元=6.45 人民币)计算,折合 1.2 万美元。根据世界银行的标准,京津两市均已达到富裕国家水平。河北省的滨海城市唐山也发展迅猛,2011 年人均 GDP 达到 71 354 元,接近 8 万元大关。京津两市经

① 根据表 2-6 计算结果绘制。

济总量占整个地区的53%,是整个地区的经济中心,成为京津冀区域的经济高地(图2-4、图2-5)。

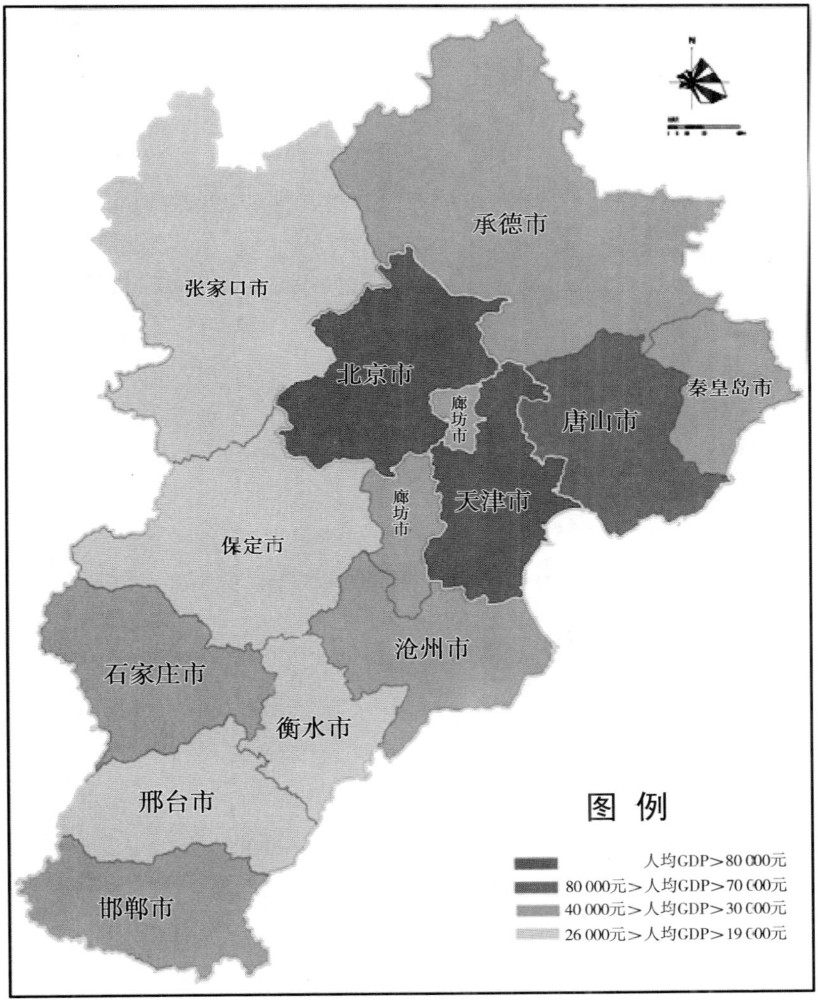

图2-4　京津冀经济密度图①

① 图2-4、图2-5根据2012天津、北京统计年鉴和2012河北经济年鉴数据计算后绘制。

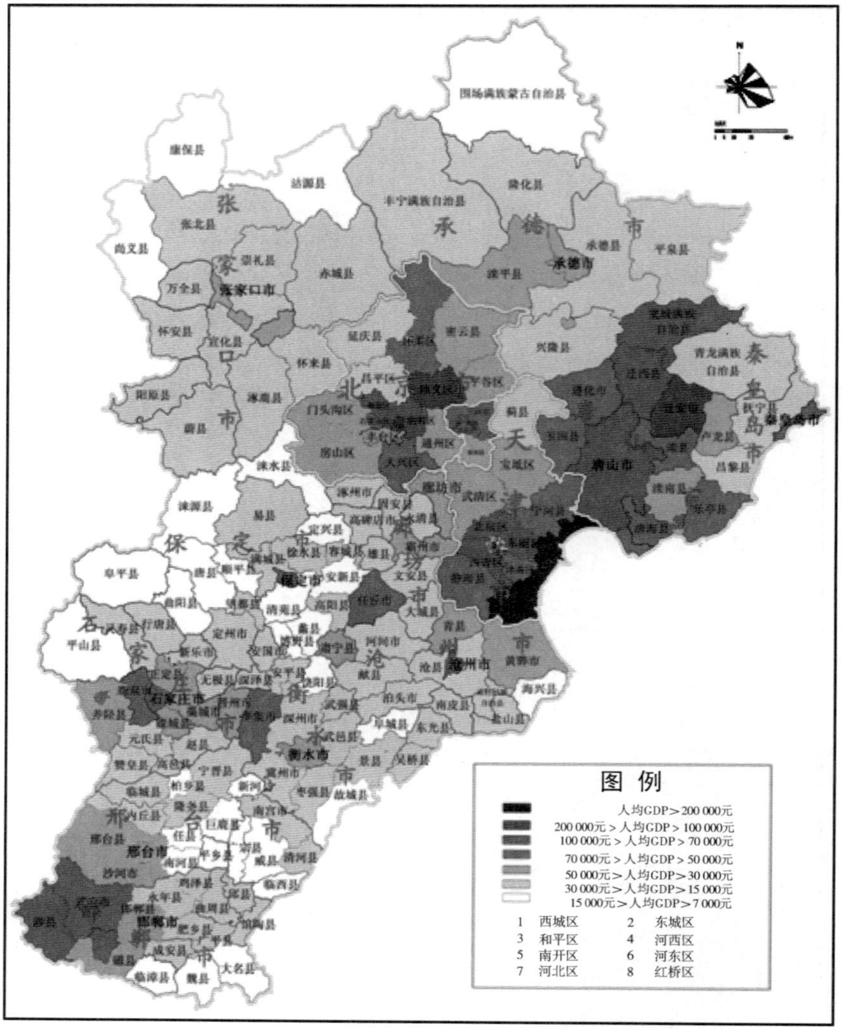

图 2-5 京津冀分区县经济密度图

(2) 落后的经济腹地:两极分化

京津冀地区未能形成像长三角那样具有强大辐射作用的经济中心和有竞争力的经济区域。2011 年长三角的城市首位度达到 2.45,而京津冀的城市首位度只有 1.48,京津冀尚未形成一个首位度高的经济中心。京津两市都很难成为统领区域经济发展的经济中心城市,难以成为区域内资源要素配置的枢纽。相反,京津两市吸附了区域内的资源、资金、人才,对区域经济的反哺作用却不够。区域经济整体实力的弱小,加重了区域内部协调发展的矛盾,使得促进区域发展的措施因缺乏有力的经济保障而难以实施,也使得区域可持续发展的战略难以具体落实。

作为经济腹地的河北省,除了唐山市的人均 GDP 达到 71 354 元,其他地区的人均 GDP 均在 40 000 元以下(图 2-4),与发达的中心(人均 GDP 超过 80 000 元)相比,经济腹地的发展则明显落后,经济中心与经济腹地形成了两极分化的发展态势。从世界各国的发展经验来看,区域经济的发展依靠城市的带动,城市经济的繁荣是区域经济发展的重要推动力和载体。与长三角和珠三角地区相比,河北的城市经济十分弱小(见图 2-6)。2011 年河北省 11 个地级市的经济总量占全省的 1/3,而江苏和浙江却达到一半左右,广东则高达 84%以上;河北城市面积仅占全省面积的 5.5%,而江苏、浙江和广东却高达 27.6%、17.8%和 17.4%;河北城市总人口占全省的 17.2%,而江苏、浙江和广东均远远高于河北。与发达地区相比,河北省的城市无论从经济实力还是从城市规模上都过于弱小,难以形成对周围地区有力的辐射和带动作用。

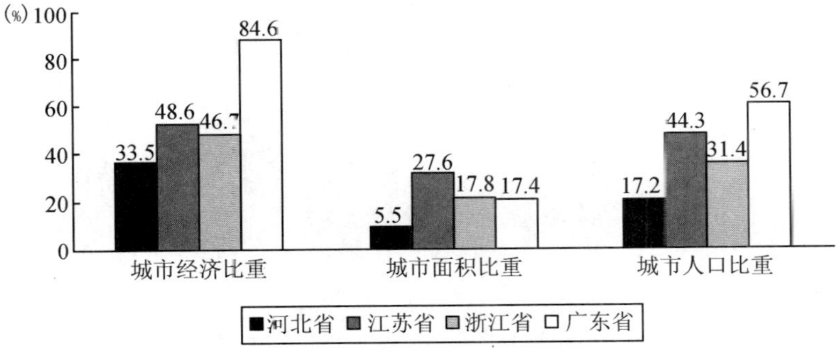

图 2-6 河北、江苏、浙江、广东城市发展比较①

(3) 中心—外围态势:圈层分布

京津冀区域城乡经济的二元结构特征十分突出,区域内的中心城市与其外围中小城镇及区域腹地在发展水平或发展阶段上存在巨大的差异。在京津冀区域,河北省在人均地区生产总值、人均可支配收入和进出口总额等方面的指标都远低于京津两市。从总体上看,京津经济密度大大高于周边地区,环绕京津的河北经济明显落后,形成了以京津两市为中心,外围城市明显落后的圈层式的经济分布(图 2-4)。而且,分市县来看,各个地区的经济中心都是其政治中心所在的城市,河北省的 11 个地

① 根据 2012 河北经济年鉴,江苏、浙江、广东统计年鉴整理计算绘制;城市经济比重=各城市 GDP 之和/全省 GDP,城市面积比重=各城市面积之和/全省面积,城市人口比重=各城市人口之和/全省人口;所有分子中都不包括县级市。

级市的经济密度都明显高于其周围地区，形成了以地级市为中心的中心—外围发展格局(图 2-5)。

从地区分布来看，经济最为发达的中心首都外围成片分布着 24 个贫困县，即通常所说的“环首都贫困带”(图 2-7)。“欧洲的城市”与“非洲的农村”同时出现在半径 100 km 的区域内，发达的城市与其腹地之间形成了巨大的经济落差。

而且，环首都贫困带 24 县与北京周边区县的差距仍在继续扩大。2004—2009 年人均 GDP、地区财政收入以及农村居民人均纯收入三项收入指标京冀边界两侧的巨大落差都在继续扩大，且差距增长率呈现大幅上升趋势。其中地区财政收入京冀差距环比增长率五年平均达39.09%，人均 GDP 京冀差距年均增长率为 14.92%，农村居民人均纯收入京冀差距年均增长率 11.33%。[1]2011 年河北 24 县的人均 GDP、农村居民人均纯收入和地方财政收入只相当于北京邻河北区县的 62.3%、34.2%和 6.3%。

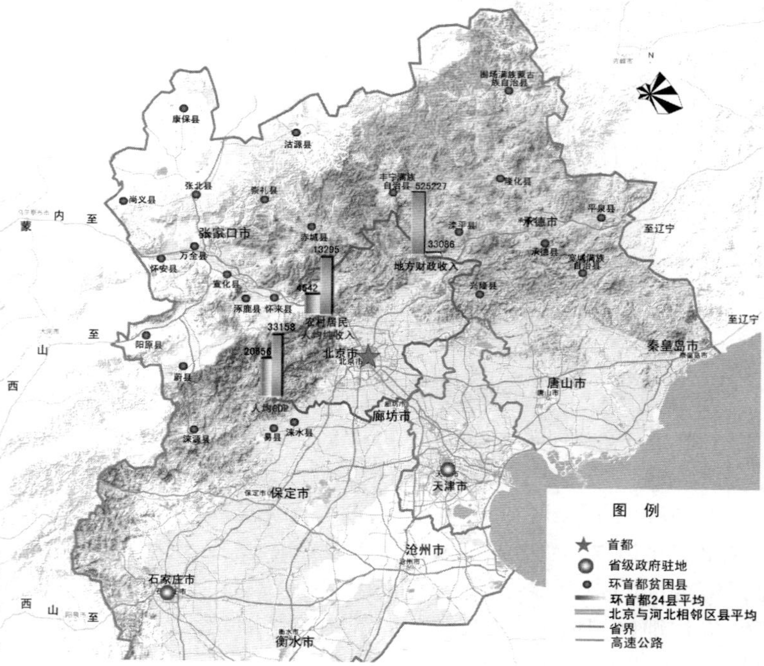

图 2-7 环首都贫困带分布示意图[2]

---

① 张然.京冀边界两侧收入差距拉大[N].京华时报,2012-3-17(04)

② 北京与河北相邻区县包括房山区、昌平区、门头沟区、怀柔区、平谷区、密云县和延庆县。数据来源于 2012 北京统计年鉴和河北经济年鉴。涞源县和怀来县数据为调研数据。

贫困带的存在客观上制约着北京、天津两个中心城市的发展，也制约着京津冀一体化发展。

4）收入差距的测度

改革开放以来，随着社会主义市场经济体制的逐步完善，京津冀地区经济迅速发展，人民生活水平不断提高。2011 年与 2005 年相比，京津冀的城镇居民人均可支配收入分别增长了 86％、113％和 101％，农村居民人均纯收入分别增长了 87％、65％和 104％。2011 年北京城市居民家庭人均可支配收入均突破 3 万元大关，天津也超过了 2.6 万元，河北也接近 2 万元；京津农村居民家庭人均年纯收入均突破了 1 万元大关。而且，该地区的社会保障事业也不断发展完善，农村新型合作医疗、农村社会养老保险以及城市的基本养老、基本医疗保险等都获得了前所未有的发展，参保人数和保障待遇都有了极大的提高。各种社区服务中心、社会福利单位都显著增加。

但是，我们也看到随着收入的迅猛增长，城乡收入差距、地区收入差距逐渐拉大。从城乡收入差距来看，从 2005—2011 年，京津冀三地的城乡居民收入差距均在 2 倍以上，天津的城乡居民收入差距仍有进一步扩大的趋势(图 2-8)。

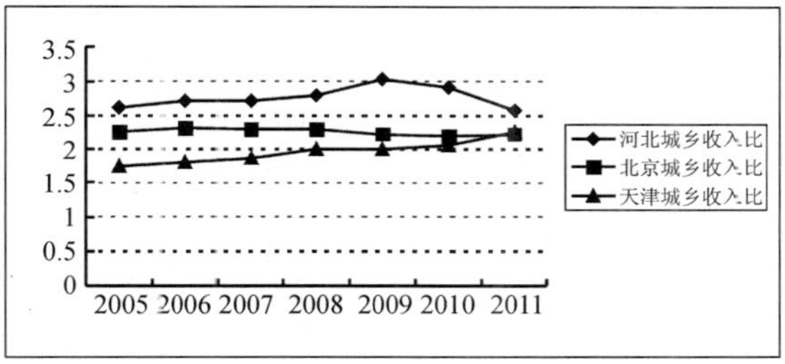

图 2-8　2005—2011 年京津冀城乡居民收入比变化①

从地区收入差距来看，三地之间城乡居民收入呈现出明显的梯度，收入差距有逐步拉大的趋势(图 2-9、图 2-10)。

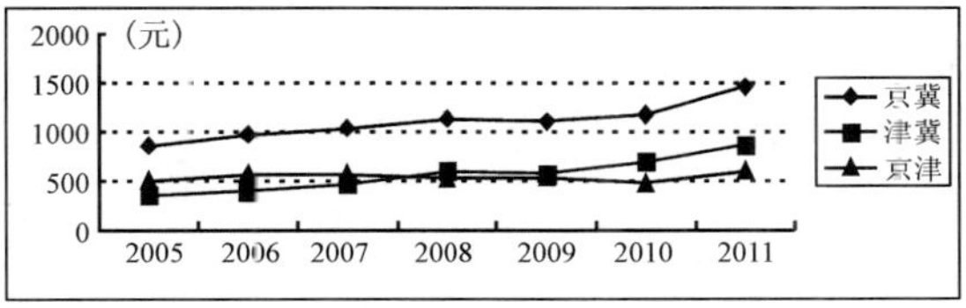

图 2-9　2005—2011 年京津冀城镇居民年人均可支配收入区域差距②

① 根据 2012 北京、天津统计年鉴、河北经济年鉴计算。

② 根据 2012 北京、天津统计年鉴、2012 河北经济年鉴计算绘制。

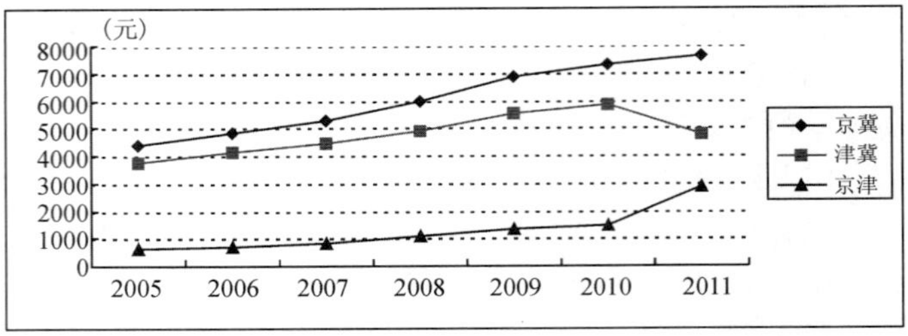

图 2-10 2005—2011 年京津冀农村居民年人均纯收入差距[①]

2.2.3 京津冀区域产业结构的测度

1）产业结构向“三二一”的高端化结构继续迈进

从三次产业比重的变化趋势来看，第一产业、第二产业持续下降，第三产业持续增长。总体来看，京津冀地区目前表现为“三二一”的产业结构（图 2-11）。

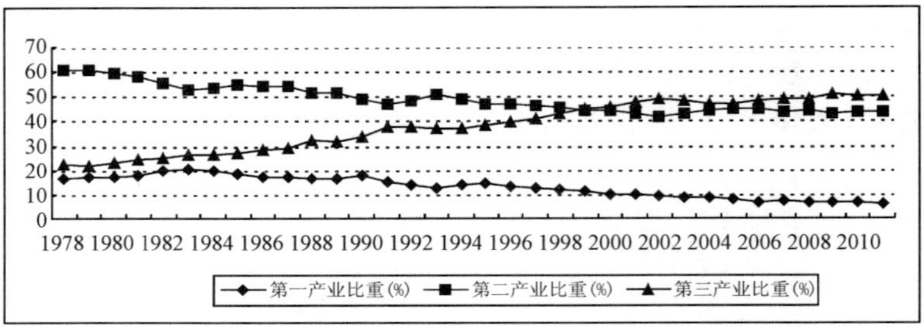

图 2-11 1978—2011 年京津冀三次产业结构演化图[②]

京津冀地区包括两个直辖市、一个省，因此，第一产业所占比重一直较低，随着经济的快速发展，第一产业在 GDP 中的比重持续下降。从 1978 年的 16.78%持续下降到 2011 年的 6.15%，而且仍有继续下降的趋势。

第二产业一直是京津冀地区的传统优势产业，1999 年之前，京津冀地区一直是“二三一”的产业结构，1999 年之后，第三产业所占比重超过了第二产业，成为该地区的最大的产业。而且随着工业化和城市化的进一步推进，第三产业比重会进一步提高，京津冀区域第三产业主导的产业高端化时代已经到来。

京津冀第三产业比重较高，主要是由于该区域集中了北京和天津两大直辖市，对区域内的第三产业有较大贡献，尤其是北京市第三产业的带

① 根据 2012 天津、北京统计年鉴和 2012 河北经济年鉴计算绘制。

② 根据 2012 天津、北京统计年鉴和 2012 河北经济年鉴绘制。

动。北京市从 1995 年开始由“二三一”型结构转变为“三二一”型结构，是我国为数不多的几个真正达到产业结构高级阶段的地区之一。2011 年北京市第三产业比重高达 76.1%(图 2-12)。

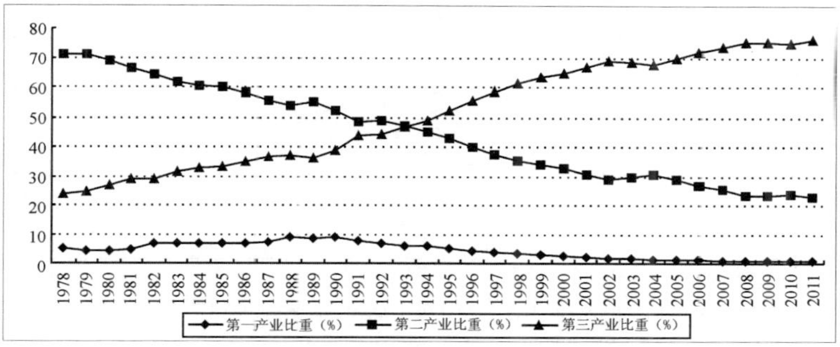

图 2-12　1978—2011 年北京市三次产业结构演进①

但是，天津和河北的第三产业比重仍然偏低，2011 年天津市、河北省第三产业比重分别为 46.2%和 34.6%。因此，京津冀地区产业结构的整体升级还有赖于津冀的第三产业的持续发展。

2）产业梯度初步形成，“产业悬崖”显现

从产业结构来看，北京市、天津市和河北省的产业发展表现出一定的梯度差异。随着京津两市功能定位的明确，北京向着建设“国家首都、世界城市、文化名城和宜居城市”的目标迈进，积极推进了产业结构的调整，北京开始了以首钢、焦化厂外迁为代表的产业转移，同时发挥历史文化优势，着重发展文化创意产业、总部经济和现代高端服务业。目前北京已经初步形成了第三产业占据主导的产业结构，北京占据了区域发展的高端位置，服务型经济占据了主导；与此同时，天津市也加速建设“北方经济中心”，经济中心的建设首先要扩大经济总量，因此天津开始大规模的投资，2007—2011 年重大工业项目累计投资超过了 2 万亿元，相当于 2 亿元 /km^2 的投资带动了天津经济的飞速发展。天津市第二产业尤其是工业的主导地位得到进一步强化，具备了较强的工业实力，而且经济正在全面快速提升，初步形成了先进制造业主导的产业结构(图 2-13)；河北省相对落后，但是随着河北沿海经济带规划的实施，河北主动融入京津的发展中，产业实力的积累加速，京津周边的唐山、保定、廊坊等城市努力建设中心城市产业转移的承接地。京津冀三地的产业梯度开始形成(图 2-14)。

---

① 根据 2012 北京统计年鉴绘制。

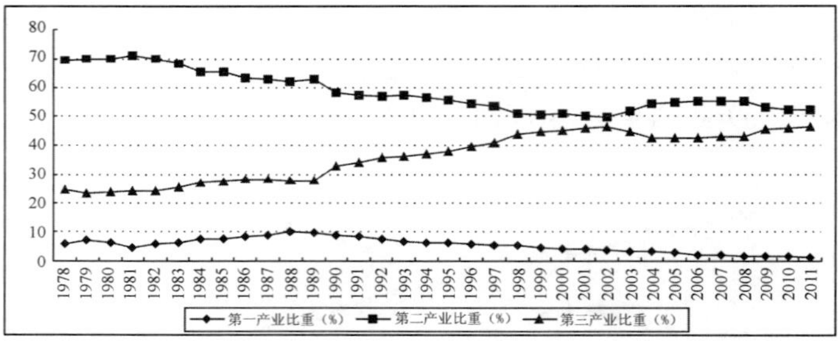

图 2-13　1978—2011 年天津市三次产业结构演进①

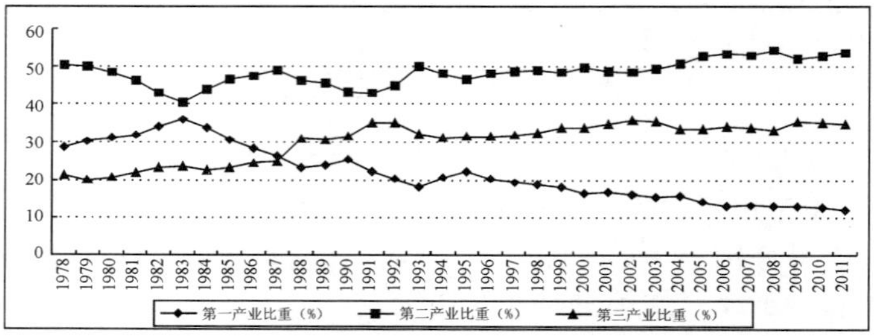

图 2-14　1978—2011 年河北省三次产业结构演进②

但是长期以来，京津两大核心城市与周边地区在发展上相互脱节，彼此间的空间联系松散、薄弱。周边中小城市特色不突出，产业承接能力不强，使得这一地区产业梯度落差过大，甚至形成“产业悬崖”。

3）产业同构仍然严重

以上从整体上考察了京津冀地区的三次产业结构变迁情况，下面我们从产业结构的内部来考察该地区的产业结构。一般地说，各地区产业结构之间是存在相互差异的，这种差异性越大，表明地域分工水平越高，区际联系越密切；地区产业结构之间越相似，地区分工水平越低，区际联系越少。下列公式中：X_{ik} 为 k 部门在 i 地区产业结构中所占的比重，X_{jk} 为 k 部门在 j 地区产业结构中的比重，S_{ij} 为 i 地区与 j 地区的相似系数。S_{ij} 的值从 0 到 1，系数越大表明两地区产业结构越相似。

$$S_{ij}=\frac{\sum_{k=1}^{n}X_{ik}X_{jk}}{\sqrt{\sum_{k=1}^{n}X_{ik}^{2}\sum_{k=1}^{n}X_{jk}^{2}}}$$

利用京津冀 2006—2011 年第一产业、第二产业、第三产业的国内生

① 根据 2012 天津统计年鉴绘制。

② 根据 2012 河北经济年鉴绘制。

产总值在当地国内生产总值中所占的比重计算三地之间的产业结构相似系数；采用统计分析中的39个工业大类的生产总值来计算京津冀之间的工业结构相似性系数(表2-7)。

表2-7　京津冀地区产业结构相似性系数①

		2006年	2007年	2008年	2009年	2010年	2011年
产业结构相似系数	京—津	0.850 7	0.838 3	0.822 1	0.846 3	0.857 2	0.850 7
	京—冀	0.786 7	0.770 5	0.738 1	0.768 2	0.768 2	0.752 4
	津—冀	0.982 2	0.980 1	0.978 6	0.978 3	0.976 2	0.975 8
工业结构相似系数	京—津	0.739 9	0.733 7	0.642 9	0.736 6	0.720 8	0.666 2
	京—冀	0.372 1	0.355 7	0.357 6	0.414 7	0.424 9	0.376 2
	津—冀	0.586 7	0.617 5	0.666 6	0.820 6	0.785 6	0.801 8

从产业结构相似性系数来看，北京与河北产业结构相似性较低，产业结构差异明显；北京与天津的相似性系数较高，产业结构差异较小；天津与河北的相似性系数最高，产业同构化较为严重，而且仍有强化趋势。北京与河北各市之间的相似性系数较低，而天津与河北之间的相似性系数很高，都在0.9以上。但是北京与天津的相似性系数达到0.85，两大直辖市之间产业同构现象仍然严重。在利高税高行业尤其如此，比如两市在汽车、港口之间的竞争与重复建设仍没有缓解的趋势。北京虽然已经形成了以第三产业为主体的产业格局，但新兴第三产业的主导地位尚未完全确立，地方财政和就业对第二产业的依赖性还比较强，因而与津、冀的产业差异性还没有完全形成。2006—2011年，天津和河北的产业结构相似系数均在0.9以上，两地之间经济上的竞争性相对较强。

而且，从“十二五”时期，京津冀三地重点发展的产业来看(表2-8)，主导产业趋同的态势仍未根本改变。随着各地发展规划的实施，产业发展的“路径依赖”效应将会显现，如果三地不能形成错位发展，有可能形成新一轮的产业同构(图2-15)。

表2-8　“十二五”时期京津冀重点发展产业②

工业	北京市	大力发展新一代信息技术、生物医药、新能源、节能环保、新能源汽车、新材料、高端装备制造和航空航天等战略性新兴产业
	天津市	加快培育和发展航空航天、新一代信息技术、生物技术与健康、新能源、新材料、节能环保、高端装备制造等战略性新兴产业 发展壮大优势支柱产业：航空航天产业、石油化工产业、装备制造产业、电子信息产业、生物医药产业、新能源新材料产业、轻工纺织产业、国防科技工业

① 根据2012北京、天津统计年鉴和2012河北经济年鉴计算整理。

② 根据北京市、天津市和河北省国民经济和社会发展第十二个五年规划纲要整理。

续表 2-8

工业	河北省	用新技术、新工艺、新装备改造钢铁、装备制造业、石油化工，力争“十二五”末省内规模前10位的钢铁企业占全省总产能的比重达到75%以上，装备制造、石油化工工业增加值占规模以上工业的比重分别达到25%和15%左右，主要技术经济指标达到国内先进水平 加快战略性新兴产业发展，促进新能源、新材料、生物医药、新一代信息、高端装备制造、节能环保、海洋经济快速增长
服务业	北京市	加快发展金融服务、信息服务、科技服务、商务服务、流通服务等生产性服务业 强化文化创意产业，旅游业发展为重要支柱产业 大力发展健康、养老等新兴生活服务业，加快发展现代粮食流通产业，积极开发新型服务业态，发展服务外包
	天津市	重点发展现代金融业、现代物流业、科技和信息服务业、中介服务业等生产性服务业 提升发展生活性服务业：商贸餐饮业、旅游业、房地产业、社区服务业 大力发展新兴服务业：创意产业、会展业、服务外包业
	河北省	优先发展生产性服务业，加快发展生活性服务业，大力发展高端服务业，积极发展面向农村和社区的服务业，着重抓好旅游、文化、商贸物流、金融保险、服务外包、会展等现代服务业 加快发展文化产业，大力发展新闻出版、广播影视、演艺娱乐等重点产业

图 2-15 京津塘高新技术产业带国家级园区分布示意图①

① 作者绘制。

从工业结构来看，京津作为区域内的中心城市，其产业同构现象有减缓趋势。京津工业结构相似系数逐年下降。京冀之间的工业结构相似系数较低，两地工业有着较大的整合空间。对京津冀地区工业同构现象进行定量研究后可以发现，北京与天津工业的产业结构虽然相似性不高，但是京津产业合作格局也没有完全启动。以京津塘高速公路沿线高新技术产业带为例，这里分布着中关村国家自主创新示范区、北京经济技术开发区、廊坊经济技术开发区、天津滨海高新技术开发区、天津经济技术开发区等国家级园区，是京津两地发展高新技术产业的高地所在。但从各开发区所开发的现有产品类别、品种和发展规划上看，大都集中在电子信息、机电一体化、新材料、生物医药等几个大方向上。京津塘高速公路沿线从空间上形成了一条高新技术产业带，但园区之间上下游产业联系很少，尚未构成有效的产业价值链。

天津与河北在制造业上竞争激烈。作为一个老工业基地和中国北方重要的经济中心城市，天津同河北的差异更多地体现在经济总量上，产业结构雷同现象也比较突出，难以形成层次分明的产业聚集。这一状况直接导致了资源难以在该地区范围内合理流动，限制了产业集聚效应的产生。

京津冀地区的产业梯度虽然已经初步形成，但是梯度过大造成了“产业悬崖”的产生，导致产业合作比较有限、产业链不能充分延伸。同时津冀之间的产业同构仍然严重，导致区域之间难以形成合理的产业分工、整个区域内难以形成明显交叉互补、凸显优势与特色的区域分工格局。产业结构趋同也导致企业间横向联系很少，缺乏企业层面的合作，整个区域的合作会大受影响，整个区域也就难有活力。

2.2.4 资源环境与经济社会发展的矛盾加剧

由于京津冀地区正处于工业化和城市化加速的阶段，尤其是天津和河北正处于加速集聚资源要素的发展阶段，因此经济社会发展对资源的需求不断增加，经济增长和环境保护的矛盾十分突出。虽然政府和各界人士对生态环境的保护都越来越重视，为保护环境付出了巨大的努力，但从整体上看，生态环境恶化的趋势仍未得到有效的遏制，环境污染和生态恶化相当严重。

1）自然生态空间碎片化明显，生态系统破坏严重

京津冀地区整体生态质量下降。近年来区域基础设施、城市扩张和农村蔓延及厂矿等建设用地增长，占用了大量耕地，在耕地占补平衡的压

力下，大量的开荒垦殖导致了生态用地的大量蚕食。其结果是生态用地的斑块化、碎裂化加剧，生态服务功能下降。

2）大气污染加剧

京津冀及周边地区（包括北京市、天津市、河北省、山西省、内蒙古自治区、山东省）是我国大气污染最严重的区域。近年来雾霾频繁困扰京津冀地区。环保部 2013 年 7 月 31 日发布的 2013 年 6 月份及上半年重点区域和 74 个城市空气质量状况显示，京津冀地区的空气质量数据依然是最差的。京津冀地区空气质量平均达标天数比例为 24.2%，低于 74 个城市平均值 40.2 个百分点，重度污染以上天数占 21.2%，高于 74 个城市平均值 15.9 个百分点。

随着城市规模不断扩张，区域内城市连片发展，受大气环流及大气化学的双重作用，城市间大气污染相互影响明显。区域内城市大气污染变化过程呈现明显的同步性。高速发展的京津冀地区，人口膨胀、交通拥堵、未来发展空间受限……这些都是京津冀地区发展的现实环境，空气污染没有边界，但行政区划有边界。因此对于京津冀来说，如何打破行政壁垒，建立区域合作的长效机制，发挥区域联动效应，共同提升区域环境空气质量，就成为迫切需要解决的头等大事。

3）水资源匮乏，水污染日益严重

淡水资源是京津冀区域承载力的最大“短板”，京津冀属于“资源型”严重缺水地区。2011 年北京市、天津市和河北省的人均水资源量为 134.7 m^3、116 m^3 和 217.7 m^3，相当于全国平均水平的 7.8%、6.7%和 12.6%，人均水资源占有量远低于国际公认的人均 1 000 m^3 的重度缺水标准。区域内各个城市都面临持续缺水的问题，而且京津冀地区的水资源总量已经从 1950 年代末期的 290 亿 m^3，降至 2011 年的 199.4 亿 m^3 左右。

与此同时，京津冀地区水污染严重，而且逐渐加剧，地表水污染普遍，特别是流经城市的河流污染严重，地下水受到点状和面状污染、水位持续下降，加剧了水资源的供需矛盾。2011 年与 2006 年相比，海河流域水资源质量有所改善，但是污染严重的劣 V 类水也超过了一半（图 2-16）。

《京津冀蓝皮书：京津冀发展报告（2013）——承载力测度与对策》预测，到 2015 年京津冀区域人口将达到 1.12 亿，而在考虑所有各种指标均能同时满足的条件下，至 2015 年，京津冀地区人口承载力为 8 620 万人，在考虑各要素内部能够相互补偿的条件下，京津冀地区人口承载力为 9 800万人，人口规模已超出区域承载能力。京津冀地区在人口规模、水资源和生态方面都有超载。在人口迅速增长，工业化、城镇化迅速推进的形势下，京津冀区域空气环境、水资源对京津冀未来生产、生活的制约进一步加强。

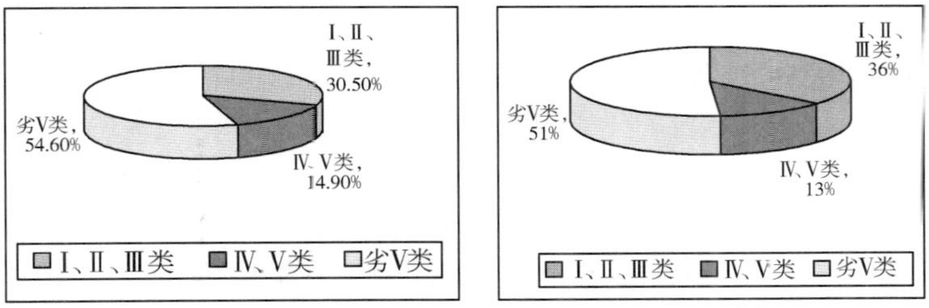

2006 年　　2011 年

图 2-16　2006、2011 年海河流域河流水资源质量状况百分比①

2.2.5　交通基础设施：优势明显，结构有待调整

1）运输通道地位突出，陆海空网络交通体系初步建成

京津冀地区运输通道众多，区位突出，承担着重要的区际运输任务，在全国交通体系中占有重要的地位。由于华北处于全国的中枢区位，使得京津冀地区成为东北地区至华北、华东以及华南的必经之地，同时也是西北和华北重要的北出海口（表 2-9）。

表 2-9　2011 年京津冀、长三角和珠三角区路网密度②

	铁路里程（km）	铁路网密度（km/百 km²）	公路里程（km）	公路网密度（km/百 km²）	高速公路里程（km）	高速公路网密度（km/百 km²）
京津冀	7 265.8	3.36	193 475	89.56	6 771	3.13
长三角	9 179.8	4.36	552 214	262.04	8428	8
珠三角	2 832.1	1.58	190 724	106.07	5049	2.81

目前该地区已形成了陆海空综合交通运输网络，基本形成了以北京为主中心（陆路及空路）、天津为副中心（水陆）的陆海空综合运输网络，并呈现为以首都为中心的放射式组织形态。铁路网密度从 2006 年的 3.16 km/百 km²（全国为 0.8 km/百 km²）提高到了 2011 年的3.36 km/

① 水利部海河流域水利委员会. 2006 年海河流域水资源公报[EB/OL]. http://www.hwcc.gov.cn/pub2011/hwcc/wwgj/HWCCzwgk/zfxxgk/hwszy/hhlyszygb/201110/t20111011_336622.htm, 2011-1-11；水利部海河流域水利委员会. 2011 年海河流域水资源公报[EB/OL]. http://www.hwcc.gov.cn/pub/hwcc/static/szygb/gongbao2011/main4.htm, 2012-11-26

② 根据 2012 中国统计年鉴计算。

百 km^2(全国为 0.97 km/百 km^2),高速公路网密度从 1.72 km/百 km^2(全国为 0.47 km/百 km^2)提高到了 3.13 km/百 km^2(全国为 0.88 km/百 km^2)。目前初步形成了以天津为枢纽的渤海西岸港口群,包括秦皇岛港、唐山港、天津港、黄骅港等港口。2011 年,京津冀地区全社会客运量、货运量分别占全国的 7.5%和 7%,旅客周转量和货物周转量占全国的 6.5%和 13.2%。

2)需求巨大,供应不足

尽管京津冀地区的交通基础设施发展迅速,但是该地区目前交通基础设施供应不足,不能满足运输需求。铁路运输能力严重不足,京广、京沪、大秦、丰沙铁路大多饱和,不仅造成大量物资积压,也影响了京津冀地区的经济运行和人民生活。京津冀地区铁路客运量、货运量在总运量中的比重分别从 2004 年的 9.5%、15.8%降低至 2011 年的 7.7%和 11.3%,而公路客运量、货运量占总运量的比重分别从 2004 年的90.5%、76.1%增长到 92.3%和 82.7%。公路运输的比重明显上升,铁路运输的比重总体下降。铁路建设的滞后,导致大量运输量集中在公路上,提高了运输成本,也导致了环境的破坏和能源的过度消耗(图 2-17)。①

港口方面,京津冀区域虽然有 4 个港口,但是专业化集装箱泊位、煤炭、矿石等大宗散货泊位能力严重不足。2012 年 4 月,天津港出现了铁矿石、焦炭、橡胶、棉花等大宗商品为主的压港现象,同年 7 月,天津港、秦皇岛港等港口又出现了煤炭压港。② 京津冀各港口都在加大建设力度,每个港口规划的发展前景,通常都是向着高效益的综合性港口发展,未来港口功能将可能全面重复。这对于腹地共享、服务对象有限的京津冀区域港口体系的发展而言,无疑将是巨大的浪费。

机场方面,2011 年,首都机场年度旅客吞吐量再度突破七千万人次的大关,达到 7 867 万人次,同比增长 6.4%,稳居亚洲第一、全球第二,2012 年突破 8 200 万的设计容量。③ 2012 年,京津冀地区机场中(首都机场、北京南苑机场、石家庄机场、天津滨海国际机场、邯郸机场、秦皇岛机场)中,首都机场旅客吞吐量占总量的 82.86%,货邮吞吐量占总量的

① 吴良镛. 京津冀地区城乡空间发展规划研究(二期报告)[M]. 北京:清华大学出版社,2006:55

② 福蒙蒙. 天津港大宗商品压港 企业被套牢[EB/OL]. http://finance.sina.com.cn/money/future/fmnews/20120407/082711767840.shtml,2012-4-7;朱宇琛. 压港,压港,压港 大宗商品遭受库存之重[N]. 上海证券报,2012-7-27(A1)

③ 肖玮. 首都机场旅客吞吐量继续稳居全球第二大[N]. 北京商报,2012-12-7(3)

87.14%。[1] 整个京津冀地区的航空运输发展呈现出极不平衡的“马太效应”。首都机场占据绝对优势,主导了京津冀区域航空运输的发展。然而天津机场却一直未能达到设计能力,存在吃不饱的问题,而且区域内还有石家庄、唐山、秦皇岛等机场也出现了航空资源的闲置。京津冀区域航运发展极不均衡的现状、机场体系的完善、机场的分工定位应成为迫切需要解决的问题。

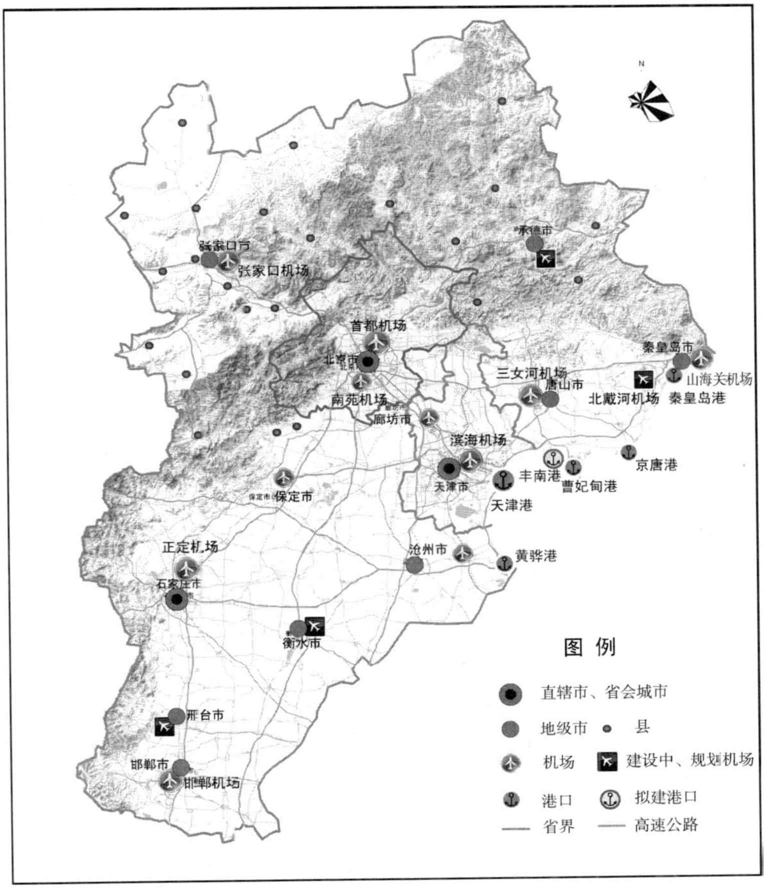

图 2-17　京津冀区域机场和港口分布示意图[2]

另一方面,区域交通网络体系也存在缺陷,铁路与公路网络都以京津

---

① 根据中国民航局数据计算。

② 作者绘制。

为中心向外辐射,导致大量的过境交通都必须通过京津两市的中心,干扰了核心城市的交通。

2.3 京津冀区域治理推进的困厄

2.3.1 观念制约,区域治理的发展举步维艰

1) 区域观念的越位与错位

(1) 政府主导区域发展观念:越位与缺位并存

天津市某位重要领导在访谈中指出"京津冀区域协调发展当然需要政府主导"(访谈记录),深刻反映了京津冀区域地方政府的思维。计划经济时期形成的政府主导一切的思维的影响根深蒂固。在这种惯性思维的影响下,京津冀区域治理有时成为政府的"独角戏",政府成为推动区域治理的唯一主体。从世界各国推进区域发展的实践来看,政府无疑是重要的主体,但不是唯一的主体。市场机制和社会力量在推动地方政府合作中发挥着重要作用,是对政府作用的有效补充。而在京津冀区域,企业的自由迁移受到了地方政府的干预,存在着政府越位的情况。而且,京津冀地区是国家首都所在地,行政力量的影响更是无处不在,更加强化了政府的影响力。在这种情况下,市场和社会的发育都受到了极大的影响,市场和社会缺乏治理意识,治理的能力很难得以发展和提高。在京津冀的区域治理中,一直是政府主导,由政府来协调一切事务,由市场和社会自下而上地推动区域治理的局面也就难以形成,非政府力量的缺位也使得京津冀区域治理丧失了一个重要的动力。

(2) 行政区区域观念的制约

区域观念的缺乏,行政区的观念深入人心,行政区经济的影响作用强大。新区域主义认为,区域是开放的网络系统,其边界是动态变化的。而行政区正好相反,行政区是封闭的垂直系统,边界固定。在行政区观念的影响下,京津冀三地的发展都是以本地区为主,这种本位主义导致了区域难以整合。迄今为止,京津冀地区仍然没有形成一个可以执行的总体区域规划。中心城市考虑较多的是如何增强经济集聚功能,对如何发挥经济辐射功能,带动周边地区的经济发展关注不够,有关政府部门在考虑发展规划、产业调整、企业搬迁、基础设施建设和生态环境治理时,仍局限在各自行政区划内,着眼区域发展全局来审视各自发展规划的意识明显滞后。天津发改委环境与地区经济发展处的官员表示"这个工作,我们三个

省市的发改委一直都在推动进行中……但因为有不同的行政区划，它必须有一个周密的安排，一个确实可行的规划，这是一个过程。最后还要看，三方面的领导希望是以什么方式？有一方不同意，那肯定不行”(访谈记录)。

(3) 地方本位主义的盛行

在行政区区域观念的指导下，地方本位主义思想泛滥，各地都以本地利益出发，考虑是否合作与合作的态度。如果一方利益小于合作前收益，那么其对合作将采取抵制态度。只有在双方收益同时提高的情况下，双方才可能采取积极合作的态度。“争夺地方经济利益”是影响京津冀区域治理的基本矛盾和核心问题。近年来京津冀三方的合作基本停留在县区、企业、民间合作为主的水平上，跨省、市的区域合作项目很少，“我们也有指标的压力，天津自己都吃不饱了，就不可能将产业外流”，“表面上的座谈、签署战略合作我们也都有……但我们现在还没有项目上的合作，只是有过沟通、思想的交流，建立形式上的一种契约”(天津滨海新区综合配套改革办访谈记录)。区域治理仍然停留在会谈和磋商层面。京津冀依然是三方独立的行政区的现实，决定了三方政府在制定政策时，只是把其他利益主体和整体区域的利益作为影响自己利益实现的原因来考虑，而不会把其他主体的利益和区域利益作为行动目标来考虑，区域经济目标的实现仍然要受到行政区目标的制约。天津市发改委副主任侯一民说：“天津作为其中的一个重要的组成地区，我们会竭尽全力做好我们的工作，拥护中央的决策。同时我们觉得首都经济圈是空间上的部署，天津滨海新区的开放，作为这个地区的重要引擎，我们把它做好，就是对首都经济圈最大的贡献，也是重大的推动。”

2) 京津冀三地观念的错位

(1) 北京：保障首都、服务首都——理所应当

计划经济时期，在全国一盘棋的思想主导下，北京作为国家的首都，其他地区和城市都要确保首都的发展。因此，保障首都、服务首都成为前提。长期以来，这种观念深入人心，而北京也理所应当地享受这一优惠。因此，随着北京由消费城市向生产城市发展，河北和天津都在中央政府的协调下，做出了牺牲和妥协。但是，市场经济的基本规则是等价交换。因此，随着市场经济的发育和逐步完善，这种机制也随之开始发挥作用，一方受益、其他地区受损的事务显然不能被接受。

改革开放以来，北京与天津和河北在水资源、机场、港口、产业布局等领域进行了多方面的争夺。随着北京城市的发展，资金、人才、生产要素等都向北京集中。城市的集聚功能固然是符合市场经济规律的，但是在

北京的经济集聚中,作为首都的条件,使得北京具有了先天的优势。很长一段时期以来,河北省一直无偿向北京供水,而北京也理所应当地享受着。北京利用其强大的政治优势,在京津冀区域占据着主动,作为大家庭的"长子",兄弟省市理应扶持。这种观念使得北京在区域合作中高高在上,加速了资源和生产要素的集聚,同时又利用地位优势确保地方利益不致外溢。河北省发改委某位官员表示"首都对区域合作毫无兴趣"(访谈记录)。在区域合作中,北京最关心的问题是生态环境的保护,其他问题不是其考虑的重点。北京理应承担推进京津冀区域合作的领导者的角色,但是自2006年中央政府将天津定位为北方经济中心之后,北京便不再主动出面整合,国家发改委国土空间开发与地区经济研究所副所长肖金成指出"北京不挑这个头,事就比较难办,但是如果北京挑头,北京、天津的关系又比较难协调",京津冀区域合作也就陷入了困境。作为事实上的经济中心,北京对区域的辐射和带动作用显然没有充分发挥,制约了整个区域的发展。

(2) 天津:仰视与俯瞰——争字当先

近代以来,天津市一直是我国北方的经济中心。新中国成立以前,是仅次于上海的全国第二大工商业城市。新中国成立以后,随着北京由消费型城市向生产型城市的转变,天津的发展受到了巨大的影响,在全国的地位陡降。改革开放以来,国家实施沿海开发开放战略,鼓励东部沿海地区率先发展。天津也从轻工业城市向重工业主导的城市转变,因此不可避免地在诸多领域和北京、河北展开了竞争。作为大家庭的"次子",在与北京的竞争中,天津处于弱势地位,但是作为直辖市,在与河北的竞争中总是处于有利地位。2006年以来,京津两市城市功能定位明确,天津开始摆脱北京的"阴影",从而迎来了快速的发展,经济增长一直位居全国前列。京津之间经济中心的争夺有所缓解,但是在金融中心等其他领域的竞争仍在延续。

目前,津冀之间的竞争尤为激烈,竞争的焦点集中在港口上。在河北、天津640 km长的海岸线上,从北到南依次分布着秦皇岛、唐山、天津、黄骅4个大港口,随着黄骅港定位多功能、综合性的现代化港口,环京津、环渤海地区新的经济增长极和隆起带,黄骅港开始了从单一煤炭港升级为综合大港的转变,四大港口之间在煤炭、矿石领域的争夺将更加激烈。除此之外,天津滨海新区和沧州渤海新区的重化工的争夺也拉开了大幕,首都机场二期选址也悬而未决。如果津冀之间不能实现错位发展,新一轮的重复建设和恶性竞争又将会严重损害区域协调发展。

(3) 河北:服务京津——等靠要

长期以来,河北一直被自主发展还是借力京津、环渤海还是环京津的战略困扰。从历史上看,首都周围地区称为京畿,承担支援和服务首都的重要职能。新中国成立以后,作为畿辅的河北,一直承担着服务京津的重任。稳定与发展一直是河北需要直面的矛盾。尤其是改革开放以后,河北省的发展陷入了长期的争论和犹疑之中。从"一线两厢"战略的提出,到"两环(环京津、环渤海)开放带动战略"的实施,河北一直寄望于京津冀合作,期望承接京津产业的转移,借力京津的发展实现自身经济社会的飞跃。河北省社会科学院原副院长杨连云认为"正因为河北靠着京津才发展落后。比如一个跨国公司来投资,考察过后当然会首先选择投资北京、天津,不会投资河北。什么时候京津到了扩散辐射阶段,什么时候河北才能发展起来"。在这种等靠要的观念指导下,河北发展战略的选择取决于京津竞合关系的变迁,如何处理与京津之间的关系,一直是影响其发展战略变迁的最重要的因素。直到 2011 年国务院批准《河北沿海地区发展规划》后,河北省又转向了向海发展的战略。

在京、津、冀和中央"三地四方"复杂博弈格局中,无论是天津还是河北,都难以获得公平的对待,因此天津和河北回归自我主导的发展战略是必然的选择。京津冀经济区之所以没有像珠三角、长三角那样真正形成,最根本的原因,还在于京津冀地区多年来的"不平等合作"以及在此基础上的"各自为政"。为了保障首都建设,环京津地区的资源几乎都是优先甚至无偿供应给北京,同时还肩负着保卫"首都环境"的"光荣使命"。北京与其周边地区权利和义务的不平等,正是"空吸效应"的"始作俑者"。① 北京将自己的饼越摊越大,而周边的津冀地区却陷入了等靠要的泥潭,难以实现区域协调发展。

2.3.2 区域规划缺位:无序发展的局面难以缓解

近 30 年来,我国取得了持续高速增长和大规模城市化的辉煌成就。但是国土开发和建设布局出现无序乃至失控,许多高速增长的地区特别是大城市地区产业和城市布局混乱,社会和经济发展与资源、生态、环境之间的矛盾和冲突非常严重。② 在这种形势下,京津冀区域发展目标的实现和内部协调发展,避免造成经济发展和国土资源开发的无序与混乱,

① 辛文. 京津冀经济圈成形有多远[EB/OL]. http://news.xinhuanet.com/fortune/2006-07/12/content_4820392.htm,2006-07-12

② 陆大道. 序[M]//樊杰. 京津冀都市圈区域综合规划研究. 北京:科学出版社,2008

客观上就需要区域规划来统筹协调。区域规划是在一定地区范围内对整个国民经济建设进行总体的战略部署。区域规划对于区域内的产业布局、基础设施建设、城镇体系建设等方面都具有直接的指导意义。

自 2004 年在国家发改委的推动下就启动了京津冀都市圈区域规划的编制工作,时隔 9 年之后,规划仍未出台。与此形成鲜明对比的是,这期间,国家发改委编制出台的包括跨区域协作在内的区域发展规划已不下 20 个。京津冀都市圈区域发展规划成了"最难编制的区域规划"。在此期间,《珠三角地区改革发展规划纲要》和《长江三角洲地区区域规划》分别于 2009 年和 2010 年获批。而缺失了区域规划的京津冀地区,区域协调发展难以推进,区域一体化进程严重受阻。

2.3.3 现行体制的制约:加剧地方竞争

地方政府之间的竞争实质上是对利益的争夺,尤其是对经济利益的争夺。"争夺地方经济利益"是影响京津冀区域经济一体化的基本矛盾和核心问题。地方政府间的恶性竞争受到体制因素的深层影响。

1) 行政管理体制(纵向系统)与区域经济运行(横向联系)的矛盾

在我国现行行政管理体制下,政府工作重心向经济方面转移,为地方政府动用行政权力干预经济活动提供了动力。现阶段各地政府的主体功能是发展经济,地区经济的发展速度是衡量各级地方政府政绩的主要标准。在经济业绩优位或者说 GDP 标准崇拜的评价体系中,GDP 增长率、吸引外资数量等指标成为评价地方政府政绩的重要依据,这无疑会促使地方政府竭尽全力争抢投资,特别是利税高、见效快的投资项目。争项目、争资金也就成为地方政府竞争的主旋律。如天津和河北对百万吨乙烯项目的争夺、生态城项目的争夺就是典型的例证。

行政层级之间是自上而下的垂直运行系统,而区域经济的运行是以区域主体之间的横向联系为动力发生的。纵向运行系统受到横向运行系统的刚性约束也就产生了"行政区经济"。区域经济的发展有其客观的内在联系,由此形成的经济区域边界与行政区域边界是不同的。但是,在京津冀区域,经济社会发展规划是以行政区划为基础制定的,各地都以自己的行政管辖区域为边界,以自己所辖疆界内部利益(更多的是可见的短期利益)最大化为中心进行经济布局。京津冀三地的规划很难衔接,规划的各自为政也就导致了产业布局的同构、重复建设等问题的产生。

因此,在市场化进程中,地方政府在强烈追求自身利益和辖区利益最大化动机的驱使下,往往会选择动用行政手段干预地方经济发展。根据梯度转移理论，当一个地区的商务成本过高时，企业就会选择迁移到成本较低的地区，也就是从高梯度地区转移到低梯度地区。这种转移在市场经济条件下应该由企业自行决定。但是在京津冀区域，这种转移就要受到影响。“北京市要迁出一个厂得市常委会、市政府常务办公会研究通过，市长签字后才能迁走。”①地方政府运用行政、法律等手段构筑各种壁垒，干预要素、资源、人才的自由流动。

2）财税体制强化了地方政府动用行政权力干预经济活动的动机

财税体制对政府间关系和政府的利益有着直接的影响。从 1978 年到 1993 年，在经济体制改革的背景下，建立起“分灶吃饭”的“财政包干制”（“划分收支，分级包干”），并经历了“划分税种，核定收支，分级包干”、“多种形式包干”等几次较大调整。财政包干体制采取的是中央政府与地方政府一对一谈判的方式，地方政府征收的税收越多，可以提留的就越多。因此，极大地刺激了地方政府组织财政收入的积极性。

但是，财政包干制的问题体现在：政府对企业“条块分割”的行政隶属关系并没有实质上的改变，只是从“条条为主”过渡到“块块为主”，没有做到真正放权到企业，仍然束缚着企业的发展。因而，为了维护和追求本地区利益的最大化，往往以行政区为依托，构筑贸易壁垒、实行市场封锁、阻碍要素的自由流通。如天津与北京在汽车行业的分割，河北农产品进入北京的质检障碍等。“分灶吃饭”对地方政府积极性的引导有偏差，客观地成为当时地区封锁、市场分割、地方政府投资膨胀、低水平重复建设、产业结构失衡、资源配置扭曲等问题的潜在原因。

1994 年，我国实行分税制改革，关键内容是以构建分税分级财政体制来正确处理政府与企业、中央与地方两大基本关系，财税体制开始进入以分税制为基础的分级财政轨道。分税制改革使得中央政府对全国财政的调控力度大大增强，同时也调动了各级地方政府的理财积极性。促使地方政府抓项目、招商引资的积极性空前高涨，企业的流动意味着 GDP 和税收的流动，导致政府对企业的干预也有了动力。

因此，我国现行财税体制一方面调动了地方政府增加财政收入的积极性，但是同时也促使地方政府采用各种手段保护本地区的经济利益。客观上催生了行政分割、市场封锁、产业同构等问题的发生。地方政府受地方利益的驱动，都从本行政辖区出发考虑和制定决策，地方政府行为日益经济化、公司化，由于利益冲突而导致重复建设、产业趋同、无序竞争，

---

①　李博. 河北正因为靠着京津才发展落后[N]. 21 世纪经济报道，2011-11-28(19)

使得区域治理的推进更加困难。

2.3.4 区域治理协调机制尚未形成：阻滞了区域治理的推进

1）国家层面的制度供给不足

从国家层面来看，区域治理需要有组织完善、设计精细、有的放矢的一整套区域政策作为保障框架。我国没有形成完善的区域政策制度基础，由于长期受集权体制、全能政府、扭曲市场经济等诸多因素的影响，一直未能形成设计精细的区域划分框架以及具有可操作性的政策工具、有效的区域政策监督与评估机制等。因此，“上有政策、下有对策”、“政策的部门分割”形成的“碎片化”就成为普遍现象，这是影响京津冀区域治理的大环境因素。2000 年以来，中央政府陆续成立了国务院西部地区开发领导小组、国务院振兴东北地区等老工业基地领导小组和国务院促进中部地区崛起领导小组，并设立了常设办公室，通过中央政府的统一协调来推动相关区域的协调发展。但是，中央政府层面一直未能建立类似部门来协调推动京津冀区域发展。由于缺少了中央政府层面的自上而下的推动，京津冀三地的协调行动也难以推进。

2）地方层面的协调机制无法发挥作用

从京津冀层面来看，近年来三方互访、多方协商不断增加，但是一直没有建立起一套正式的高层领导磋商机制。未能就区域内的产业结构调整、基础设施建设及生态环境治理等战略性合作问题进行深入磋商并付诸行动，未能在寻求有关各方利益结合点及合作切入点上取得重大突破。2004 年达成的“廊坊共识”提出了建立定期会议机制，但会议之后就再无下文。早在 1986 年建立的环渤海经济联合市长联席会议，目前是京津冀区域协调发展的重要机制。虽然成员已扩大到 41 个，也形成了定期会议制度，但是环渤海地跨五省二市，区域范围极为广阔，仅靠以每年召开一次的市长联席会议来推动区域合作显得推动力不足。更为重要的是，北京市至今仍然不是该组织的正式成员。缺少了北京的参与，该组织在推进京津冀区域协调发展方面也难以发挥效用。

京津冀三方在许多领域存在分歧，难以形成合力。多年来京津冀三方开展了纷繁复杂的会谈，各种官民论坛也不断举办，但时至今日，京津冀依旧是“京”、“津”、“冀”。在行政区经济运行的惯性作用下，三地之间虽有合作的愿望，但是一方面缺乏一种合作的机制，陷入了“共识多、行动少”的尴尬境地；另一方面，河北始终处于弱势地位，北京的经济极化和制度极化仍然在不断增强。天津与北京之间在产业、金融等领域的纷争持续不断。各地都在各自辖区的范围内思考发展，缺乏区域整体意识，很难形成一个行之有效的协调机制。

地方政府间自主性的协调机制难以建立，中央政府层面也缺乏相应的顶层制度设计，同时又缺少了自上而下的行政推动，多年来，京津冀三地的竞争始终大于合作，区域协调发展的局面难以形成。京津冀区域之所以落后于长三角和珠三角的主要原因在于区域治理机制的落后。解决普遍存在的地方保护主义和地方政府间恶性竞争的制度安排严重缺乏，成为影响区域协调发展的根源，制度供给的缺失已经成为制约京津冀区域发展的主要因素。因此，京津冀的区域发展迫切需要解决的问题是新型治理机制的创建。

2.3.5 非政府力量发育不足：延缓了区域治理进程

区域不仅仅是政府的区域，在一个成熟的现代区域系统中，存在着分散化的、多中心的利益主体，仅仅依靠政府很难有效应对区域性挑战、提供所有公共服务。因此非政府力量即市场力量和社会力量的广泛参与与深度介入就非常重要。

区域经济发展需要多种形式所有制企业的共同发展来推动，但是，与长三角和珠三角地区相比，京津冀区域国有经济发展迅猛，民营经济发展则较为落后。2011 年浙江省民营经济比重超过 60%，广东为 50.6%，而天津市民营经济比重只有 40%。① 长三角和珠三角地区的民营经济力量强大，已经成为带动区域经济发展的重要力量，而且，由市场推动的各种形式的合作的发展也非常迅速。而京津冀地区以国有经济为主导力量，其经济行为带有明显的政府行为特征，政府对企业的控制力强，这就促使不同行政区划往往首先考虑本行政区的利益最大化，跨地区产业重组受到制约，使得区域内行政经济的负面效应更为显著。区域内的非国有经济发展较为落后，民营经济发展缓慢，其力量还不足以打破行政区划的限制，资金、技术、信息等生产要素难以在区域市场内合理流动和配置。因此，以市场为主导的区域合作发展缓慢。

除了政府与市场之外，社会公众的力量可以弥补政府和市场的不足，在市场失灵与政府失灵同时存在的领域，非政府组织和社会公众具有不

① 万润龙. 浙江民营经济增加值五年翻番[N]. 中华工商时报，2012-5-29(1)；黄应来. 民营经济发展跃上新台阶[N]. 南方日报，2012-10-24(A01)；刘冬梅. 天津民营经济 GDP 占比增至四成[N]. 天津日报，2012-11-2(01)

可替代的作用。作为一种社会治理机制,非政府组织在提供社会服务、满足社会需求、监督协调等方面能够发挥重要的作用。近年来,我国各种社会组织不断出现,数量大幅增加。根据民政部的统计,截至2011年年底,社会团体达到25.5万个,民办非企业单位20.4万个,基金会2 614个。①尽管社会组织有了长足的发展,但总体上仍处在发展的初级阶段,影响社会组织健康发展、发挥作用的思想观念、体制机制、法制政策、监督管理等方面都还存在一些亟待解决的问题。

京津冀区域作为政治中心,政府组织力量十分强大,政治敏锐性较强,对于非政府组织的发育和公民的参与,政府持审慎态度,因此也就缺乏扶持其发育的积极性和动力。这也导致京津冀地区各种社会团体的发育明显落后于长三角和珠三角地区(表2-10)。2011年京津冀三地各类社会组织总数约为25 900多个,只相当于长三角的38%,也远远低于广东省。

表2-10　三大区域社会组织发育情况②

	北京	天津	河北	上海	江苏	浙江	广东
社会组织数量(个)	6 733	4 190	15 000	9 892	30 000	29 000	28 509

社会组织数量较少,同时各类社会组织的能力也有待提高,难以参与到各种区域合作事务中,无法承担推进区域协调发展的职能。缺少了社会公众的参与,京津冀区域的协调发展也步履维艰。

① 民政部.民政部发布2011年社会服务发展统计公报[EB/OL]. http://www.gov.cn/gzdt/2012-06/21/content_2166922.htm,2012-6-21

② 北京市社会组织公共服务平台.北京市社会组织区域分布[EB/OL]. http://www.bjsstb.gov.cn/wssb/wssb/xxfb/showBulltetin.do?id=16119&dictionid=8401&websitId=100&netTypeId=2,2010-01-17;天津社会组织.社会组织业务数据[EB/OL]. http://www.tjmz.gov.cn/tjshzz/index.shtml,2012-11-13;上海社会组织.业务数据[EB/OL]. http://stj.sh.gov.cn/YWSJ.aspx,2012-11-13;仝静海.河北清理整顿社会组织 首批撤销182家"四不"社会组织[N].河北日报,2012-10-30(03);裴智勇.广东2.8万社会组织助力和谐[N].人民日报,2011-4-6(17);孙巡,李先昭,高坡.江苏社会组织,新苗成长盼甘霖[N].新华日报,2012-6-7(A6);汪成明.民间力量促社会和谐[N].浙江日报,2011-2-13(1)

3 行政区行政—区域行政—区域治理

治理在西方国家得以广泛应用，但是其诞生于西方国家特殊的政治、社会文化、经济、法律制度土壤中，在我国特殊的国情之下，治理理论是否能够生存和发展，是否能够解决京津冀区域目前的困境，这些问题都是值得探究的，需要我们从理论上和现实情况予以把握。区域事务的管理（治理）存在三种模式，即行政区行政、区域行政和区域治理，这三种模式彼此交织，相互依存，在实践中不断发展演进。

3.1 行政区与经济区的矛盾与统一

3.1.1 行政区与经济区的含义

1）行政区概述

行政区是一个与行政区划相对应的概念。没有行政区划，就无所谓行政区。因此要理解行政区首先必须理解行政区划。行政区划是国家对行政区域的划分，即国家根据政治统治和行政管理的需要，遵循有关的法律规定，充分考虑经济联系、地理条件、民族分布、风俗习惯、地区差异和人口密度等客观因素，实行行政区域的分级划分，将国家的国土划分为若干层次、大小不同的行政区域系统，并在各个区域设置相应的地方国家权力机关和行政机关。从其本质上看，行政区划是国家权力的空间或者地理上的分割与配置，是一种国家权力再分配的主要形式，行政区就是国家权力配置的一种空间投影，隐藏于其后的是一种相对稳定和制度化的政府权力与利益的划分方式。

行政区与国家政权紧密联系在一起，一个国家本身就是一个大的行政区，其内部的领土结构就是由大大小小的行政区组成。一个行政区主要由四大要素构成：管辖地域空间、行政中心、行政等级和行政区名称。

（1）管辖地域空间。所谓行政区的管辖地域空间，就是指一定数量的人口和具有法定边界线的地域空间。行政区作为一种特殊类型的区域，其地域空间必须是拥有一定数量规模的人口和具有明确的、封闭的、在实地有相应标志并且具有法律效应的行政区界线。从这一点上看，行政区是一个相对封闭的系统，其政治权力作用的范围局限在所管辖的地域空间范围内。

(2) 行政中心。每个行政区都必须有一个行政中心。行政中心设有本地行政区的权力机关、行政机关、司法机关等政府公共管理机构，因此是该行政区的政治、行政核心。行政中心一般设在本行政区的城市或城镇。在我国由于行政中心对区域经济发展有很强的极化作用，行政中心也往往成为该行政区的经济中心，二者表现出高度一致性。

(3) 行政等级。行政等级表现了行政区在国家行政区划结构体系中的行政地位和不同行政单位之间的上下级的隶属关系。在实行联邦制的国家中，行政区的行政等级并不十分重要和敏感。而在我国这种单一制的国家体系中，行政等级却变得十分重要。行政等级高低与政府行政权力大小高度相关，不同的行政等级享有不同的权力、不同的地位。行政区内的联系主要是上下级之间的垂直联系，水平方向上的横向联系少之又少。

(4) 行政区名称。行政区的名称分为通名和专名。通名反映了行政区的行政建制。如"北京市"，"市"是通名，表明北京是一个城镇型建制行政区，"北京"是其专名；"河北省"，"省"是通名，表明河北是一个地域型建制行政区，"河北"是其专名。

2) 经济区概述

经济区是与经济区划相对应的一个概念。经济区划是"根据社会生产地域分工的特点对全国领土进行战略性的划分，揭示各地区专业化发展的方向和经济结果的特征，为在计划管理工作中将国民经济全面发展和发挥地区经济优势结合起来创造条件，并为生产布局、编制地区国民经济计划、开展国土规划和区域规划提供科学依据，从而达到提高宏观经济效果的目的"。[①] 经济区就是按照经济区划方法而划分出来的各种地域单元，是在一定地理空间范围内，由一组经济活动相互关联、组合而形成的经济地域单元，是具有很强集聚性的区域经济的空间组织实体。经济区根据经济作用和经济联系而形成和发展，因此，它没有固定明确的边界，其边界是动态变化的、模糊的。

---

① 李旭旦. 中国大百科全书 · 地理卷 人文地理学[M]. 北京：中国大百科全书出版社，1984:58

经济区的基本构成要素包括经济中心、经济腹地和经济网络：①

(1) 经济中心。任何一个经济区必然有自己的经济中心，而且经济中心往往是一个较大的综合性城市或一组城市所组成。如长江三角洲经济区的经济中心是上海市，环渤海经济区的经济中心是北京、天津两市。经济中心是经济区经济发展的核心，对整个经济区经济发展具有重要的作用，它是构成经济区的核心要素。经济区的经济中心具有层次性和区位选择性。层次性是指经济区内的城市由于集聚和扩散能力不同，形成多等级、多层次的经济中心。区位选择性是指经济中心往往是在一些发展条件好、潜力较大的区位上形成，它的形成主要是受区域经济发展的客观规律所决定。

(2) 经济腹地。经济腹地是经济区构成要素的基础，二者相互依存、唇齿相依。如果没有经济腹地，经济中心就失去了赖以生存的基础；而如果没有经济中心，也就无所谓经济腹地。因此，经济腹地是与经济中心或中心城市相对应的概念。经济腹地也具有层次性与边界的可重叠性和交叉性的特征。由于经济中心的多层次性，不同等级、层次的经济中心也都具有各自的经济腹地；经济腹地的边界可重叠性和交叉性是指一个城市可能是两个或多个高级经济中心的腹地。如环渤海经济区内，涿州市既是一级中心城市北京市的经济腹地，也是二级经济中心保定市的经济腹地。

(3) 经济网络。从区域经济的过程分析，经济区的经济运行就是中心与腹地以及经济腹地之间的空间作用过程。一级经济中心与低级经济中心及经济腹地之间的经济联系就形成了经济区的经济网络。经济网络发育的好坏直接关系到经济区发育的程度，它是经济区发育成熟与否的标志。经济网络越发达，经济区越成熟。

3.1.2 行政区与经济区的竞争与依赖

1) 行政区的竞争与依赖

(1) 政区竞争。政区竞争是指两个以上的行政区域政府竞争性地提供公共产品，以便吸引投资与发展本行政区域经济的政府间竞争。新制度学派明确提出政区竞争(inter-jurisdictional competition)理论，从而把经济市场上竞争的天然法则拓展到政府的集体行动的分析中去。以

① 周克瑜. 走向市场经济——中国行政区与经济区的关系及其整合[M]. 上海:复旦大学出版社，1995:39

D. 诺思为代表的经济史学家在一系列论著中证明:共同体和政区(communities and jurisdictions)间的竞争是如何引导着较有益于公民和企业的规则不断演化,这些规则包括受约束的政府、财产权利、约定的程序(due process)、法治等。① 经济及社会领域内的各类竞争,如商业竞争、工作竞争、赛事竞争等都是正常而且必要的,可以达到优胜劣汰、鼓励先进的作用。从历史发展或者社会演进的角度来看,自亚当·斯密的古典自由市场经济以来,无论是国家间的中央政府,抑或是区域间的地方政府,政区间的竞争总是不可避免而且大量存在。这种区域间的政区竞争,集中体现为辖区间政府为了获得各种有形或无形的资源以实现一定的目标而围绕制度、政策和公共物品与公共服务的竞争。

政区竞争是不同行政区域之间政府的竞争,包括国家与国家之间的竞争,以及一个国家内部地方政府之间的竞争。国家间竞争机制是国与国之间政府治理能力、政府质量之间的竞争;国家间的竞争延伸到一个国家内部,就会在国家的各个组成部分即地方政府之间引发竞争机制。政区竞争是各个行政区域即各国或各地方政府之间在投资环境、法律制度、政府效率等方面的跨区域竞争。

政区竞争包括:① 投资环境的竞争。各政区政府改善本行政区域内的投资环境,吸引更多的资本、企业家和人才到本行政区域投资,政府向投资者提供良好的社会治安环境、便捷的政府服务、完善的基础设施、优惠的投资政策等条件。② 法律制度的竞争。各政区政府完善本行政区域内的法律法规,指定保护投资者权益、保护财产权利和公民权利的法律,公正地执行法律,政府行为受到严格的公法约束,政府行为受到宪法和一般法律的约束,市场经济运行免于政府的不正当干预。③ 政府效率竞争。各政区政府进行行政改革,使政府成为一个廉价和廉洁的政府,为投资者提供优质的政府服务,政府严格按行政程序办事,政府工作程序便民、公开、公正等等。

在经济市场化的背景下,某特定区域内的地方政府已不再是农业社会时期那种垂直统治下"自给自足"型的封闭式政府,而是拥有相对独立地方利益和横向竞争压力的开放式政府。京津冀地区的政府竞争包括了北京、天津与河北一省两市的竞争,也包括了北京、天津、唐山、石家庄等在内的城市间的竞争。有差别就有竞争,良性的竞争是促进社会经济发

---

① [德]柯武刚,[德]史曼飞. 制度经济学:社会秩序与公共政策[M]. 韩朝华,译. 北京:商务印书馆,2000:44

展的动力，其积极意义是显而易见的。政区竞争有利于经济发展和经济转型，政区竞争迫使地方政府合理规划本行政区域内的产业发展，扶持本地企业的发展，有利于引导企业加快技术进步，提升产业层次。同时，政区竞争也迫使地方政府规范政府行为，改善政府效率，提高政府服务质量，从而有利于政府本身的发展和地方社会经济的发展。总之，政区竞争在发展社会经济，完善制度，创造效率型、服务型政府，提高区域发展水平和人民生活水平等方面具有重要作用。

在我国由计划经济向市场经济转轨的过程中，政区竞争对我国经济持续快速发展、人民生活迅速提高起到了至关重要的作用，但是这种竞争已经出现朝着不良竞争、恶性竞争演化之势。政区竞争也主要表现为行政区之间的经济竞争，行政区经济的种种弊端也逐渐暴露且越发严重：经济发展中形形色色的地方主义、山头主义、舍我其谁等恶性竞争屡禁不止；在区域经济发展中各地方政府追赶式的激烈竞争也开始出现。不少地方在开放引资上竞相出台优惠政策，产业同构、重复建设、市场分割日趋严重，已经严重阻碍了区域的发展。沿京津塘高速公路众多的开发区、一省两市的众多港口和机场、环京津贫困带的出现等，这些事实说明，我国的区域地方政府间的恶性竞争客观存在，必须引起高度正视和重视。如何趋利避害，规范作为区域公共管理核心主体的地方政府间的竞争行为，促进区域间的良性协调发展，是我们当前需要认真研究的主题。

(2) 竞争中的依存关系。行政区之间的依存关系表现为经济方面的依存和社会生活方面的依存。其中最主要的是经济上互相依赖。当今全球化和区域经济一体化的浪潮席卷地球各个角落，自给自足的封闭经济已经成为历史，所有的区域都必须在开放的前提下参与区域乃至全球的竞争。一个经济发达的区域必须拥有自己的经济腹地，否则其经济发展便失去了依托，形成“孤岛效应”。而且随着产业的发展与升级，产业梯度转移也必然出现，没有腹地的支撑，产业的发展和转移便成为空中楼阁。

随着市场经济的发展和完善，区域内协调合作需要逐步增强。如北京是全国政治、文化和国际交流中心，而且经济实力雄厚，产业基础好，商业服务业发达。天津是中国北方重要的、综合性的港口城市和环渤海地区经济中心，城市经济发展历史悠久，加工工业门类齐全，经济发展潜力巨大。京津两市组成了政治、文化、经济三位一体的核心区。河北环京津地区经济也有相当基础和实力，在能源及原材料、工业、港口运输、旅游等方面各具优势。北京的城市拓展和产业转移需要天津和河北这个经济腹地的支撑，天津和河北两地需要北京的高科技产业和高科技人才，京津两市都需要河北这个天然的生态保护屏障。京津冀产业上的高度关联、城市功能的互补性、生态环境的整体性,使得两市一省互相依存、密不可分。虽然京津冀的依存关系十分明显,但是我们也看到该地区生态环境破坏严重,产业同构、重复建设十分突出,各地区之间的经济联系非常薄弱,北京天津的"孤岛效应"也越发明显。也就是说行政区经济的负面效应在这一地区的作用越来越大,并且仍将在很长一段时期内存在。

2）经济区的竞争与依赖

在区域分工的深化过程中,各区域经济发展的专业化倾向日益突出,伴随着区域之间竞争的加剧也出现了区域之间相互依赖程度的加深。现代区域经济发展的普遍意义在于,区域之间通过优势互补、优势共享或优势叠加,把分散的经济活动有机地组织起来,把潜在的经济活力激发出来,形成一种合作生产力。通过合作所获得的经济综合优势所产生的经济效益是分散条件下所难以取得的。合作为分工提供了保障,使区域经济专业化能够存在和发展。通过合作可以冲破要素区际流动的种种障碍,促进要素向最优区位流动,加强区际经济联系,形成区内和区际复杂的经济网络,提高区域经济的整体性和协调能力。正由于合作带来的这些优势,在遵循公平竞争的原则下,越来越多的企业选择各种形式的合作与联合,以获得"1+1>2"的正效应。可以说,竞争基础上的合作依赖已经成为区域经济最主要的表现之一。

京津冀地区体现出非常明显的经济区域内相互竞争与依赖关系。如,天津港是北方最大的港口之一,2012 年天津港完成累计货物吞吐量 4.76 亿 t,集装箱吞吐量 1 230 万标准箱,吞吐总量居世界港口前十名。港口的发展需要有庞大的腹地,通过临近城市向内地辐射。京津塘高速公路、京张高速公路、京沈高速公路以及京包线、大秦线等陆路交通网络将京蒙晋冀鲁豫以及东北地区连接起来,其辐射范围包括整个华东和东北地区。又如,北京是文化和政治中心,科技文化发达。而津冀两地的发展需要高科技产业的扶持和大量的专业技术人才,北京可以利用技术和人才优势加强与河北和天津的交流,扩大其经济辐射力。同时北京的产业发展成本已经居高不下,需要向外转移。河北省有丰富的土地和人力资源,可以承接北京的产业转移以及部分城市功能的分散。这样既可以扩大北京的经济腹地,加强一省两市之间的经济联系和交流,同时也可以带动河北省的经济发展,促进整个区域的繁荣。

京津冀地区的竞争主要表现为产业竞争、港口的竞争和吸引外资的竞争。产业竞争使得该地区的产业同构化趋势非常明显,各地都形成了

“大而全”、“小而全”的产业体系，产业分工不合理，难以发挥产业梯度效应。而港口之间的竞争最突出的表现是，北京原本可以利用天津港这个北方最大的港口，可由于种种原因却选择了距离北京更远的唐山的京唐港，此外，区域内的秦皇岛港、京唐港、黄骅港、天津港以及正在建设的曹妃甸港几大港口缺乏合理的分工与协作，也没有确立喂给关系，这样既不利于整个区域港口群整体实力的提高，也不利于各港口的壮大。在吸引外资上，争夺更为激烈，尤其是沿京津塘高速公路的高科技产业园区对资金的争夺大战。京津冀都建立了高科技产业园区，竞相出台了各种优惠政策，而这些产业园区并没有明确的分工体系。这种竞争的结果只能是促使产业结构进一步同构化，不利于区域经济的协调发展。

3）行政区与经济区的矛盾统一

行政区与经济区既有很大的差别，又有着千丝万缕的联系。行政区划是出于国家政权统治和管理的需要，对相互关联的自然区域进行的人为划界。经济区是自然存在的，是根据经济关联度对不同行政区域重新进行的自主组合。前者是“分”（行政划分），后者是“合”（经济融合），两者有不同的运行方式和发展规律，是一对矛盾关系。行政区属于上层建筑范畴，经济区则是经济基础范畴，二者的关系上升到理论层面就是经济基础与上层建筑的关系。一方面，经济基础决定上层建筑，经济区的发展决定行政区的发展，因此，行政区划从根本上说应该以一定的经济区划为基础；另一方面，行政区划的格局一旦确定下来，则会反作用于经济区的发展，成为促进或阻碍经济区发展的因素。

行政区与经济区是两种具有不同运行主体与运行机制的区域类型。行政区的运行主体是政府，行政区的运行机制是依托一整套完整、发达和自上而下的纵向行政管理系统，具有高度的组织化的特征。而经济区的运行主体是企业，其运行机制是依靠发育不均衡的横向经济联系网络系统，在市场机制作用下运行的，具有高度市场化的特征。而且，行政区的本质和主导功能首先体现在其政治功能上，而经济区的本质和主导功能则表现在经济功能上。因此，从理论上看，如果没有政府介入经济活动的话，行政区与经济区应该是两个相对独立的运行系统。但是在任何制度下，任何国家的政府都会对社会经济活动进行管理和规范，都会干预经济活动，政府介入是不可避免的。因此，行政区与经济区不可能独立运行而不发生相互作用。而且在二者的作用过程中，政府介入的方式、强度、广度和深度等因素就确定了行政区与经济区的关系结构。

在我国传统体制下，政府完全取代了市场成为经济活动的主体，因此政府成为推动区域经济的唯一主体，区域经济也就是“地方政府经济”，行政区与经济区的竞争与依赖完全一致。随着我国市场经济体制改革的推进，企业在一定程度上获得了自主权，成为经济区运行的一支重要力量。但是在现阶段，政府对企业和市场的干预程度仍然十分严重，企业很难成为经济区运行的主体。因此，在行政区经济运行时期，地方政府仍然是推动区域经济的主体，区域经济表现为“地方政府经济圈”的特点。因此，经济区中的竞争表现为行政区竞争，行政区的竞争表现为经济竞争。行政区与经济区的竞争是统一的，二者表现出高度一致性。我国行政区经济运行的机制仍然在起作用，地方政府出于自身利益而干预区域经济的情况仍很突出，从行政区经济过渡到经济区经济依然要经过一个艰苦的过程。但是，我们也应当看到，市场和企业的力量也正在壮大，这种力量的加强必然会打破传统的地方政府经济运行方式，向经济区经济方式过渡。

在经济全球化和区域经济一体化的背景下，进一步提升京津冀地区经济合作，加快区域经济一体化进程，不仅对京津冀地区经济发展具有重要意义，而且对提升整个中国在全球的国家竞争力也具有十分重要的意义。然而目前京津冀地区的经济还是行政区经济，行政区与经济区之间的各种矛盾使区域内统一的共同市场难以形成，最终导致这个区域的经济增长的成本加大，增长速度放缓，严重地阻碍了京津冀的进一步发展。因而必须打破行政区经济，实现从行政区经济向经济区经济的转变，才能整合各种资源，成为充满活力的经济区域，从而提高整个区域的竞争力，提高整个国家的竞争力。随着政治经济体制改革的不断深入，经济全球化、区域经济一体化的迅速发展，社会主义市场经济体制的不断完善等，我国以纵向运行为主、过渡性质的行政区经济最终将走向以横向运行为主，区域之间有序竞争，开放的、一体化的、市场性质的经济区经济。

3.2 行政区经济—经济区经济—功能区经济：理论推演

3.2.1 传统时期的行政区经济：一元混合经济

在传统计划经济时期，我国效仿苏联，在经济上实行的是一种典型的高度集中的计划经济体制。在这种高度集中的计划经济体制中，政府拥有绝对的经济垄断权，集中掌握了全社会的人力、物力和财力，直接经营并以行政法则（指令性计划）为依据组织整个经济运行。也就是说，在传统体制下，我国的政府不仅是一种政权主体，而且同时也是唯一的经济主体。作为政权主体所拥有的政治权力和作为经济主体所拥有的经济权力高度结合起来。在这种体制背景下，企业成为政府的附属物，政府的管理模式也被移植到企业中，即科层式的管理。企业完全按照政府的计划来组织实施生产活动，企业从本质来说就是一个“加工厂”。政府在市场中居于绝对的垄断地位，而且市场是一个按照行政区划分割的相互封闭的市场，市场机制丧失了作用。这种经济模式实质上是一种“一元经济”模式，即政府作为唯一的经济主体，掌握了全社会的资源配置，企业与各级政府之间形成严格对应的行政隶属关系，企业和市场只是政府权力的延伸，从属于政府这个一元主体。

3.2.2 经济区(都市圈)经济：二元混合经济

改革开放以来，我国大力推行经济体制改革，从计划经济体制向社会主义市场经济体制转型。随着改革内容的不断深化，传统体制下“政府、企业、市场”这个基本三角关系发生了根本性的变化。改革政企关系一直是我国经济体制改革的中心环节。我国的经济体制改革就是从“扩大企业自主权”开始的，这种改革的基本方向就是政企分开和企业独立地位的不断明确。政府逐渐从直接管理企业的生产经营中解放出来，企业成为自主决策、自主经营、独立核算、自负盈亏的经济实体。同时，资源的配置由主要靠政府的计划转变为靠市场。政府减少了对市场的直接干预，市场竞争程度明显提高，市场作用的机制也已经初步确立。但是我们应当看到，当前在“行政区经济”运行时期，我国的市场分割还十分严重，经济运行仍然是以行政区边界这堵看不见的墙为基础来组织。超脱于地方经济之上的国有企业未能实现突破行政区经济的有生力量，且常常被地方经济所吸收分化。这意味着企业和市场还没有完全成长为经济体系的主体，仍然受到政府这个主体的严重制约。这种经济模式实质上是一种“二元混合经济”模式，政府仍然是经济运行的主体，企业和市场在一定程度上成为市场的主体，承担部分经济主体的功能。企业竞争中渗透着强烈的地方政府经济行为，生产要素跨行政区流动不畅。

进入 20 世纪 90 年代以来，特别是党的十四届三中全会确定的建立市场经济体制、金融体制、投资体制、计划体制、外贸体制等重大改革在全国铺开，对行政区经济的基础造成了重大冲击，政府职能由直接控制向间接控制转化，削弱了地方政府作为经济主体的地位，市场体系的发育大大增强了生产要素的流动性，削弱了地方经济的封闭性和独立性，企业作为经济主体的地位逐步确立。在这个进程中,随着我国社会主义市场经济体制的逐步建立和完善,行政区经济将会在阻力与动力并存中,逐步向以横向系统运行为主的区域经济过渡。① 与此同时,随着我国城市化进程的不断加快,都市化、都市圈化成为城市化发展的新趋势。城市在社会经济发展中发挥着越来越重要的作用,而且有不断增强的趋势。都市区、都市圈区域内经济联系较为密切,各城市的经济也将长期处于共同的发展状态,行政区经济的作用和影响将进一步淡化,逐步走向空间整合的都市圈经济。

按照区域经济一体化发展的内在要求,在组织区域经济运行时不应该只局限于某一个行政区管辖范围,而应突破行政区划界限,在更大的经济联系空间范围内,按经济区网络合理组织区域经济运行,大力培育各种不同类型的经济区经济,从而推动区域经济一体化的发展。都市圈经济正是在这种情况下走上了历史舞台,企业和市场都真正成为资源配置的主体,按照市场机制的作用来组织经济运行。

需要明确的是,政府在任何经济体制下、任何时期都将是经济运行的一个主体。因此都市圈经济实质上是一种"二元混合经济"。从本质上讲,行政区经济也是一种特殊形式的区域经济类型,只不过由于行政区经济的影响,政府对市场的干预过分强大。

3.2.3 经济区经济:三元(多元)混合经济

自 20 世纪 70 年代起,大多数中央计划体制的经济增长开始滑坡,与此同时,西方的市场经济也陷入了(增长)停滞与(通货)膨胀并存的困境。世界范围内不同经济模式的国家都开始寻求解决之道。中央计划经济体制国家寻求市场机制来解决资源配置效率问题,而西方福利国家则寻求政府途径来解决收入分配公平问题。这表明二元混合经济模式存在着缺陷,难以解决政府失灵和市场失效的困境。事实上这种二元混合经济模式忽略了一个主体的存在和作用:市民社会。市民社会的直接民主和公民参与不仅是政府失灵的有效补充和替代,也是市场失效的有效替代和补充。

根据马克思的国家消亡理论,如果政治国家成为整个市民社会的代表时,政治国家就没有存在的必要了。因此,国家与市民社会分属于不同

---

① 刘君德,周克瑜. 中国行政区划的理论与实践[M]. 上海:华东师范大学出版社,1996:107

的治理秩序，它们之间存在交集。同样，当市场经济代表整个市民社会时，家庭和共同体就会不复存在，因此，市民社会和市场分属于不同的治理秩序，它们之间也存在着交集。依此类推，市场经济与政治国家也分属于不同的治理秩序，而且它们之间存在交集。因此所能得出的结论是，市民社会、市场经济和政治国家之间存在着一定的制度张力。①

从经济学意义上讲，政治国家、市场经济和市民社会之间的分立与重叠对应于它们之间的分工协作，这意味着一种新混合经济的产生。如果说传统意义上的混合经济模式意味着政府与市场的二元混合经济结构的话，新混合经济模式则意味着政治国家、市场经济和市民社会的三元（多元）混合经济结构，国家、区域、企业、市民社会都成为混合经济模式的利益主体。

在这种三元混合经济模式下，经济运行不再以行政区为界限范围来组织，而是根据经济区域范围来组织资源配置和经济运行。而且，政府、市场和市民社会作为三个既相互独立又相互影响的“元”来共享资源配置的权力，形成复杂的、多中心的网络关系。

因此，我国经济的发展将是从行政区经济向经济区经济的演变，在这个过程中，都市圈经济是必不可少的中间环节。在经济发达地区，行政区经济已经率先走向都市圈经济，城市之间的开放和联动发展成为主流。随着经济和社会的不断发展，都市圈经济逐步成熟和完善，将会实现更大区域范围内的联动发展，即省际的协调发展成为主流，都市圈经济发展演变为经济区经济；在欠发达地区，这一进程相对要滞后，行政区经济向都市圈经济和向经济区经济的发展演变可能同时并存。

3.3 行政区行政到区域行政的演变：现实的发展

3.3.1 行政区行政的内涵

区域是一种客观的空间地理存在，人类社会的任何生产、生活和管理活动，都必须以一定的区域空间作为载体和依托，政府的公共行政和公共管理活动亦不例外。不过，根据人类的生产、生活和管理活动的不同性质以及研究对象的不同，区域又可作出不同的类型划分，一般有自然地理区域、政治区域、经济区域、行政区域等的细分。因此，行政区行政中所指的

① 张昕．转型中国的治理与发展[M]．北京：中国人民大学出版社，2007：66-67

"区域",即指行政区域,它在本质上是国家权力再分配的一种空间投影。所谓行政区行政,就是民族国家或国家内部在法定的行政区域界限内管理其辖区内事务的政府治理形态。

行政区是与行政区划相对应的一个概念,没有行政区划也就无所谓行政区,行政区划是行政区行政展开的载体和依托。但是,当我们考察人类社会的发展史时可以发现,行政区域的划分作为一种国家行为和政治管理活动,并不是从来就有的事情,因此,行政区行政作为一种重要的政府治理形态或模式,也有一个发生史的问题。事实上,"行政区划是生产力发展到一定阶段的产物,是随着地缘关系逐渐取代血缘关系而产生的一种上层建筑。也就是说,行政区划是在国家出现以后,由于国家对其所属臣民不再按血缘关系,而是按地缘关系进行分区分级的统治与管理形成的一种国家制度。"①换言之,自有国家和政府开始,才有了按地缘关系进行分区分级的行政区域划分,也才有依托行政区域的刚性约束而存在的行政区行政活动。而从这个意义上可以说,自有行政区域划分历史的奴隶社会以来的几千年间,行政区行政便成为政府治理社会公共事务的主导形态。

从我国行政区划的历史来看,作为国家权力分配的制度形式,行政区划的组织与管理体系,即行政建制有一个产生、发展的演化过程,由此也就形成不同的行政区行政类型,这个演化过程大致历经了三个阶段:(1)传统的城乡合治,并形成以地域型政区组织为唯一标志的相对单一发展阶段。即选择该区域中的中心城市或某个城市设立统治和管理机构,来统一领导该城市和周围其他的城市和乡村。(2)近代的城乡分治,并以城市型政区的出现为标志,构成地域型政区与城市型政区合理并存格局的发展阶段。近代以来,由于城市的人口越来越多,规模越来越大,各种事务越来越复杂,社会、经济问题也日益严重,各国逐渐认识到城市对整个国家的重要意义,遂开始设置单独的管理机构即城市政府,将其纳入权力体系。我国城市型政区的正式诞生,是以1909年1月18日清政府颁布的《城镇乡自治章程》为标志。广州则于1921年正式出现"市"的行政建制,成为中国行政区划史上第一个城市型政区。(3)现代城乡分治,并以城市型政区地位的逐渐提高,同时多种政区类型并存为主要特征的多元化发展阶段。②

---

① 舒庆,刘君德.一种奇异的区域经济现象——行政区经济[J].战略与管理,1994(5):82-87

② 刘君德.中国行政区划的理论与实践[M].上海:华东师范大学出版社,1996:66-69

目前看来，我国的政区类型有一般地域型政区、城市型政区、民族区域自治型政区和特殊型政区四种。具体来说，在我国行政区划类型管理的四大组织体系中，构成地域型政区类型的行政区行政单位是省、地区(行署)、县、乡；构成城市型政区类型的行政区行政单位是直辖市、地级市、县级市、镇；构成民族区域自治型政区的行政区行政单位是自治区、自治州、自治县、民族乡；构成特殊型政区的行政区行政单位是特别行政区。不同的行政区类型形成了不同的行政区行政模式。

3.3.2 行政区行政的特征

行政区行政作为政府治理的一种形态，伴随行政区划的组织与管理体系的历史变更，表现出由传统单一的地域型政区向现代的多元政区复合共存的演进路径，行政区行政适应了农业文明和工业社会的基本诉求，是封闭社会和自发秩序的产物。长期以来我国的行政区行政表现出以下特征：

1) 治理主体的单中心

在行政区行政模式下，政府是管理国家和地方行政区域内部事务的唯一主体。从本质上讲，行政区行政这种政府治理形态，是一种垄断型统治行政模式。政府不局限于管理其辖区内的公共事务，也要管理经济、社会、政治、文化和生活等方方面面的问题。政府成为万灵和万能的“全能”政府，可以预见和处理所有社会公共问题，制定各种公共政策并监督其执行，从而包办和代办了单位行政区域内部的大小事务。政府不仅办企业、办社会，企业也办社会，所有的组织都效仿政府成为一个全能的机构。政府成为“无限责任公司的唯一出资人”，承担所有活动的完全责任。

2) 权力运行的封闭性和单向性

行政区行政模式强调政府管理权力运行的单向性和闭合性。政府权力在其行政辖区内按照自上而下的单向方式运行，由此形成一种单一权威中心的“金字塔”式闭合结构，严格按照“下级服从上级、地方服从中央的原则”办事。而且，地方政府的权力只能在其辖区内发生作用，地方政府也只关心其辖区内的事务。在这种模式下，权力运行的向度也直接决定了政府间的关系。地方政府只服从上级政府的安排，按照上级政府的指令办事。政府间的联系也只限于上下级政府之间，同级政府之间，即使是属于同一上级政府的同级政府之间也很难发生直接联系。“科层制”所内蕴的层级分设和层级节制成为起主导作用的基本法则，各地方政府完全是一座座独立的“孤岛”，纵向联系完全取代了横向联系从而形成了块状的、孤立的分割格局。

3）治理机制的单一性

在行政区行政模式下，科层制是唯一合法而又合情合理的组织形式，在公共事务的管理上，官僚制机制是治理活动的主体机制，排斥和拒绝市场、伙伴和自组织等多元机制。这是因为，在"利维坦"式的行政区行政模式下，政府的统治行政注重权力等级间的森严界限，政治和行政命令的上下通畅，管理层次和管理幅度间的僵化统一，以及社会秩序的静态均衡。但显而易见，单一的官僚制机制严重窒息了社会的生存空间和其他行动主体的积极性，阻碍了社会公共问题和公共事务的及时、快速和有效治理。

3.3.3 行政区行政的局限

行政区行政的根本特征在于，它是以民族国家或国内地方政府的、明确的单位行政区域界限作为管理出发点的。行政区行政是与行政区经济相对应的政府治理方式。在传统的相对封闭的农业社会的一元经济背景下，社会的公共问题相对简单，公共事务不算复杂，但是随着社会生产力的发展，行政区行政已经远远不能适应发展的要求，表现出种种难以克服的顽疾。这一切都起始于地方政府间的竞争，而竞争的本原是利益。因此，从地方利益冲突考察我国行政区行政的实质更具有意义。

1）地方利益冲突：经济竞争

在行政区行政模式下，地方政府是发展地方经济的主要责任者，也成为地方经济的利益主体。考察 20 多年来的经济改革历程，可以看出促进和保证经济稳定增长的主要源泉既不是来自中央政府的制度推动，也不是以企业为主体、市场为导向的需求推动，而是在地方分权进程中形成并不断强大的地方政府作为利益主体的经济扩张冲动。① 这种通过地方分权进而促进地方政府竞争的模式，被钱颖一和魏加斯特称为"维护市场的经济联邦制"（marketing-preserving federalism）。② 他们指出这是造就中国经济繁荣的最重要因素，地方利益主要包括两方面：

第一，本地区在经济发展方面的需要和满足。尽管各地区有关经济发展的要素禀赋、资产存量、技术构成、基础设施、市场发育等诸方面差别很大，但是无一例外地都把地方经济总量的高速增长、实现就业、提高本地区人民生活水平、建立比较完善的地区产业结构、扩大地区对外开放的

---

① 王国生. 转型时期地方政府面临的制度环境及其市场地位分析[J]. 南京社会科学，1999(11)：9-14

② Montinola G, Qian Yingyi, Weingast B R. Federalism, Chinese Style: The Political Basis for Economic Success in China [J]. World Politics, 1995,48(1):50-81

程度等等，当作本地区经济发展要实现的主要目标。

第二，地方政府官员追求政绩的需要和满足。从公共选择理论方面来理解，即使在非市场决策中，人也是有理性和关心个人利益的，与“经济人”不同的是他们在政治市场上活动。所以，可以认为，地方政府中官员们的行为同市场上“经济人”的行为极为相似，他们同样像“经济人”追求经济利益那样来追求政治利益，政府官员们不仅需要关心在任期内地方利益的实现程度如何，更关心自身的利益是否能够得到最大，如上级乃至中央的嘉奖、职级的升迁等。对物质利益和政治地位的需要，严格地规定了地方政府官员的行为取向。对于地方政府官员来说，能够带来地区经济发展，提高老百姓的生活水平，受到当地人民爱戴和享有威望等，是他们利益的重要体现。另外一个重要缘由是，官员作为个体“经济人”，其个人的目的在于期望能够由此而得到上级的表彰和提升，获得更多的物质利益。在目前的政治和经济体制下，地方政府官员追求政绩需要的满足更依赖于本地区的经济发展状况。

因此，地方利益冲突的焦点也就集中到了发展经济上，地方在发展经济方面的需要构成了地方利益的主要内容。这种地方利益能否得到满足，很大程度上取决于如何处理好地方局部利益与国家整体利益的关系。地方局部利益与国家整体利益既有统一性，也存在着矛盾，地方政府往往从眼前利益的实现出发，对中央政府作出的经济决策和调整，只愿选择那些有利于地方经济发展的方面，如果对地方近期的发展没有短期效应，地方政府就不积极参与，甚至我行我素。在很多情况下出现了局部利益侵害全局利益、当前利益侵害长远利益的局面，形成了严重的地方保护和地方短视行为。地方政府通过种种手段来“保护”本地的利益。

2）制度性壁垒：五花八门

地方政府运用种种制度性手段保护本地资源和人才、企业、品牌与市场，防止外地商品和服务进入本地市场影响本地经济的发展。地区领导为了获取最优政绩而竞相出台各种限制性制度。各个地方政府为了促进本地社会经济利益最大化，在制度的选择上，总是会选择能够促进本地社会经济发展和使本地与其他地区的竞争能处于优势的制度，其他地区也按照这个逻辑来设计和安排制度，势必导致地区之间在制度选择和安排上的竞争，甚至设置种种制度性壁垒垄断各类资源，提高进入成本以阻止其他地方商品与服务的进入。

商品市场的壁垒已经逐步弱化，但在烟酒、汽车等利大税高的领域的封锁和保护依然严重。劳动力、资金、技术、产权等要素市场的制度性壁垒依然存在。这些制度性壁垒往往是针对外来的企业与产品，为其进入本地市场人为设置很高的门槛，如各类准入制度、产品销售许可证、各类卫生包装标准或技术指标等等。而且近年来制度化壁垒的组织化程度明显提高。以往制度保护措施主要由相关部门分头实施，组织化程度较低，而现在一些地方专门成立了专职的队伍，从工商、税务、技术监督、防疫等部门抽调人员集中办公，形成完整的组织体系；而且扩展到运用司法手段。由于我国在跨地区的经济纠纷上实行“属地化”管理，就为地方政府建立制度性壁垒提供了法律上的可能。

诺斯认为制度变迁是一个制度不均衡时追求潜在获利机会的自发交替过程。林毅夫则认为制度变迁是人们在制度不均衡时追求潜在获利机会的诱致性变迁和国家在追求租金最大化和产出最大化目标下，通过政策法令实施的强制性变迁。不论是诺斯教授还是林毅夫教授的制度变迁定义都表明，先有潜在的获利机会，才有制度供给，因此地区之间的制度竞争，也是为了获取潜在的制度收益。如果没有潜在的制度收益，地方政府就不会出台新的制度或者优化原有的制度结构。地方政府是独立的利益主体。只有独立的利益主体才能获得制度供给的收益，也只有获得制度创新的收益，地方政府才会不遗余力地来优化、创新制度，供给能够获得较大边际收益的预期制度。由此可见，通过地方政府在保护地方利益前提下的制度创设，为资源的自由流动与竞争设置了层层障碍。

这种制度化壁垒造成了市场分割、重复建设、产业同构，各地都形成了“大而全”、“小而全”的经济体系，而且争相发展利高税大的行业，造成了资源的严重浪费，严重阻碍了要素的合理流动，所以，在市场层面上促进区域经济整合，核心是要促进市场的统一，最大限度地减少制度壁垒，形成公平、公正和充分有效的市场竞争机制和环境。

3）行政权力：无所不在

行政权力的直接干预使得地方保护主义在许多地方已成为一种普遍现象，由单一行政手段发展成为采用经济的、行政的甚至司法手段来实施。随着中央与地方权力关系的调整，地方政府的独立性增强，地方利益相对独立化，成为相对独立的利益主体，地方政府由计划经济体制下单一的服从角色开始向双重角色地位转化。一是地方政府作为国家利益的直接代表者，代表国家管理地方经济，执行中央的各项政策，协调本地区与中央政府在社会经济发展中的矛盾和问题，服从全局利益、国家利益。因而从原则上说，地方政府是国家利益、全局利益的服从者。同时，地方政府作为区域的一级机构，既是地区经济活动的主体，负有发展本地区经济的责任，又是局部利益的支配者，有着本区域所要追求的利益目标以及谋求地区发展的价值取向。二是地方政府作为全局利益、国家利益的服从者，它要受制于中央政府的宏观调控，或者说，它是宏观调控的对象；同时，作为地方利益、局部利益的支配者，它又行使着部分调控权力。地方政府所处的这种双重角色地位给地方政府运用行政权力保护本区域利益提供了可能性。

地方政府在自己的权限内进行制度安排的竞争。随着地方自主权力的扩大，地方有了制度安排和创新的权力，行政权力的影响也与日俱增。综观我国的历史，政府一直是国家经济的主体，因此这种惯性在短期内很难打破。虽然经济体制、行政管理体制等方面的改革初见成效，但是长期以来形成的定性思维很难突破，政府从思想上很难把权力分向市场等其他领域。而且在行政区行政模式下，经济竞争成为各级政府工作的重心，因此，在这一领域政府更需要把权力紧紧握在手中。在涉及两个以上的地方政府的经济竞争中，本来运用市场手段可以解决的问题，往往会演化成行政手段的直接干预。在经济利益的驱动下，地方政府的直接介入使得经济竞争常常成为政府间的竞争。

4）条块矛盾：难以协调

改革开放以前，政府权力主要集中在"条"（各职能部委）上，这样有利于国家对国民经济进行宏观调控；改革开放以后开始的以分权为主的改革，赋予了"块"（各地区政府）以更大的权力，充分调动了各地政府发展经济的积极性，极大地促进了我国经济的发展。但是，"条"与"块"之间的矛盾也更加难以调和。在行政区行政模式下，"条"是代表国家进行宏观调控的主要力量，"块"是代表国家进行管理的地方权力机构，二者都在一定程度上代表了国家利益，但也有各自的利益，形成了部门利益和地区利益，由此产生了局部利益与整体利益、部门利益与地区利益之间的矛盾关系。在京津冀地区，企业有央属、部属、省属、市属、县属、乡镇（街道）属，政府包括中央政府、部级政府、省级政府、地市级政府、县级政府、乡镇级政府，分别代表了不同的利益主体，这些利益主体之间形成了错综复杂的关系与矛盾，利益格局的破与立都是牵一发而动全身。我们面临的现实是，条线部门直接干预的能力逐渐减弱，这是国家不直接干预经济的政治体制改革的结果，但是块上的政府直接干预的能力和欲望仍然十分强大。地方政府利用区位上的优势往往使得部门经济本地化，这在很大程度上削弱了条线部门宏观调控的能力，而且地方政府也借此加强了地方保护，形成更为强大的经济封锁能力。

3.3.4 区域行政的诞生

新中国成立后,我国的经济基础比较薄弱,区域经济的发展相对落后,因此区域问题并不复杂,行政区经济的矛盾并不突出。也正因为如此,在计划经济体制背景下,我国一直沿用有几千年历史的行政区行政的管理模式。政府对社会公共事务的治理,实际上遵循的是行政区划的刚性切割模式,由此衍生出一种闭合式的行政区行政的政府治理形态。行政区行政是与行政区经济运行相适应的一种政府管理方式,它是在行政区的封闭界限内,依据行政区内部的利益而实施的。它的主体是单一的政府,管理的对象也仅限于行政区内的事务,是一种自上而下的管理方式。20 世纪 90 年代中后期以来,随着我国由计划经济向市场经济的过渡,市场经济体制逐步建立和发展,区域经济也获得了前所未有的发展。区域问题也呈现出多样化、复杂性的特点。传统的行政区行政的管理方式已不能满足区域发展的要求。因此,在中央政府的推动下,我国也进行了各种尝试,努力解决区域发展的问题,从行政区行政开始向区域行政过渡。我国实施区域行政,毫无疑问政府仍将处于主导地位。在今后很长一段时期内,政府在区域公共事务的管理方面仍然会是单一主体,实行自上而下的管理方式。现阶段在某些领域引进政府许可的第三方中介组织参与区域公共事务管理。与行政区行政不同的是,区域行政是以区域范围为整体来考虑区域公共事务的,管理的对象范围大大扩展(区域经济、区域基础设施、区域生态环境等)。

行政区行政是与农业经济、工业文明等闭合社会相适应的政府治理形态,而当今社会是开放的信息社会,处于一种权变、风险、不确定性的复杂社会生态下,市场变得无界化,信息出现无缝隙化,社会公共事务表现出高度渗透的趋势,区域乃至全球社会间结成"你中有我,我中有你"的相互依赖状态。区域性和区域化的"深度"和"广度"得到前所未有的增强。因此在新型的政府生态环境下,民族国家或地方行政区域内部的大量公共问题,已经明显表现出"外溢化"或"区域化"态势,基于此,一些学者提出了区域行政和区域公共管理。

陈瑞莲、张紧跟率先提出了区域行政的概念,他们指出:区域行政就是指一定区域内的政府(多为两个或两个以上),在利益的实现依赖于区域经济整体发展这样的事实前提下,相互协调、寻求合作,共同对区域公共事务进行综合治理,为区域经济的发展提供更优质的公共服务。① 随

---

① 陈瑞莲,张紧跟. 试论我国区域行政研究[J]. 广州大学学报(社会科学版),2002,1(4):1-11;陈瑞莲. 论区域公共管理研究的缘起与发展[J]. 政治学研究,2003(4):75-84

后他们在一系列的论著中又提出了区域公共管理,他们认为区域公共管理中“区域”既不同于一个民族国家,也不同于特定的行政区域,而主要是一个基于行政区划又超越于国家和行政区划的经济地理概念。① 在外延上,区域公共管理所理解的“区域”外延为宏观区域、中观区域和微观区域。宏观区域是指洲际之内由民族国家结合各国的规则形成的组织联合体,比如“欧盟”、“亚太经合组织”、“东盟”、“北美自由贸易区”、“中东”等;次区域是指小范围的、被认可为一个单独经济区域的跨国界或跨境的多边经济合作,如“中华经济区”、“新柔廖成长三角”、“图们江地区的次区域经济合作”、“澜沧江—大湄公河地区的次区域经济合作”等;而微观区域层次,则多指一国内部的出口加工区、工业园区或省际的经济合作,如我国的“粤港澳大珠三角区域”、美国的田纳西河流域等。以此推之可以把区域公共问题相应划分为洲际区域内跨国家的“宏观区域公共问题”、次区域跨境增长三角的“中观区域公共问题”以及一国内部的地方“微观区域公共问题”。

他们认为,区域公共管理具有以下的特征:②

在政府治理的价值导向上,区域公共管理以公共问题和公共事务为价值导向,而非以行政区划的切割为出发点。它摒弃了传统的“内向型行政”或单边行政的弊病,奉行“区域性行政”和合作治理的哲学观,把大量跨越国界和行政区划的“外溢性”公共问题和“区域性”公共事务纳入自身的管理范围,由此实现了社会公共事务的分层和细分治理。

在社会公共事务治理的主体上,区域公共管理的主体是多元化的。它既有代表官方的政府组织,也有非官方的民间组织和私营部门;涵盖了区域内的民族国家间政府、中央政府、地方政府及其联合体,以及区域性的多样化非政府组织、志愿组织和经济组织,形成区域政府与公民社会、私营部门等多元主体共同治理区域公共事务的新格局。

在公共权力的运行向度上,区域公共管理依赖的是多元的、分散的、上下互动的权威,彼此间是合作网络和交叉重叠的关系。它主要通过合作、协调、谈判、伙伴关系、确立集体行动的目标等方式实施对区域公共事务的联合治理。这种联合治理的实质在于它是建立在市场原则、公共利益和认同之上的相互合作。

在公共事务的治理机制上,区域公共管理观认为,治理纷繁芜杂的公

---

① 杨爱平,陈瑞莲.从“行政区行政”到“区域公共管理”——政府治理形态嬗变的一种比较分析[J].江西社会科学,2004(11):23-31

② 同①

共事务尤其是区域性公共事务,没有绝对的医治百病的“灵丹妙药”。传统的科层制机制面对区域公共问题的挑战,已经显得力不从心,因此,针对不同层次、不同类型的区域公共问题,必须借助于科层制、市场机制、合作机制、组织间网络、自组织机制等混合机制来对其进行“多中心”治理。合作、协调、伙伴关系、双赢或共赢成为这种混合治理机制的基本精髓。

3.4 区域行政到区域治理的嬗变:理性的选择

3.4.1 区域行政与区域公共管理:现实进程的描述

从区域公共管理现有的文献来看,区域公共管理的概念与其理论与我国目前的经济体制改革基本相符,是对我国改革进程的现实描述。尽管关于区域行政和区域公共管理还没有建立起系统的理论,对其进行评价是很困难的,但是从理论基础与概念框架体系上仍可看出端倪。

首先从其立论基础来看,区域行政和区域公共管理是在开放、信息社会背景下跨区域公共问题的日益突出,行政区行政不能有效解决区域性公共问题的基础上而提出的。这与我国的实际情况是相符合的,区域行政就是要打破行政区界限的束缚,提供有效的公共服务。它是以二元混合经济为基础的,政府和市场是两个主体,而非政府组织,市民社会只能是从属于政府和市场的补充,不能作为独立的主体参与公共事务的治理。

其次从其概念上来看,区域行政和区域公共管理中区域具有开放性(各区域之间不是彼此封闭的,而是存在密切的联系)、非均衡性(区域之所以相对独立存在,根源在于区域差异,并集中表现在区域优势上,区域差异引起区域的非均衡性)、经济上的不可分割性(区域市场是全国统一市场的一个组成部分)、权能上的局限性(权力有限,只能在国家宏观政策框架内行事)等特征。而且从区域的外延上来看,区域是以地理共同性、资源或经济结构的相似性组成的经济关系,依据经济的自然联系而构成的经济层次,完全是经济上的区域,未能包括基于社会、文化等因素而联系在一起的区域。此外,区域行政中行政概念就表明行为主体是国家行政系统,突出了政府对区域事务的作用仍然是一种自上而下的管理方式,在概念上排斥了其他主体的参与。

最后从其治理体系和机制方面来看,区域行政完全是以政府治理为主导,市场、非政府组织等有限参与。而区域公共管理虽然提出了治理主体的多中心、多种治理机制等更为有效的机制,与区域治理的特征极为相似，但是，使用管理一词就表明其理论思维的哲学基础仍然是国家单一主体的思维方式，在其理论框架内多中心的主体是无法形成的，多种治理机制只能起到有限的作用。

区域行政和区域公共管理是区域治理的一种初级形态，为我们提供了一种政府管理体制创新思路，对于我们跳出传统的行政区行政的思维框框，探寻新的改革路径是富有启示意义的。

3.4.2 区域治理的诞生

基于以上分析，行政区行政和区域行政都是适应社会经济发展不同阶段的治理形态，它们都具有其合理性和局限性。社会的公共问题在不同的时空背景下必然发生分化和裂变，表现出新的特点乃至是难以琢磨的变化。缘此，顺应这种新鲜的变化，社会公共事务治理的结构、方式等也应发生相应的历史转换。当今社会是变化的社会，一切都在发展变化，变化才是唯一不变的。因此，治理也是根据变化而进行的。伴随着市场化、全球化、区域化、信息化的发展，行政区域内大量社会公共问题向毗邻行政区域的日益"外溢"和渗透延伸，或者说"内部"公共问题出现"区域化"和"无界化"的态势，政府的管理不能涉及所有方面，单一的主体并不能满足区域公共事务日益多样化的要求，必须引入中介组织和社会公众的力量，让它们承担一部分政府的职能，使它们成为管理区域公共事务的主体。西方发达国家已经经历了政府失灵和市场失效，正在寻求第三条道路，在许多领域可以没有政府的统治，但是不能没有治理，公共事务的管理成效愈来愈依靠政府和公民团体之间的相互影响和良性互动，因此国际社会日益重视区域治理。随着我国市场经济的不断完善和政府体制改革的推进以及民主法制建设的发展，社会公众的治理意识和能力必然不断提高。区域治理所要求的社会基础和法律保障也会随之形成。上下互动、多中心、多层次、网络式的区域治理也必然会成为现实。从这个意义上说，区域行政是区域治理的中间形态。

1) 区域治理是当代社会经济发展的产物

从权力配置的角度来看，区域治理可以看成是一种新型的权力分配方式。因此，它属于上层建筑。根据上层建筑与经济基础相互作用的原理，经济基础决定上层建筑，反过来上层建筑又反作用于经济基础。可以说区域经济的发展对区域治理提出了新的要求，催生了区域治理的诞生。长期以来，我国一直以行政区为基本单位来组织经济运行，但是这种方式面临着前所未有的困境。因此我们开始了以建立社会主义市场经济体制为目标的大刀阔斧的改革,开始向以经济区为基础组织经济运行转变。应该说这种转变契合了经济发展的要求,是我们目前阶段应该采取的调整措施。但是,我们也应当看到,以经济区为基础来组织经济运行,按市场规律办事并不能解决所有的问题。

区域治理是与功能区经济相对应的一个概念。功能区经济是一种多元混合经济,政府、市场和市民社会是其主体。功能区是以包括社会、经济、文化等各种功能为基础而存在和发展的。当今世界,各种非政府组织、非市场(非盈利)组织在经济发展中扮演着越来越重要的角色。如绿色和平组织、妇女权益保护组织、各种工会组织等对国际经济社会发展的影响的广度和深度获得了前所未有的增强。在一国国内,各类民间组织(如社区组织、环保组织)的话语力量也越来越强大。这些都充分说明了一个事实,那就是除了政府和市场之外,第三种力量正在兴起,而且其作用正在逐渐增强。因此,必须认真对待第三支力量的兴起,把它融入国家的经济社会生活,使其成为促进社会经济发展的有效力量。

行政力量的作用范围是以行政区界限为界的(行政区),而市场的影响力是以其经济作用范围为界限的(经济区),市民社会的影响力是以其社会关系范围为界限的。这三种力量的作用范围是交叉、重叠的,与政府和市场的作用范围相互影响形成了复杂、动态、模糊的区域边界,因此未来的经济运行不能仅仅根据行政区或者经济区,而必须充分考虑多种力量的作用。区域不仅有经济功能,而且还有社会、文化等方面的功能,经济区经济只是按照区域的一种功能分工而确立的生产方式。在更多的情况下,一个区域其他方面的功能的作用可能更加强大。因此,我们需要建立一种以功能区为基础的社会经济运行方式,根据区域需要承担的功能建立相应的治理体系和方式。

需要明确的是,不论在任何时期、任何条件下,政府都是一个非常重要的角色,都必然是一个主体,因此无论是行政区经济、经济区经济还是功能区经济,都必须建立在行政区的基础之上。任何区域的划分都是在行政区的基础上而进行的,区域功能的实现必须依靠政府权力,充分利用行政区的作用。而且,功能区经济不仅并不排斥经济区经济,经济功能是区域的一个重要功能,经济区只是一种形式的功能区,功能区经济还充分考虑了区域的社会、文化、政治等方面的功能,依据需要承担的功能和需要解决的具体问题的特性而建立相应的权力配置方式和经济机制。

2）区域治理是当代组织变革与发展的产物

传统的科层制机制面对区域公共问题的挑战已经显得力不从心,这意味着韦伯式的科层组织结构和管理体制将让位于不同的、多样化的管理制度和组织形态。

在工业社会早期，整个社会在经济上、政治上、技术上都还比较简单，所以组织在实施社会管理的时候所特有的是简单化取向，即使遇到复杂问题，也会将其化为简单的、可以纳入到技术性的操作系统之中去加以解决的问题。但是，当工业社会走向成熟的时候，简单化取向的组织模式越来越不能适应社会运行的要求。

知识经济的到来不仅改变了各种生产要素的原有地位，而且使各种生产要素得到重新优化组合，提高了物质要素的生产率。知识、技术的不断创新已显著地改变了我们这个社会的组织运作方式。与之相适应，组织结构呈现出扁平化、虚拟化、网络化、弹性化的特征。

网络社会的兴起，快速发展的信息网络，一方面通过现实的社会投影，构成了自己虚拟的"网络社会"，另一方面，通过信息网络的渗透，融合了各种已存在的社会实体网络，使"网络社会"成为现实的社会结构形态。塑造了当代社会开放化、平等化、网络化、多元化的特征。

美国行政学者戴维·奥斯本和特德·盖布勒在其著名的《改革政府：企业精神如何改革着公营部门》中创新性地提出"企业家政府"这一概念并进而将其发展成为一种理论，指出应该用企业家精神来改革或重新塑造政府：①

起催化作用的政府："掌舵"而不是"划桨"。即政府不是提供公共服务（划桨），而应是向各类非政府组织提供催化剂，引导社会前进，政府要积极扶持能发挥掌舵作用的新组织，向它们提供政策，援助资金，进行业绩评估。

社区拥有的政府：授权而不是服务。即政府的行政专家及领导者在管理中不应事必躬亲，而要善于授权，应注重发挥服务对象——公众的主动性，鼓励公众参与管理。

竞争性政府：把竞争机制注入公共服务中去。即政府应通过各种形式引入竞争机制，增强成本意识，提供优质服务，改善行政管理。

分权的政府：从等级制到参与和协作。即政府应仿效企业领导者的做法，将集权式的管理权下放，将政府的层级节制模式变为参与协作性组织，实行参与式管理，建立分权政府。

---

① [美]戴维·奥斯本、[美]特德·盖布勒. 改革政府：企业家精神如何改革着公营部门[M]. 周敦仁，等译. 上海：上海译文出版社，2006：1-233

以市场为导向的政府：通过市场力量来进行变革。即政府工作运行主要依赖市场机制而不是官僚政治机制，政府运用一系列促进市场运行的措施来规范市场，调动社会组织与个人的积极性，注重市场机制和行政机制的有效结合，以市场为依托，提高行政管理效能。

正是由于当代社会组织出现的显著变化，使得区域治理成为适应现代社会组织变革的管理形式，也使区域治理成为突破传统公共行政管理模式，采用科层制、市场机制、合作机制、组织间网络、自组织制等混合机制，建立多中心、弹性化、网络化、开放化的治理体系。

3）区域治理是适应当代社会国家与公民关系的产物

从国与民的关系角度来看，治理就是国家与社会的关系，寻求模式的过程就是探索国家—社会关系的过程，是政府重新定位政府统治与民众作用关系的过程。从国家层面来看，要进行有效的统治必须按照一定的法则进行区域的划分，建立适应国情的国家与社会的关系；从治理的角度来看，治理的成功实施离不开一个繁荣、活跃的社会，必须依靠政府释放出公众组织的自主管理能量。治理要求政府放松对社会的过度管制，逐步授权于民，大力发展社会组织。水能载舟，亦能覆舟，正确处理国家与社会的关系，是关系到一个国家生存与发展的战略问题，探寻处理这一关系的方法正是治理的主要任务。治理模式的选择，归根结底是人类在国家—市场—公民社会三维关系中，寻求不同以往的、更为有效的实现共同利益道路的努力。当今社会，公民对于权力的诉求正在逐渐增强，以公民积极参与和公民自治能力为主导的治理模式已经成为主流，冲击着传统的国家与社会关系。我国积极推行的村民自治、城市社区改革正是顺应这一要求，使权力回归于民，促进公民自主治理的能力的提高。一切权力属于人民，是我党一贯奉行的权力观念，如何构建新型的合理的国家与社会关系是摆在我们面前的重中之重的头等大事。

因此，区域治理鼓励公民的积极参与，政府与市场和社会在平等、信任基础上建立相互依赖与相互合作的关系。它强调参与者之间的互动与相互影响，在不断离散化和分割化的公共政策制定、执行和管理中，通过有效的动力机制、协商与控制手段，来实现目标的协同，采取一致的集体行动。区域治理不仅仅是适应制度变迁的一种制度构建，而且也是一个不断演进、渐进的适应社会发展的制度变迁过程。

4 区域治理的典型案例及经验借鉴

治理理论是在西方发达国家产生和发展起来的,并被广泛应用于区域的发展。在其发展进程中,形成了形式多样的区域治理模式,积累了很多成功的经验。

4.1 区域治理的典型案例

4.1.1 华盛顿特区:统一组织的大都市区治理——区域委员会

华盛顿大都市区包括哥伦比亚特区(核心区)及马里兰州、弗吉尼亚州的15个市县,1957年成立了统一正规的组织——华盛顿大都市区政府委员会(Metropolitan Washington Council of Governments,简称MWCOG)(图4-1),该委员会是一个独立的、非营利联合体,旨在促进区域领导者共同应对交通运输、环境、住房和规划、公共卫生服务、居住安全和公共安全、联合采购等区域性公共事务,其成员包括从22个地方政府、马里兰州和弗吉尼亚州议会、美国国会中选举出的300名官员。

1) MWCOG的治理机制

MWCOG由董事会(COG Board of Directors)、国家首都区交通规划委员会(National Capital Region Transportation Planning Board)和华盛顿大都市区空气质量委员会(Metropolitan Washington Air Quality Committee)组成。董事会是COG的权力机构,负责其整体政策、职能和资金使用。董事会有34名成员,由参与的地方政府任命或者由州议会根据具体事务委派。董事会执行COG的决议,讨论当前和新兴的区域问题,接收该区域面临的问题的简报。董事会每月(除八月和十一月)的周三下午召开会议,并对公众和媒体开放。下设的政策和技术委员会负责董事会的召开、议程的制定和区域面临问题简报制作。董事会下设执行董事1名,负责所有的行政事务,监督政策和规划的制定和执行过程,每月准备报告,将近期重要事件和活动呈送董事会和其他成员。董事会下

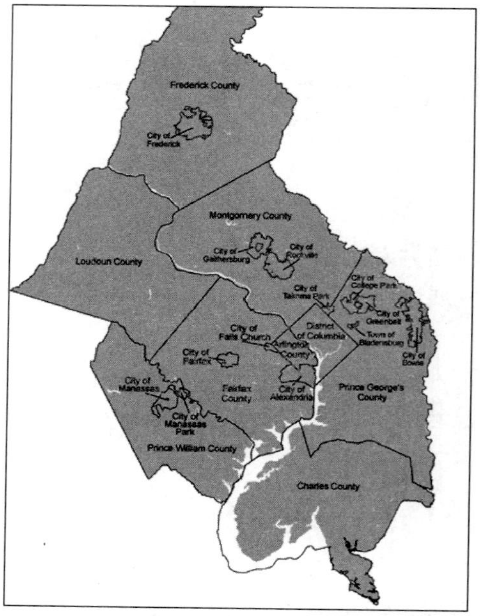

图 4-1　华盛顿大都市区委员会地方政府成员示意图①

还设置主要行政官员委员会,负责具体行政事务(图 4-2)。

国家首都地区交通规划委员会(TPB)是联邦政府为华盛顿地区指定的大都市区规划组织(MPO),交通规划委员会编制规划,以确保联邦政府批准的交通建设资金切实使用到华盛顿地区。其成员包括地方政府的代表,州运输机构的代表,马里兰州和弗吉尼亚州的代表,华盛顿大都市区运输局(Washington Metropolitan Area Transit Authority),以及华盛顿大都市区机场管理局(Metropolitan Washington Airports Authority)和联邦机构的不具有投票权的代表。国家首都地区交通规划委员会(TPB)不直接控制资金的使用,也不负责规划的执行,而是通过以下方式来发挥协调作用,促进交通一体化发展:确保交通规划的执行符合联邦法律和规定,提供一个区域交通政策框架和协调沟通平台,为决策提供技术资源支持。

空气质量委员会主要是协调 MWCOG 成员、区域外的委员会和运输规划局之间的空气质量规划,解决因政策差异而产生的问题。下设执行委员会、技术咨询委员会和空气环境公共咨询委员会。此外还设置了气

① Metropolitan Washington Council of Governments. Regional Map [EB/OL]. http://www.mwcog.org/about/jurisdiction/, 2012-09-06

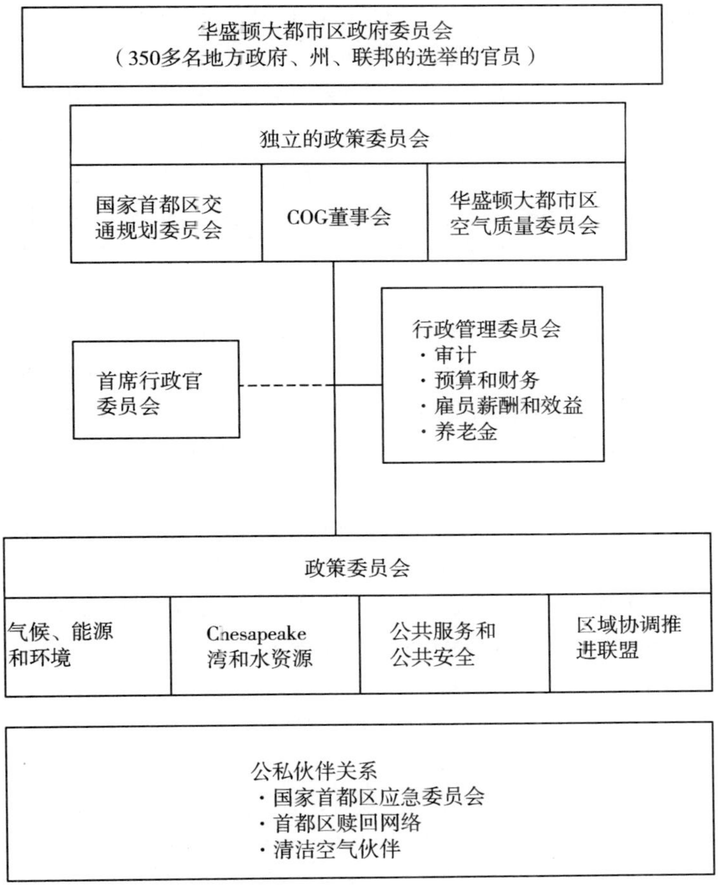

图 4-2 MWCOG 的治理结构①

候、能源和环境，Chesapeake 湾和水资源，公共服务和公共安全，区域协调推进联盟等咨询性质的政策委员会。

2）评价与借鉴

区域委员会是美国在 20 世纪 60 年代中期发展起来的一种大都市区治理的有效机制，现已有 450 多个区域委员会，并有全国区域委员会协会。华盛顿地区的地方政府均可自愿加入 MWCOG，也可以随时退出。

① Metropolitan Washington Council of Governments. 2013 Board Member Handbook [EB/OL]. www.mwcog.org, 2013-09-20

这就保证了各个地方政府成员的自愿性和公平性。其运营资金主要来源于地方政府成员的会费、联邦和州政府的拨款、契约费以及基金会和私营部门的捐赠。MWCOG 对区域公共事务的治理主要通过三种方式实现。

一是在地方政府成员之间分配联邦政府和州政府在跨界公共事务方面的财政拨款。美国联邦法律要求交通、住房、环境保护等方面的拨款必须通过地区性组织来进行分配,那些不属于地区性组织成员的地方政府就没有权利获得财政拨款。这就保证了该委员会的合法性和权威性。① 委员会有联邦政府和州政府拨款的资金分配权,能够有效地协调成员政府之间的行动,切实解决许多区域公共问题。

二是联合采购(cooperative purchasing)。委员会于 1971 年发起联合采购计划,利用联合采购的优势,为地方政府成员以较低的价格批量购买石油、天然气以及其他大宗商品,从而为区域内的地方政府节省了大量行政开支。自实行这一计划以来,该组织每年为区域成员政府节省至少超过 200 万美元的资金。②

三是为地方政府成员提供公共政策研究、信息传播、组织规划等形式的公共服务。MWCOG 在诸如交通、儿童关怀服务等议题方面进行了深入研究,为地方政府处理这些社会问题提供对策建议。组织制定交通、住房、空气质量、公共卫生等方面的区域性规划,为区域内地方政府讨论协商规划、交通、环境等问题提供平台。

华盛顿大都市区政府委员会不是一个政府,自身没有权力,而是一个志愿组织。尽管已经有了 50 多年的发展历程,MWCOG 仍然是一个代表各种分散的政治和经济利益的脆弱政府联盟,为了维持其存在它一直避免处理有争议的问题,而将落脚点放在那些能为成员政府带来真正利益的项目上。③ 在其发挥历程中,有些地方政府曾经暂时退出,有些地方政府也威胁要退出。华盛顿大都市区政府委员会即使尚未消亡,也已经面临分崩离析的危险了。④

尽管 MWCOG 存在着局限性,但是其治理方式仍然具有借鉴意义。京津冀区域治理协调机制的构建既要保证各个地方政府成员的自愿性和

---

① 崔晶. 大都市区跨界公共事务运行模式:府际协作与整合[J]. 改革,2011(7):82-87

② Metropolitan Washington Council of Governments. Overview [EB/OL]. http://www.mwcog.org/purchasing/, 2012-9-6

③ 刘彩虹. 整合与分散——美国大都市区治理体制研究[D]. 上海:复旦大学,2004

④ Jeffery H, Brunori D, Ebert M. Washington D C: Caution and Constrained Cooperation [M] // Savitc H V, Vogel R K. Regional Politics: America in a Post-city Age. Californnia: SAGE, 1996:10-129

公平性，还要保证组织自身的合法性和权威性。一方面需要保证各个地方政府能够自愿加入和退出，另一方面还要获得中央的授权和法律的支撑，对区域公共事务治理专项资金拥有财政分配权和管理权，是一种可以借鉴的方式。

4.1.2 旧金山湾区：横向联合的松散型区域治理——政府联合会

1961年，由各个市和县推选的政府官员代表组成了加利福尼亚州第一届湾区政府联合会(The Association of Bay Area Governments，简称ABAG)。ABAG是旧金山湾区101个城市和9个县的综合规划机构和政府联合会，其宗旨是加强地方政府之间的合作与协调，为了湾区各地方的共同发展与繁荣，提升各地方的可持续发展能力，需要各个地方政府以及其他社会组织的共同努力、合作与协调，有效地处理区域内各地方发展的重大公共问题。ABAG在土地利用、环境保护、能源效率、灾害防治、水资源保护和有害废弃物管理等方面取得了持续重大进展。

1) ABAG的治理机制

联席会议(General Assembly)是ABAG的决策机构，由成员县或市立法机构选举的官员代表组成，负责制定政策、审议年度预算和工作计划、决定ABAG的资源分配、审议执行董事会(Executive Board)的主要政策行动。每个代表均可以提出议案，然后由联席会议决定是否进行讨论或者交由执行局实施。每个成员县市拥有一票的权利，票分别列为县代表票和城市代表票，每一个行动或政策建议都采用多数表决通过的方式(图4-3)。

联席会议下设执行董事会，由38名成员组成，其成员由各县市、市长会议、代表城市的城市联合会任命，代表人数根据各个地区的人口比例确定。执行董事会负责制定执行决策、任命委员会成员、控制支出和提出政策议案，接收、审议其他合作委员会的提议，为常设委员会的成员提供支持。执行董事会是联席会议的运营机构，当联席会议做出决策后，具体事务的执行由执行董事会负责。

ABAG设立了7个常设机构和8个附属机构，并且派出代表参与湾区保护开发委员会、大都市区运输委员会等区域内其他区域组织的会议。

2) ABAG的评价与借鉴

ABAG是一个政府成员组成的非政府组织，由地方政府自愿联合，获得联邦和州政府支持的半官方性质的、松散型的行政组织，是一种城市联合管理体系，而非城市政府结构的联合。ABAG 的区域协调功能主要通过以下几种方式：

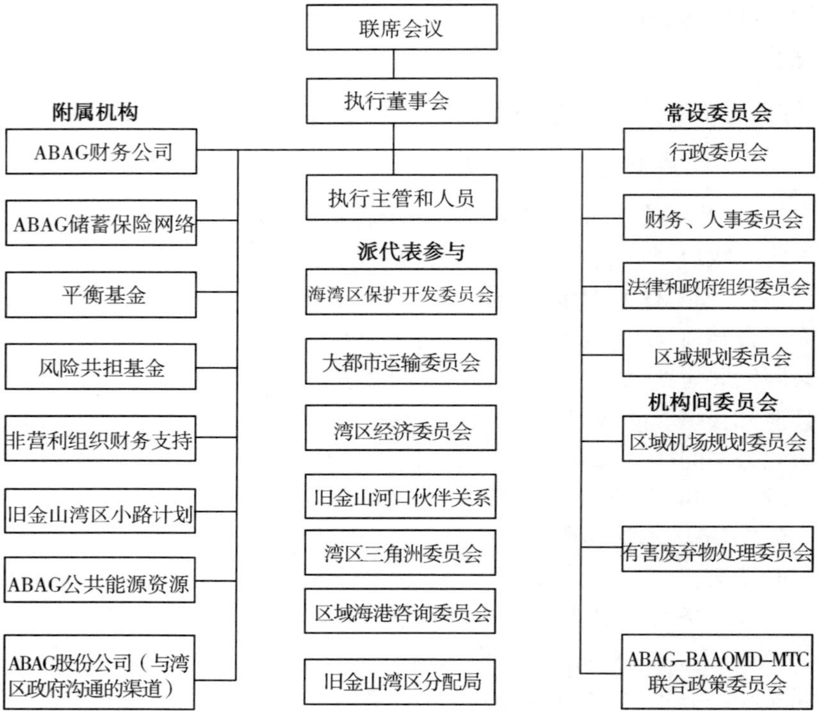

图 4-3　ABAG 的治理结构①

一是自愿、广泛的参与。ABAG 是一个自愿组织，区域内成员均可自愿参加该组织。该组织包括了旧金山湾区 9 个县和 101 个城市，几乎代表了湾区所有的地方政府。同时利益相关者也能够参与决策的制定和执行。如该组织规定，区域规划委员会由 18 名成员组成，除了政府成员和其他组织的代表外，还至少应包括 10 名来自商业、经济发展、环境、住房、工人、少数民族等方面的市民代表。② 正是由于各方自愿、广泛地参与，虽然 ABAG 不是一个政府组织，不具有法律强制性，但是其决策是经过代表大会多数成员和其他利益相关者通过的，因此各地方政府成员能

① Association of Bay Area Governments. Overview [EB/OL]. http://www.abag.ca.gov/overview/overview.pdf, 2013-9-20

② Association of Bay Area Governments. ABAG Roster [EB/OL]. http://www.abag.ca.org/, 2013-9-20

够共同遵守。京津冀区域目前就缺乏一个所有地方政府成员参与的合作组织,虽然天津市和河北省的部分城市参与了环渤海区域合作市长联席会,但是北京市没有参与进来。而且,在决策制定中,只有政府成员的参与,居民、企业和非营利组织等利益相关者没有参与。因此,京津冀区域需要建立一个所有地方政府成员参与的组织平台,吸纳企业、居民和非营利组织等方面的广泛参与。

二是联合规划。规划是 ABAG 的主要职能,成立 50 多年以来,该组织在多个领域制定实施了多个区域性规划。ABAG 一直都在关注如何通过一种有效的途径来促进综合规划的制定和执行,其设置了区域规划委员会、区域基础规划委员会等规划机构。ABAG 制定了土地利用政策框架(Proposed Land Use Policy Framework)、签署了增长管理平台(Platform on Growth Management),起草了亚区土地利用政策清单(Menu of Subregional Land use Policies)。① 为了应对环境挑战,ABAG 还建设了旧金山湾区河口伙伴关系,制订了有害废弃物和绿色商务计划、湾区小路计划、地震和灾害计划,同时还与大都市区运输委员会协作制定了区域的可持续社区战略(Sustainable Communities Strategy)。通过这些计划、规划和战略的制定实施,ABAG 获得了成员政府、州政府及联邦政府的认同,切实发挥了协调区域各方行动、促进区域协调发展的作用。

三是提供大量的公共服务。ABAG 为成员政府提供财务、灾害防治、风险管理、公共能源与资源利用、雇员培训等方面的公共服务。如 ABAG 为区域内的县、市、街区和其他地方政府、医院、私立大学、住房和公共卫生非营利组织等提供低成本的融资技术支持,帮助其制订融资计划,改善财务状况。大量的公共服务成功吸引了政府成员和利益相关者参与到 ABAG 中,为其协调功能的发挥起到了重要作用,也使得该组织得以持续发展。

四是开放式的合作。ABAG 与其他区域组织展开了多方的合作,如派出代表参与湾区保护开发委员会、区域海港咨询委员会、湾区经济委员会等组织的会议(见图 4-3),并且与湾区空气质量管理区、湾区保护开发委员会、大都市运输委员会联合组建了湾区联合政策委员会(JPC)来协调各方的规划行动。与其他区域合作组织的广泛互动,实现了各种区域规划的衔接,有效地推进了区域治理的进程。

---

① 刘丽.旧金山海湾地区大都市区的土地资源管理模式[J].国土资源情报,2007(9):7-10

4.1.3 纽约大都市区：单一功能的松散型区域治理——专门委员会

纽约大都市区由纽约州、新泽西州北部及康涅狄格州南部地区的24个县组成，早在1898年纽约就和它周围的4个县联合组成了大纽约政府，但直到今天，也没有形成统一、具有权威的大都市区政府。跨区域的公共事务的治理主要通过一些不同的协会、委员会来进行，存在着一些有限度的合作。最具影响力的区域合作组织有两个。

1）治理机制

(1）区域规划协会(Regional Plan Association，RPA)

1929年正式成立的区域规划协会是一个独立的、无党派的非营利组织，其目标是通过研究、规划和倡议来提高纽约都市区的经济健康、环境可持续性和生活质量。由于其不是政府组织，因此制定的规划不具有法律效力。但是由于该组织作为第三部门的独立性和专业性，其规划对区域发展产生了重大影响。这种影响主要通过影响政府官员和选民来发挥作用。

RPA主要通过规划来发挥协调功能。首先确保规划的独立性和专业性。RPA的运行资金来源于会员缴纳的会费和支持者的捐赠，成员主要来自于各种规划和发展问题方面的专家，包括交通运输、城市和社区设计、开放空间利用、经济增长、经济发展、住房、废弃物管理和商品流通。这些领域的专家从各自的专业角度出发提出战略性建议，引导独立的研究、规划、倡议和积极的公众参与，通过制定长期的规划和政策引导区域增长。自1920年代以来，该组织制定了三轮有重大影响的区域规划，为了应对未来的挑战，包括气候变化、高度不确定性和衰退的经济机会，目前正在制定第四轮区域规划。其次，通过多元参与的方式汇集了各种利益相关者的利益诉求，就公众关注的公共问题提出针对性的解决方案。每年召开RPA春季会议，来自于政府、企业、公民团体和媒体的专家和领导共同讨论区域面临的重大问题。第三，RPA依托社会公众的力量，推动纽约区域规划成为可实施的公共政策，而企业、社会团体和市民领导的支持成为它坚强的基础。通过规划将不同地区空间、不同类型的组织用共同的规划目标联系起来，设置各负其责、各得其利的规划措施，发挥不同地域空间上各利益相关者的积极性和主动性，包括州、市政府，也包括区域内外的相关联的企业，还包括各种形式的社会组织，以及市民的参与力量，从而推动区域性整合规划的实现。①

---

① 谷海洪．由“第三部门”主导的区域规划的成功范例——纽约大都市区规划[J]．国际城市规划，2007(5)：36-41

(2) 组约新泽西港务局(The Port Authority of New York & New Jersey)

1921年,经美国国会批准,纽约和新泽西州政府联合成立纽约新泽西港务局,所辖的范围是以纽约自由女神像为中心,半径为25英里的区域,分为纽约和新泽西两个港区。港务局于1972年正式定名为"纽约新泽西港务局"。港务局旨在促进和保护港区的商业发展,承担私营企业无法承担的或者每个州政府无法单独实现的港口和区域的改进职能(图4-4)。这些职能包括主要基础设施的开发:两州共享的现代化河港和海港、连接两州的隧道和桥梁以及确保区域经济健康发展的贸易和交通运输计划。经过多年的发展,港务局提高了区域内1 700多万人的生活质量,提供了860万个就业机会,创造了大约9 290亿美元的地区生产总值。

依法设立、依法经营是该组织的一大特点。港务局根据1921年港务局协定及其修正案和补充条款开展工作。港务局的主要机构董事会(Board of Commissioners)由12名成员组成,由两个州的州长各任命6名董事,经州议会批准。董事会成员作为公共官员不受薪,任期为6年。州长有权否决其任命的董事的投票,董事会会议对公众开放。由董事会任命一名常务董事,负责港务局的运作。根据1921年纽约州和新泽西州议会批准的协定,港务局有权规划、开发、运营车站和其他交通设施、经济发展和世界贸易以保护和促进港区的商业。①

董事会的主要权力包括:组成一个具有法人资格的在港区有权购买、建造、出租或经营任何站点或交通设施的政治团体,可以向使用这些设施者收费,还可以为拥有、保持、出租和经营动产或不动产的目的而借款、发行债券或抵押它所拥有或将会拥有的财产(ARTICLE Ⅵ);可以随时为该地区的发展制定规划,当这些规划得到两州的立法机关批准后,便对两州具有如同本协定一样的约束力(ARTICLE Ⅺ);可以随时根据调查和分析向两州的立法机关或合众国国会提出促进纽约港的贸易流通、改进交通设施和使贸易活动更经济有效的建议(ARTICLE Ⅻ);为改进航运和贸易制定不与合众国和两州的宪法冲突的适当的规章制度。制定的该规章制度在得到两州的立法机关赞同或授权后,即对所有有关的个人和公司具有约束力(ARTICLE ⅩⅦ)。②

财务自立是港务局运行的另一大特点。港务局没有州或地方政府税

---

① The Port Authority of NY & NJ. Overview of Facilities and Services [EB/OL]. http://www.panynj.gov/about/facilities-services.html, 2012-9-6

② 周舒生. 纽约新泽西合作启示[J]. 宁波经济(财经视点),2008(4):42-43

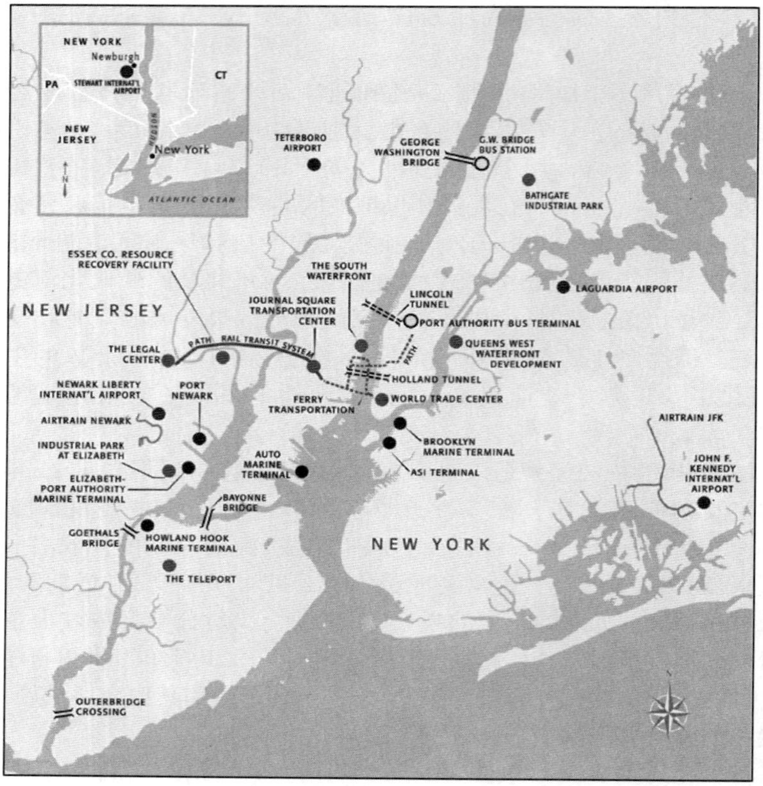

图 4-4　纽约新泽西港务局运营的设施和服务示意图①

收的支持,也没有征税的权力,纽约新泽西港务局负责管理纽约新泽西地区的机场设施,海港和商业设施,隧道、桥梁和车站,跨哈德森河轻轨系统(PATH),世界贸易中心等。其收入来源主要是向设施用户的收费,如桥梁和隧道的通行费、对机场和海港用户的收费、轻轨系统的车票费、办公楼、消费服务及零售商店的租金等。

2）评价与借鉴

除了上述两个组织之外,纽约都市区还有一些针对具体区域性问题的组织,如供水、排水、垃圾处理等,各种专门的协调组织不断产生、变化与消亡。纽约大都市区展现的是一种松散而无统一行政主体、以专门问题性的协调组织运行为主的治理模式。对于京津冀区域的治理,其借鉴意义在于完善法律法规,为区域协调发展创造良好的外部环境,使得区域

---

① The Port Authority of NY & NJ. Overview of Facilities and Services [EB/OL]. http://www.panynj.gov/about/facilities-services.html, 2012-09-06

合作组织及其决议的合法性得到保障，规范区域主体的行为；制定区域性规划，对区域经济、基础设施、社会、环境发展统筹规划；整合区域内港口资源，组建港口发展合作组织，形成港口合理分工合作的机制体制，充分发挥港口的辐射带动作用，推进区域协调发展；鼓励和支持各种领域、各种类型区域合作组织的发展，为其提供必要的支持，充分调动非营利组织的积极性，推动各方积极参与区域合作。

4.1.4 田纳西河流域治理：政府管理、企业式运营的治理——流域管理局

田纳西河流域全长 1 050 km，流域面积 10.5 万 km^2，地跨弗吉尼亚、北卡罗来纳、佐治亚、阿拉巴马、密西西比、田纳西河肯塔基 7 个州。田纳西河流域管理局(Tennessee Valley Authority，简称 TVA)成立于 1933 年 5 月，是大萧条时代罗斯福总统规划专责解决田纳西河谷一切问题的国有公司，整体规划水土保持、粮食生产、水库、发电、交通等。该组织不仅是一个供应商，而且是一个区域经济发展机构，也是迄今为止最大的联邦区域规划机构(图 4-5)。①

1) 治理机制

TVA 的管理由具有政府权力的机构——TVA 董事会(TVA Board of Directors)负责。董事会由 9 人组成，行使一切权力，制定董事会的政策、目标、任务、长期规划以及管理局的政策。其成员由总统提名，经国会通过后任命。董事会下设由 15 人组成的执行委员会，委员会成员分管具体的业务。TVA 的其他机构由董事会根据业务需要自主设置。目前下设 5 个委员会：审计、风险和规则委员会，外部关系委员会，财务、利率和投资委员会，核监察委员会以及人力资源和绩效委员会。同时 TVA 还有一个外部监督机构——监察办公室(TVA Office of Inspector General)。该组织 1985 年由 TVA 董事会创建，后根据 1988 年的联邦监察法案修正案，成为法定机构，向 TVA、国会和其他利益相关者提供独立的、客观的报告，组织办公室认为必要的审计、调查和监督，评估 TVA 的报告，确保 TVA 董事会和国会能够及时发现 TVA 程序和运营中的欺诈、渎职、低效以及其他严重的问题。② 监察长由总统任命，参议院批准。

---

① Ekbladh D. "Mr. TVA": Grass-roots Development, David Lilienthal, and the Rise and Fall of the Tennessee Valley Authority as a Symbol for U. S. Overseas Development [J]. Diplomatic History, 2002, 26(3): 335-374

② Office of the Inspector General. OIG Responsibilities [EB/OL]. http://oig.tva.gov/authority.html, 2012-09-12

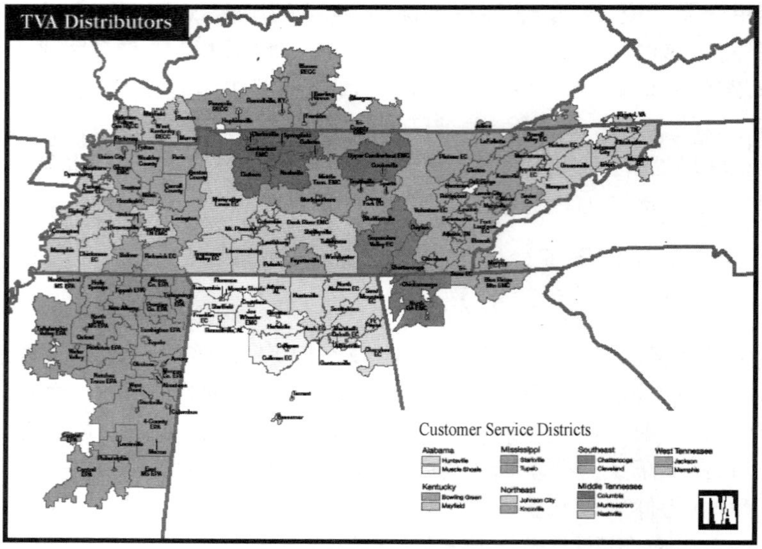

图 4-5　田纳西河流域管理局服务区域①

立法赋权,统一管理。TVA 是根据《田纳西河流域管理局法》设立的,该法案对 TVA 的职能、开发资源的任务和权力作出了明确的规定。赋予 TVA 规划、开发、利用、保护流域内各种自然资源的权力,包括独立行使人事权、土地征用权、项目开发权、流域经济发展及综合治理和管理权、向多领域的投资开发权。正是基于立法赋予的权力,TVA 拥有颁布流域管理行政法规的职能,以及对流域所有水资源统一调度的行政权力。

成立之初,TVA 用了 3 年的时间对田纳西河全流域进行统一规划,制定了流域开发建设的一系列具体方案,为流域的长期发展打下了良好的基础。而在之后的具体建设和执行中,由于本身具有的权力优势,TVA 能够最大限度地调度多方力量,各部门之间也极大限度地加强配合。② 由于权力高度集中,TVA 能够对流域内资源实施统一管理和规划,并确保其顺畅地实施。目前 TVA 在航运、防洪、电力生产、化肥制造、土地利用、水质管理、旅游等方面实现了统一管理。

有效的运行机制。TVA 成立之初,联邦政府提供无偿拨款,1959 年为发电计划提供的拨款终止,1961 年以后经营项目的拨款要求限额偿

① Tennessee Valley Authority. TVA Distributors Map [EB/OL]. http://www.tva.gov, 2012-09-12

② 谢世清. 美国田纳西河流域开发与管理及其经验[J]. 亚太经济,2013(2):68-72

还,1999 年取消了对环境治理和经济开发活动的拨款。另外,根据联邦税收法,作为联邦机构,可享受免税待遇,以后改为低税征收。政府的扶持政策对 TVA 早期的发展起到了很大的作用。① 自 2000 年开始,TVA 实现了财务自立。其运营资金来源主要依靠电力的生产供应。它运营着 11 座火电厂、3 个核电厂、29 个水电厂,是美国最大的公共电力公司,为 900 万人提供了廉价电力。2011 年,TVA 的电力销售达到 117 亿美元。依靠电力项目的赢利,TVA 为区域的流域管理、环境保护、经济发展提供财务支持。TVA 切实成为了"既享有政府部门的权力,又具有私人企业的灵活性和主动性的机构"。

2) 评价与借鉴

这种"政企合一"的运行模式在流域治理方面有效地发挥了作用。但是"政企合一"的体制与现代管理分权、协商、参与的发展趋势不相符合,而且与我国体制改革的方向也不相符。尽管如此,田纳西河流域管理局的经验对京津冀区域治理仍有重要的借鉴意义。如立法保障,为区域合作组织发挥作用创造条件;设置专门的机构,实行统一的流域资源管理;采用市场化运作的模式,充分发挥政府与市场的作用,共同推进区域公共事务的治理。

4.1.5 波特兰大都市区:集中型的政府治理——都市区政府

波特兰大都市区包括波特兰市和克拉卡玛斯县、马特落马县、华盛顿县及区域内的 25 个城市,人口约 140 万,面积约 25 万英亩。波特兰大都市区政府通过协调企业、政府和社区领导者共同讨论问题,平衡地方政府目标,形成合作氛围来建设一个持续、健康的未来。

1) 治理机制

1925 年,俄勒冈州建立了区域规划委员会来研究波特兰地区的地方政府问题。1944 年俄勒冈城市联盟(the League of Oregon Cities)建议立法建立都市区或区域规划行政区以及大都市区或区域规划委员会。1957 年通过地方协议组建了大都市区规划委员会(MPC)接收和使用联邦基金进行区域规划,1959 年根据联邦政府的要求组建了波特兰—温哥华大都市区交通运输研究会,负责波特兰都市区高速公路规划。这一组织联合了 3 个县、波特兰市、十几个城市以及波特兰港和 MPC 采取协调

① 谈国梁,万军.美国田纳西河的流域管理[J].中国水利,2002(10):157-159

行动。在此基础上于1967年组建了新的哥伦比亚区域政府联合会(CRAG)。1970年5月,波特兰地区举行了公民投票,建立了大都市服务区(The Metropolitan Service District,简称MSD)。MSD共7名成员,均由地方选派,1名来自波特兰,3名成员来自3个县,另外3名成员来自于其他3个城市。[①] 1978年通过投票重组了MSD,"建立一个由选举产生的、透明的、负责任的,对选民负责、能够与地方政府密切合作的区域性政府;一个把为我们自己及子孙后代保持生活质量与环境作为己任、进行服务、规划和决策的政府;一个以有效而经济的方式提供选民需要和期望的区域性服务的政府",[②]波特兰大都市区也于1979年1月1日正式运行。

大都市区议会(Metro Council)是波特兰大都市区政府的管理机构,其成员由选民直接投票选举产生,包括1名由全区选民选举的主席和6名由每个选区选举出的议员。大都市区议会领导区域发展,关注于跨地方边界和需要协调的问题。议会监督区域计划的执行,制定长期规划和年度预算以及收费、收入政策。[③]

审计办公室(Office of the Auditor)是独立运营的机构,是公众和都市区政府联系的渠道。确保都市区政府对公众负责、都市区政府的行动透明、改善都市区政府服务和行动的效率和质量。负责人通过选举产生,成员来自公共政策和管理、公共财务、绩效测量、城市问题和规划等不同背景的专家。

都市区咨询委员会(Metro Advisory Committees)由邻里城市市长、企业家和审计人员组成。包括都市区展览和再造委员会、政策咨询委员会、技术咨询委员会、交通运输联合咨询委员会、都市区固体废弃物咨询委员会、公平战略咨询委员会等。这些委员会向都市区议会提供各种建议和咨询服务,并对都市区议会的行动和决策进行监督。

2)评价与借鉴

与其他区域合作组织不同的是,波特兰大都市区是一个政府组织,通过民选的方式组成。该组织经选民投票通过有权征收财产税、销售所得税。而且该组织是通过渐进式的改革逐步发展起来的,其权限和义务非常明确。波特兰都市区是一个准大都市区政府,地方政府保留独立的地

---

① Abbott C. A History of Metro [EB/OL]. http://www.oregonmetro.gov, 2012-9-10

② The Metro Charter Committee. Full Text of the Metro Charter [EB/OL]. http://www.oregonmetro.gov/index.cfm/go/by.web/id=629, 2012-09-10

③ The Metro Council. Metro Council [EB/OL]. http://www.oregonmetro.gov/index.cfm/go/by.web/id=28, 2012-09-10

位，只是部分权限的让渡。大都市区有权制定指导区域发展的纲要，有权要求市县更改其政策，以确保地方政府规划与整个区域规划保持一致。正是基于有限明确的权力，使得该组织能够成为地方政府之间的中介和协调者。大都市区更像是“一个保护伞，在它的下面，各种政策和相关职能被执行，但是通常意义上的所有服务由地方或区域单一目的的政府提供。民选的大都市区议会无权控制地方政府的行为；它的主要权限……是协调规划。”①

在研究京津冀区域合作的论述中，有部分学者、官员提出京津合并组建大都市区政府的方式。然而我国行政管理体制改革的方向是扁平化政府，减少政府层级。因此组建一级政府管理大都市区，与我国行政管理体制改革的方向不符。但是，组建一个协调平台，通过授权该组织一定的权力，各地方政府保持独立，通过协调平台解决区域公共问题，实施区域规划；通过渐进式分阶段、有步骤地推进京津冀区域合作，这些思想和方法对京津冀区域治理有着重要的借鉴意义。

4.2 区域治理案例的启示

4.2.1 不存在“没有政府的治理”的区域治理模式

20 世纪 90 年代以来，治理和善治理论成为西方学术界最有影响力的分析框架之一，治理成为“时髦用语”。全球治理、国家治理、地方治理、公司治理等各种语境下的运用层出不穷，“没有政府的治理”也成为一些学者和政客鼓吹的灵丹妙药。但是，治理理论是作为一种弥补政府和市场机制缺陷的“第三条道路”而产生和发展起来的。“治理是指一系列来自政府，但又不限于政府的社会公共机构和行为者的复杂体系……治理意味着，办好事情的能力并不限于政府的权力、政府的发号施令或运用权威。在公共事务的管理中，还存在着其他的管理方法和技术，政府有责任使用这些新的方法和技术来更好地对公共事务进行控制和引导。”②也就是说，从其根源来看，治理就不排斥政府和市场，更不能取代政府和市场。

---

① Nelson C A. Portland: The Metropolitan Umbrella[M]//Savitch H V, Vogel K R. Regional Politics: America in a Post-city Age [M]. California: Sage Fublication Inc. 1996:266-267

② Stoker G. Governance as Theory: Five Propositions [J]. International Social Science Journal, 1998, 50(155):17-28

综观各种区域治理模式,没有一种治理模式能够脱离政府和市场而单独发生作用。从前述案例中,也可以看出,即使在自由主义盛行的美国,也没有“没有政府的治理”的治理模式。华盛顿大都市区政府委员会(MWCOG)和旧金山湾区政府联合会(ABAG)都是一种政府主导的政府间合作治理模式,田纳西河流域管理局是美国联邦政府设立的,纽约新泽西港务局是纽约州和新泽西州政府通过协定组建的。即使是纽约大都市区规划协会,作为独立的非政府组织,也是通过规划推动都市区政府之间的合作。

因此,政府是区域治理最重要的参与者和推动者。区域治理的推进必须依靠政府的力量,必须有政府的参与。构建京津冀区域治理机制,首要的任务就是要协调三地政府的关系,推进三地政府的合作。而且,在区域治理机制中,政府居于主导地位,推进区域治理的重任要落在地方政府的肩膀上。政府在治理中的任务就是构建(解构)与协调、施加影响和规定取向、整合和管理。[①] 当然,这也并不意味着政府能解决所有的问题,单纯的政府治理模式也面临着困境,需要企业和社会力量的参与,共同推进区域的发展。

4.2.2 不存在唯一正确的区域治理模式

治理协调的特点是没有一个固定的、唯一正确的协调模式。市场协调是通过看不见的手进行,而政府协调则是通过一个权威中心的垂直系统进行。治理协调机制就是包括这两种模式以及在这两种模式之间的各种协调方式的总和。区域治理研究“不应去寻求一种唯一正确的组织模式,而应该关注各种可能的治理模式以及治理如何通过地方公共经济机构来和绩效发生关系”。[②] 每个区域存在特殊的空间条件和问题,因而需要独特的解决方式。我国地域辽阔,民族众多,各地自然条件差异很大,经济发展水平各不相同,出现的区域问题多种多样,这就要求我们要根据不同区域发展的实际情况因时因地选择合适的区域治理模式。

在前述案例中,既有紧密型的统一组织的区域治理(华盛顿大都市区政府委员会),也有松散型的单一功能的区域治理(纽约大都市区);既有政府联合会形式的治理(ABAG),也有区域委员会形式的治理(纽约大都

---

① Kooiman J. Governance and management[M]//Eliassen K, Kooiman J. Managing Public Organisations. 2nd ed. London: SAGE, 1993:66

② Orfield M. Metropolitics: A Regional Agenda for Community and Stability [M]. Washington: Brookings Institution Press, 1997:84-87

市区),还有政企合一的官方性质的治理(TVA)。这些不同的方式仅仅是世界范围内各种治理模式的一小部分。大都市区治理模式主要存在单中心体制论、多中心体制论和大都市区域主义三种观点,并且处于不断争论之中。MWCOG和TVA主要体现了单中心体制论的观点,ABAG则更多地体现了多中心的观点,而纽约大都市区的治理实践则是大都市区区域主义的体现。在这些争论中又形成了一些共同的观点:一是由于国家及城市政治因素的影响,不同的大都市区应采取不同的治理模式;二是在经济全球化和区域化背景下,大都市区面临的主要矛盾就是新的竞争需求和政府能力的不相匹配,进行大都市区的政府或权力重组和能力再造,建立区域化的协调机制是解决问题的关键;三是要想使大都市区的政府结构符合现实的能力要求,就应考虑采取可选择的多种改造模式,主要包括对新的郊区采取兼并、直接合并那些小规模市政机构、产生双层次的区域政府结构来提供集体服务;四是治理作为一种可认识的概念,它是存在于正规的行政当局和政府机构内部和外部权力的总称,包括政府、私营部门和市民社会。这些关系又分解为正式的和非正式的结构和规则等诸多方面。①

因此,区域治理的模式应该是因地制宜、因事制宜而灵活采用多种形式,或者多种形式的组合。我们在借鉴发达国家的经验,推进京津冀区域治理改革的时候,既不能仅仅是建立单中心的协调机制,也不能仅仅强调府际合作、网络化的多元治理机制,而是应该运用区域治理的原理和思维,构建适合区域实际情况的治理机制,综合运用各种治理模式。不同的治理模式如同一堆零部件,其尺寸、规格、性能可能千差万别,需要根据具体的任务和目标进行区别性组合,搭建适宜、有效的治理结构,而不是追求唯一正确的治理模式。

4.2.3 区域治理是权力资源的再配置

权力配置是指一个权力系统中的各权力主体之间如何分配和如何行使权力。治理理论认为社会事务中存在着多种权力主体,治理就从传统的政府和市场二维权力配置模式转向政府、市场和社会三维模式。

1) 权力资源在空间上的横向与纵向再配置

区域治理的变革过程,其实也是一个不断分权化的权力结构和权力

---

① McCarney P L. Reviving Local Government: The Neglected Tier in Development[M]// McCarney P. The Changing Nature of Local Governments in Developing Countries. Toronto: Centre for Urban and Community Studies, 1996:3-32

关系重新调整与塑造的过程，表现为在各级政府之间和政府部门之间围绕政治与决策权、事权与财权分配而进行的权力、责任转移过程，也表现为不同层级政府部门将相关权力、责任向市场与公民社会转移的过程。① 从各国区域治理的实践看，区域治理首先是在不同范围的空间尺度进行权力的配置，在区域内部各个地方政府之间进行配置，将碎片化的权力整合为区域空间的权力。从单个地方政府行使权力，转向依靠所有的成员政府共同行使权力。其本质是中央政府、地方政府各自让渡部分权力，将这些权力赋予区域协调组织。如美国联邦政府将区域交通规划的权力让渡给区域合作组织，交由这些组织分配基金。华盛顿都市区政府委员会承接了这一权力。此外湾区政府联合会(ABAG)、波特兰大都市区、田纳西河流域管理局等组织都承担了原来由地方政府执行的区域规划的权力，这些权力的横向再配置形成了多种形式的区域治理。其次，重新界定和划分不同层级的政府之间的权力，在纵向系统中重新配置。在我国地方治理中的权力配置，不仅仅是政府向市场和社会放权，更重要的是各层级政府之间权力的合理划分问题。② 自改革开放以来，各级政府间权力的配置调整就始终伴随着我国市场化改革的整个进程。因此，在京津冀区域治理的实践中，首先要构建三地政府间横向的权力配置体系，实现分权的逐步规范化和制度化。其次还要从纵向上构建不同层级政府间权力的配置模式，创新机制体制，协调调动地方政府共同参与区域治理，推进区域协调发展。

2）权力资源在主体间的网络化再配置

从国外区域治理的实践来看，向市场和社会分权是普遍采用的方式。各种区域治理模式都是采取不同的方式向市场和社会分权。尤其是向以各类非政府组织为代表的社会分权。发达国家的市场经济较为完善，市场已经成为权力配置的一极主体。其非政府组织发育较为完善，各类组织在区域经济社会发展中分担、承接了政府和市场无法提供或高效提供的服务，承接了政府和市场的部分权力，共同形成了区域治理的三维主体。如纽约都市区规划协会承接了通常由政府制定规划的权力。因此，权力配置就呈现出了政府的垂直系统、市场横向系统以及政府、市场和社会的网络化配置的格局。区域内部结构也不仅仅是垂直和平行的结构，而是一种网络结构，这种复杂的区域网络结构要求区域治理的结构也不能是单一的垂直结构，必须构建网络式的治理结构。在我国区域治理的过程中，向市场和社会分权，进行权力的再配置也将是体制改革的重点。为此，一方面要合理界定政

---

① Bennett R J. Decentralization, Intergovernmental Relations and Markets: Towards a Post-welfare Agenda? [M]. Clarendon: Clarendon Press, 1990:1

② 马斌. 政府间关系：权力配置与地方治理[M]. 杭州：浙江大学出版社，2009:51

府与市场的边界,规范政府职能,完善市场体系,充分发挥市场在资源配置中的基础性作用。另一方面,还要鼓励和培育非政府组织向社会分权,逐步形成政府、市场和社会良性互动的网络化体系。

4.2.4 区域治理是多种力量的平衡

区域是政府、企业、社会公众和居民共同的生产、生活空间,因此这些主体都是区域治理的利益相关者。区域治理突破了传统行政的政府一元主体思维,涉及多元主体的参与和投入。它集合了政府、市场和社会的力量,从而形成了复杂、多样的制度体系。各种利益群体的利益相互交织,或一致或冲突,或联合或对立,形成了复杂的利益结构网,也产生了不同的区域治理模式。

从发达国家的治理实践来看,区域治理不仅是中央政府、地方政府以及各层级政府之间的利益平衡,而且也是政府与市场力量之间的平衡,还包括政府与社会公众、市场与社会公众之间的利益博弈。区域治理的推进是政府、企业和社会公众等各种力量博弈的结果。华盛顿大都市区政府委员会(MWCOG)在协调地方政府进行统一规划方面发挥了作用;旧金山湾区政府联合会(ABAG)则建立了更为庞大复杂的协调体系,整合了区内 9 个县和 101 个市;波特兰大都市区不直接控制地方政府,主要通过协调规划、交通、垃圾处理和公园管理来平衡地方政府利益。除了协调地方政府行动之外,这些组织都充分重视企业和社会公众的参与,与企业和各类社会组织展开对话、交流与合作。ABAG 吸纳了企业代表、社区代表和各类群体代表参与决策的制定和执行,并且派出代表参与其他区域组织的会议,与其他组织建立联合政策委员会;波特兰大都市区则通过建立各类委员会来集合专家、居民等当面的意见和建议。田纳西河流域管理局(TVA)则设立了由电力企业代表,防洪、航运、旅游和环境等利益相关方和社区代表组成的"地区资源理事会",向其提供咨询建议。而且,这些组织在决策制定中都遵循透明原则,对公众和媒体开放,以确保能综合平衡各方面的利益,实现组织目标。

区域公共事务的治理必须充分考虑各种利益相关者的利益,使得所有的利益主体都参与到区域治理中。因此,区域治理应当建立一个中立、客观的组织,给所有的利益相关者提供一个解决区域公共问题的协商平台,关注于投入和参与的过程,并制定和遵守战略规划。[①] 由于利益主体的多元化,利益追求存在着分化,政策过程的权力处于明显的分割化状态,政策的制

---

① Hamilton D K. Regimes and Regional Governance: The Case of Chicago [J]. Journal of Urban Affairs, 2002, 24(4):403-423

定、选择和执行充满了多元治理主体之间反复博弈、寻求合作、维持信任等互动行为。因此，在京津冀区域治理的推进过程中，要充分尊重各种利益群体的利益诉求，吸纳企业和社会公众的参与和投入，确保各方都能发出自己的声音，综合平衡各方利益，区域治理才能得以顺利推进。

4.2.5 区域治理是一个持续调整的互动过程

区域治理是治理主体协调行动，共同应对区域公共事务的过程。区域治理模式的选择与政治制度、经济体制、社会发展状况以及城市发展阶段密切相关。这些外在的环境因素相互依存、相互影响，处于不断的变化之中。区域治理要面对的区域公共事务也随着经济社会发展阶段的不同而表现出复杂多变的特征。因此，区域治理的推进也要因时而异、因事制宜，通过持续不断的调整以应对各种变化。

发达国家的区域治理也处在不断的调整中，纽约大都市区应对各种区域事务的组织不断地消亡、产生；波特兰大都市区也从都市区规划委员会，历经哥伦比亚区域政府联合会、大都市服务区，发展到都市区议会。只有通过持续不断的调整才能应对纷繁复杂的经济社会变化。

从区域治理的各种模式来看，平等和公平是各类组织普遍遵守的价值观和准则，自愿参与、和平协商成为通行的做法。与政府管理和市场调节不同的是，治理中的权力运行更多的是横向联系。这就意味着在区域治理运行机制中，不仅仅通过行政命令发挥作用，更多的是要依靠利益主体之间的谈判、平等协商机制发挥作用。区域治理组织从事的协调、沟通、斡旋、谈判和冲突控制等管理活动，对于治理的良性运行就变得十分重要。在政策制定中，不仅需要税收、契约等工具，也需要谈判、中介、志愿、监督等协商和对话过程，来推动工具的应用，所有的公民和利益相关者都有权力发出自己的声音。①

总之，区域治理不是一成不变的固定模式，没有一个最优的理论能够解决现实中的所有问题。任何理论都是在现实中不断发展变化的，针对现实中出现的新问题，人们发展出相应的解决之道，发展出相应的制度和规则，需要根据情况的变化适时调整。要改变传统的自上而下的协调方式，更多地依靠平等协商调整利益冲突。

---

① Bingham L B. The New Urban Governance: Processes for Engaging Citizens and Stakeholders[J]. Review of Policy Research, 2006, 23(4):815-826

5 京津冀区域治理的目标、原则与思路

构建区域治理协调机制是为了实现区域的协调发展。当前,我国区域发展已经进入一个新的历史时期。面对全球经济一体化的持续推进,区域一体化也已成为不可阻挡的历史潮流。同时,我国正处于改革和发展的攻坚阶段,区域的协调发展成为转型时期必须要面对的重大战略问题。

5.1 区域协调发展的目标

对于区域协调发展内涵的理解,有狭义和广义之分。"狭义"的区域协调发展主要是指区域发展的差距问题,主要是从平衡发展和空间均衡的角度来理解区域协调发展。在科学发展观视角下,区域协调发展的内涵和外延不断深化,其目标也呈现出多元化的趋势。"广义"的理解,认为区域协调发展是一个综合性概念,其目标主要包括经济协调、社会协调和环境协调三个方面。

5.1.1 经济协调

区域经济协调发展就是区域之间在经济交往上日趋密切、相互依赖日益加深、发展上关联互动,从而达到各区域的经济持续发展的过程。区域经济协调的目标主要包括以下三个方面。

1) 产业协调

新区域主义认为区域是一个开放的整体,区域经济的发展要从区域整体来考察。区域内各地区的产业基础、产业结构、产业优势不尽相同,必须从区域整体上整合区域产业,形成各地区产业结构特色明显、区域分工趋于合理、优势互补、错位发展的格局。产业协调的重点是要避免产业同构、重复建设而引发的无序竞争,使得区域内产业形成良性互动的整体,构筑区域产业竞争优势。因此,产业协调的主要内容是科学合理地安排区域产业布局,调整优化区域产业结构,充分发挥各地区的比较优势,建立开放型经济体系,实现区域产业的协调发展。

2）市场协调

统一开放、竞争有序的市场体系是区域经济持续快速发展的基础，区域经济的协调必然要求一个有序竞争、统一开放的市场体系。但是，现阶段在我国由于行政区划对区域经济的刚性约束，各地区的市场分割、市场封锁使得生产要素、资源难以自由流动，阻碍了区域经济的协调发展，妨碍了经济一体化的进程。因此，打破行政区划对市场的分割与封锁，建立统一开放、有序竞争的市场体系，使市场在资源配置中起决定性作用，清除市场壁垒，提高资源配置的效率和公平性，实现商品和要素的自由流动，就成为区域经济协调的重要目标。

3）空间协调

区域经济的发展离不开其存在的物质空间，由于区域资源禀赋、区位条件、经济基础等方面的空间差异，因此区域经济发展必然存在着空间分异，这是区域经济发展的客观规律。区域经济发展要实现空间上的协调发展，并不是意味着区域要实现均衡的发展。首先要承认区域经济空间分异的客观规律，实现区域的非均衡的发展。另一方面，区域经济发展也不能放任空间分异的无限发展，空间协调就是要缩小区域间经济发展水平的差距，人均地区生产总值差距保持在合适的范围内，实现城乡一体化的发展。因此，区域经济发展的空间协调的目标就是要实现区域的非均衡协调发展，实现区域空间开发的有序化。

5.1.2 社会协调

经济发展的根本目的是不断提高居民的生活质量。生活质量的提高需要经济发展的支撑，从而不断提高居民的收入水平，同时还有赖于教育、卫生、社会保障、基础设施等公共服务的有效供给。由于不同地区发展条件的差异，不可能实现齐头并进的经济发展，各地区的经济发展水平必然存在差异。在现行体制下，各地区的公共服务水平不可避免地存在较大差异。经济发展应当使各地区居民享受大体均等的基本公共服务的权力得到保障。因此，基本公共服务大体趋于均等，不同地区人民都能享受大体相当的义务教育、公共卫生和基本医疗、社会保障和公共文化等方面的服务，地区间基本公共服务差距逐步缩小，以促进社会公平正义、增进人民福祉为出发点和落脚点，加快形成科学有效的社会治理体制就成为区域社会协调发展的核心内容。

5.1.3 环境协调

区域协调发展应该建立在可持续发展的基础上，经济发展不能以牺性生态环境为代价。区域协调发展的目标理应使区域可持续发展能力全面增强,区域生态环境质量明显改善,生态文明建设取得显著成效,人与自然和谐相处的良好局面逐步形成。由于生态环境的系统性,一个地区由于经济发展对生态环境的破坏很可能对整个区域的生态环境造成巨大影响。因此,在区域发展中要实行生态环境保护优先,实施可持续发展,促进人与自然的和谐共生。同时由于各地区都有发展经济的权利,其发展权必须得到尊重。因此必须推进地区之间的生态环境合作,健全区域国土空间开发、资源节约利用、生态环境保护的体制机制,建立健全区域生态补偿机制,构建统一的生态廊道和生态网络体系,推动形成人与自然和谐发展现代化区域新格局。

5.2 区域治理协调机制的设计原则

5.2.1 因地制宜、因事制宜原则

区域治理是根植于西方发达国家的土壤而发展起来的,由于我国目前特殊的国情,照搬西方国家的区域治理体系与机制显然是行不通的。区域治理的理论与原则必须与中国的实践相结合,根据我国特殊的政治、文化、社会背景进行相应的调整。同时我国地域辽阔,民族众多,各地自然条件差异很大,经济发展水平各不相同,出现的区域问题多种多样。因此区域治理协调机制的设计也必须根据各地区不同的现实情况,因地制宜,进行不同的机制设计。另一方面,区域治理要解决各种纷繁复杂的现实问题,面对的客体即区域治理要解决的具体事务也存在差异,因此不存在一个统一的、普遍适用的治理机制。区域治理协调机制的设计也应根据面对的实际问题,因事制宜,进行相应的协调机制设计。

5.2.2 广泛参与原则

区域发展涉及众多的利益群体,不同的利益群体有着不同的利益诉求。区域治理协调机制的设计应充分考虑不同利益主体的利益诉求,确保所有的利益相关者都能参与到公共事务的决策中。统筹区域发展是各级政府的责任,政府在区域治理中起着至关重要的作用,区域治理协调机制的设计必须有政府的推动与参与。除了政府之外,企业、居民和其他利益相关者如非政府组织(NGO)也是重要的主体。只有广泛地参与,才能调动各方的积极性,充分协调各方的利益,减少区域合作中的阻力。在区

域治理中，广泛的参与是区域治理能否顺利推进的重要保证。

5.2.3 效率与公平兼顾原则

区域治理协调机制必须平衡效率与公平的关系。区域协调发展的根本目的是为了实现区域的发展，区域发展客观上尤其要求效率，市场机制在区域资源配置中的决定性作用不可动摇。治理协调机制的设计必须发挥市场机制的决定性作用，实现资源的高效率配置。但是市场机制自身的发展必然导致区域差距的扩大，仅仅依靠市场机制无法自动消除差距。因此，就需要创新机制，实现各地区的共同发展。协调是区域协调发展的最重要的手段，为此需要各利益群体的广泛参与。各地区都享有发展的权利，其发展权利应该得到尊重。合理的协调机制应该确保各地区都能平等地参与到区域公共事务的治理中，各地区都有平等的参与权与决策权。区域发展要使各利益群体都能从发展中受益，因此各利益主体都应该能利益共享，受到损失的利益群体应该能够得到相应的补偿。效率原则主要体现在发挥市场机制的决定性作用，公平原则主要体现在平等协商和利益共享。

5.2.4 可操作性原则

协调机制必须具有可操作性才能确保其作用的发挥。区域治理协调机制的设计并不是空中楼阁，而是植根于现实的土壤。因此，协调机制还应充分考虑与现有政策工具的衔接。通常法律法规、税收、转移支付、收入分配、金融、产业管制、土地管制等都是可以操作的工具，因而在机制设计过程中应尽可能与现有的政策工具衔接。但在新形势下，机制创新对政策工具提出了更高的要求。这就要求我们在机制设计时，要系统地考虑协调机制的可操作性。

区域治理是一项复杂的系统工程，需要区域各利益主体共同参与，协调行动。因此，需要构建一个有效的运行体系来协调各方的行动。

5.3 京津冀区域治理推进的框架思路

区域治理首先需要地方政府的积极行动。当前，京津冀区域地方政府之间的合作还停留在双边合作的初级阶段，地方政府尤其是北京市参与的积极性并不高。为此，首先要解决政府参与的动力。

5.3.1　区域治理的动力和基础

在京津冀区域，北京市拥有技术人才优势，天津市拥有强大的工业实力，河北省拥有良好的产业基础和广阔的发展空间。三地地缘相近、文化相连、产业互补，有着良好的合作基础。但是，长期以来虽然各方都充分认识到合作的必要性，取得了很多共识，但是区域治理一直停留在高层行政首长双边互访和一些松散的协商机制上，其中一个主要原因就是缺乏合作的动力。对于京津而言，只需要河北的水资源供给和保障良好的生态环境，其他方面需求不多。从表 5-1 中可以看出，三地之间的利益诉求存在着很大的差异，这种利益诉求的差异导致了区域治理难以推进。

表 5-1　京津冀内部各地方对区域规划主要内容的关切程度①

地区	产业分工	市场体系一体化建设	城镇体系布局	交通基础设施	生态环境保护	资源开发利用	人才、科技创新	区域协调机制
北京市	＋＋	＋	＋	＋	＋＋＋	＋＋	＋＋＋	＋＋
天津市	＋＋	＋＋＋	＋	＋＋	＋	＋＋	＋＋	＋＋＋
河北省	＋＋＋	＋＋	－＋＋	＋＋＋	＋＋	＋＋－	＋	＋＋＋

注：＋＋＋强烈；＋＋比较强烈；＋一般

地方政府参与合作的内在动力不足，也就难以产生积极的行为。因此，自主性的协调也就只能停留在松散的初级阶段。为此需要有强大的外部动力来推动地方政府的合作。这就需要中央政府自上而下的推动，由国务院组建京津冀区域发展领导小组办公室，通过行政力量协调三个地方政府，推动京津冀三方展开合作行动。

此外，企业和社会公众有着强烈的参与愿望，但是缺乏参与的渠道。因此需要建立一个能够吸纳这些利益相关方参与的协调机制，给他们提供参与区域治理的平台，充分发挥企业和社会在区域治理中的积极作用。

5.3.2　建立区域治理协调机制

区域利益主体有合作的基础和动力，还需要建立一个良好的区域交流、沟通和协调机制来综合平衡各方的利益，促使各方采取一致行动。首

① 樊杰. 京津冀都市圈区域综合规划研究[M]. 北京：科学出版社，2008：19

先需要搭建一个各方参与的平台，区域合作必须要有跨行政区的制度性的组织协调机构，[①]为了有效解决跨区域合作过程中资源流动和利益协调问题，往往需要一个有效的协调机构。通过中央政府自上而下的推动，由京津冀地区的各省、市、县政府自愿组成，充分保证各个参与主体的公平权益，建立京津冀区域政府联合会，通过这个平台来协调三地政府的行动。同时还要搭建产业合作、规划协作、生态环境保护、学术交流等协调平台，吸纳企业、学术界和社会力量的参与，形成政府、企业和社会共同参与的多领域、多层次的协作平台。

组织平台的有效运行需要良好的运行机制保障，平台建立以后，就需要建立相应的协调机制。近年来，京津冀高层领导虽进行了双边互访和多边协商，但一直未能建立起一套正式的高层协调机制，未能就区域内的产业结构调整、基础设施建设及生态环境治理等战略性合作问题进行深入磋商并达成共识，未能在寻求有关各方利益结合点及合作切入点上取得重大突破。因此应创新机制、体制，构建新型、务实、有效的协调机制，确保各利益群体都能参与到区域治理之中，针对日益复杂的区域公共事务，形成多层次、多领域、多形式的区域治理模式。创新运用市场机制、行政机制、空间机制、扶持机制、共享机制、合作机制、补偿机制等利益协调机制，为京津冀区域治理打下坚实的制度基础。

5.3.3 创建区域治理的支撑体系

区域治理体系的运行需要良好的外部环境，其中最重要的是有法律、政策的保障。由于我国没有区域合作方面的法律，地区合作机制的创立以及由该机制制定的相关决策也就缺乏相应的法律保障，缺乏相应的政策、法规来予以规范，特别是合作各方正当权益及利益分配等没有可靠的法律保障。合作机制的合法性和权威性无法保证，区域合作组织也就无法充分发挥协调作用。此外调整政府间关系的法律、非政府组织方面的法律也有所缺失。为此，需要从立法源头上解决这个问题，需要制定区域合作、非政府组织、政府间关系方面的法律，规范地方政府之间的合作行为，减少行政摩擦带来的弊端，规范区域合作各行为主体的行为，确保区域内的各方利益的平等实现。为区域合作协调机制的创建提供法律依据，为区域治理提供必要的法律保障。

---

① 陈剩勇，马斌. 区域间政府合作：区域经济一体化的路径选择[J]. 政治学研究，2004(1)：24-34

同时根据我国现行法律，省级政府以及较大的市政府有立法权。京津冀三地的地方性法规都是根据各地情况制定的，由于地区的差异性，其法律也就会不同。因此需要消除地方性法律法规的冲突，建立立法协调机制，推动法律法规的一体化。

5.4 京津冀区域治理模式的构建

5.4.1 以区域制度创新为保障

"制度"是一种经济社会现象，它是约束人们行为的一种规范，是指社会中个体所遵循的一套行为规则。作为国家或区域提供的最基本的公共物品，制度的表现形式是通过特定程序提供的法律、法规和政策等来界定人们的选择空间，规范和约束人们之间的相互关系。人的行动是为满足和实现受特定环境决定并深深的嵌入文化、社会经济和政治领域或结构之中的期待而进行的尝试①。制度乃是组织中的行为规则、常规和全部程序，个体是根据一系列决定其行动是否适当的规则和程序而行动的。制度之所以重要，是因为制度塑造甚至决定个人的行动。制度的功能在于规范、引导、控制个人的预期和行为，而不仅仅表现为由社会机械化个人行为聚合而形成的规则及其强制。制度提供人类在其中相互影响的框架，使协作和竞争的关系得以确定，从而构成一个社会特别是构成了一种经济秩序。

制度供给不足是造成京津冀区域协调发展进程缓慢的重要原因，因此需要创新区域制度，保障区域治理进程的持续推进。京津冀区域协调发展就需要良好的外部制度环境，包括法律、法规，也需要有效的内部机制体制。区域合作方面的法律法规的制定和完善、地方法律法规冲突的协调都是区域制度创新的重要内容。

在现有制度框架下，创新体制、机制更应是现实的选择。现有体制的制约、缺乏一个有效的协调机制，是京津冀区域治理的症结所在。为此，要以深化行政管理体制改革为重要手段，不断推进政府间关系的变革，规范政府职能，加快政府职能转变，规范各级政府的关系。尤其是要加快推进财税体制、绩效考核体制方面的改革，做到地方政府的财权和事权的匹

---

① Koelble T A. Review: The New Institutionalism in Political Science and Sociology [J]. Comparative Politics, 1995, 27(2):231-243

配,规避地方保护行为;改变单纯的经济绩效考核机制,建立包括经济发展、社会发展、生态环境保护等全方位的绩效考核机制。鉴于我国府际关系的特殊性,垂直领导体系比较完善。为此要构建政府间协调机制,建立超省市级、省市级、部门级的协调机制,充分发挥行政机制的协调作用。但是也不能依赖行政手段解决一切问题,在行政协调中应以市场机制的决定性作用的发挥为前提,积极引导和鼓励企业、行业自发建立合作关系,组建区域合作组织,逐步使它们成为区域经济合作与发展的主要力量。通过有效的协调机制,调动政府、企业和社会的共同参与,采用市场化的运作方式,建立一体化发展的机制、体制。

5.4.2 以基础设施建设为切入点

区域治理的推进不是一蹴而就的,而是一个长期、持续调整的过程。在这个过程中应该先采取先易后难的策略,从容易取得共识和展开合作的领域开始,逐步推广到其他领域。一体化的交通基础设施网络是区域发展的必要条件,而且基础设施建设是一种见效快、“看得见、摸得着”的项目,容易取得共识、展开行动。这一领域的合作业已开展多年,有许多成功的经验可以借鉴。因此,强化京津冀区域交通基础设施体系的建设可以作为推进京津冀区域治理的切入点。

为此要继续完善交通一体化的合作机制,在交通运输部的协调下,组建京津冀交通、基础设施部门专门委员会。三省市相关部门每年至少召开一次京津冀交通基础设施合作联席会议,就发展战略和合作领域、发展规划和重大项目实施、区域立体交通的合理配置、不同运输方式的有效衔接、津冀港口的有效竞合、区域交通信息共享以及需要争取的相关政策等重要问题进行研究和协调。同时,鼓励行业协会和企业举办各类专项活动,通过多种渠道加强沟通协调。完善区域交通基础设施体系建设,打造区域交通信息共享平台,有力地促进区域内要素整合、产业联动和协调发展。陆路交通方面要继续完善区域内公路网建设,加快城际快速轨道交通建设和区域内铁路干线的建设,推进省市陆路交通网络的有效衔接。消灭“断头路”,实现区域高速公路网一体化;海港方面要构建区域港口协调机制,加强津冀港口资源的有效竞合,认真落实国家制定的《渤海湾地区港口建设规划》,形成天津港、唐山港、黄骅港、秦皇岛港分工协作、布局合理的港口发展格局,共同打造港口产业群,提升港口竞争力,充分发挥港口的辐射带动作用;空港方面要继续加强各城市机场的合作,构建京津冀区域机场合作机制,形成各机场合理分工、充分协作的格局,打造京津冀区域空港群。

5.4.3 以生态环境保护为突破口

生态环境保护是京津冀区域面对的最为紧迫的现实问题，沙尘暴、雾霾的侵袭、水资源的利用与保护困扰着整个京津冀区域，迫切需要三地展开联合行动，共同治理区域生态环境。来自社会各界和中央政府的压力、地方经济转型的需要为三地协调行动提供了强大的动力，在这种现实条件下，以生态环境保护为突破口，构建京津冀区域生态环境保护合作机制就成为重要的战略问题。在环保部、水利部等有关部门的协调推动下，三地组建京津冀生态发展委员会，共同制定京津冀大气污染防治规划、水资源利用和保护等规划，实施对区域内环境的综合治理，形成区域合作、共同治理与保护的格局，实现资源节约型、环境友好型的区域可持续发展。加强京津冀水资源保护和生态环境的治理合作，积极促成建立统一的区域环境监测网络，建立生态补偿机制，改善区域整体生态环境，推进区域生态环境与经济社会的协调发展。①

5.4.4 以一体化市场建设为基础

在成熟的市场经济中，商品和要素在市场机制的作用下可以突破行政区划限制实现自由流动，从而逐步形成统一的区域市场，这是市场经济发展的本质要求。区域经济是市场经济的一种形态，客观上也要求商品和要素的自由流动，形成一体化的区域市场体系。统一开放、竞争有序的区域市场体系的建立，是深入推进京津冀区域协调发展的必要前提。完整的市场体系不仅包括商品市场，而且还包括金融市场、土地市场、劳动力市场、技术市场、信息市场等生产要素市场。各个市场特定的功能是市场体系建立健全不可或缺的部分，它们互相联系、互相补充，构成了一个不可分割的有机整体。②

市场机制在区域范围内的逐步确立就是区域经济的市场化过程，市场机制作用的充分发挥是区域经济一体化的前提和基础。商品和要素的自由流动能够为企业发展创造良好的外部环境，企业才能真正成为市场的主体，市场机制在资源配置中的决定性作用才能充分发挥。培育一体化的区域市场体系，消除市场分割与封锁，促进人才、技术、资本、资源、信

---

① 孙虎军. 加强京津冀区域经济交流与合作研究[J]. 宏观经济研究，2010(8)：18-24

② 杨凤华，王国华. 长江三角洲区域市场一体化水平测度与进程分析[J]. 管理评论，2012(1)：32-38

息等要素的合理自由流动是京津冀区域治理的重要内容。

长期以来,京津冀区域间市场割据、地方保护主义时有发生,在区域经济一体化的推进中,采取切实有效的措施,从建立共同市场的层面推进市场平台的建设已显得十分迫切。实践证明,历史上形成的行政壁垒,如果不进行体制性的变革,仅仅依靠政府间的交流与合作,是无法被冲破的,其后果将深刻影响经济与社会的一体化发展。① 为此要加强开放、规范市场环境的制度建设。消除地方保护性法律法规和政策,健全市场规则,规范交易行为,加强市场监管,共同营造开放、统一的市场准入环境和法制环境。在京津冀区域商品市场一体化格局已初步形成的基础上,通过深化改革和制度创新,努力消除区域内不同行政区之间的市场保护和行政分割,清理不利于市场一体化的规则和政策,加强区域要素流动的平台和网络建设,大力推进和完善区域内金融、人才、技术、信息等要素市场的联动与融合,构建能够实现商品和要素自由流动的区域共同市场。此外,还要建立各类资源共享机制,构建要素信息共享平台。运用现代信息技术推动各种要素市场的联网,形成各类市场的联合体,进而促进在各地市场充分发育的基础上推动区域统一市场的形成。建立面向区域的科研与技术开发、商贸流通、人才流动、金融信息、产权交易等合作网络,实现区域内各大要素市场互通有无、资源共享,促进各类要素合理流动、有效整合,增强区域经济发展活力。

5.4.5 以产业合作为核心

区域产业空间集聚的出现改变了经济的空间格局,意味着中国经济已进入区域间整体竞争的时代。② 在经济全球化、区域一体化加快发展的大趋势下,无论是地理上邻近的国家或地区之间,还是区域内各地之间,以行政区划为界线的行政区域竞争正在加快向以产业联系为基础的区域竞争转变。区域竞争力的提升、可持续协调发展的实现有赖于区域内产业联系的紧密与否,必须改变过去以行政区为主导的竞争方式,在整个区域空间内重构区域产业发展。区域的发展要改变以地方利益为核心的竞争模式,转向基于区域资源整合和产业合作的竞合模式。

产业合作既是京津冀区域治理的重要内容,也是推进京津冀区域治理的必要途径。区域经济的发展最终要落实到具体的产业项目上,区域

---

① 王慧轩,赵黎明.区域经济一体化的内涵与对策研究[J].生产力研究,2008(5):89-91

② 刘学敏.首都区——实现区域可持续发展的战略构想[M].北京:科学出版社,2010:29

内各方的合作也必须以产业合作为基础，通过市场化的运作，强化地区间的经济联系，实现各方的经济利益。京津冀区域内部，产业联系不够紧密，产业融合度不高，配套水平低，合作范围局限于产业链的低端环节，很多先进制造业和高新技术产业的产品零配件在区域内没有形成配套，科研成果也难以近距离扩散，没有形成产业梯度转移、对接合作的有效模式。产业同构并存在合理梯度，有利于在区域内部形成产业转移，发挥辐射带动效应；而产业异构且存在产业链纽带关系，有利于形成水平一体化分工模式，实现区域可持续发展。为此京津冀区域治理必须通过区域内各地方产业结构的调整和空间重组，加强产业联系，打造产业内部纵向与产业之间横向联系的产业价值链，形成以京津为核心，以周边城市为依托的城市经济职能互补、分工合理、协调发展的发展格局。

5.4.6 构建政府为主导、市场为主体、产业为基础、社会参与的治理模式

从发达国家区域治理的实践来看，由于基础条件的差异、要解决的具体问题的不同，形成了多样化的区域治理模式。但是这些模式都有一个共同点，就是吸纳所有的利益相关者的共同参与。因此，京津冀区域治理也应是一种政府、企业和各种社会力量共同参与的模式。

1）选择适当的治理网络

治理没有一个特定的标准，没有放之四海而皆准的模式。迄今为止，世界各国已经创建了形式多样的区域治理网络，这些治理网络都是在不同的国家及其特定的社会、政治体制背景下形成的。如何选择适应京津冀区域治理的网络模式就成为关键。要做出选择就需要一个理性的思考，我国特殊的政治体制、社会文化背景、行政区经济的运行等都决定了我们不可能完全照搬已有的模式。

Alan Digatano 与 Elizabeth Strom 提出了几种模式的划分标准：首先，治理关系（governing relations）：政府与私营部门（经济或社群）之间的关系模式；第二，治理逻辑（governing logic）：政治决策制定的过程或模式；第三，关键决策制定者（key decision makers）：包括政治群体、政府和公民参与等；第四，政治目标（political objective）：治理的预期收益是具体的、有目的的，还是象征意义大于实践意义。根据以上标准，划分出了顾客主义、社团主义、管理主义、多元主义和民众主义五种模式（见表 5-2）。

表 5-2 区域治理的网络模式

	顾客主义 Clientelistic	社团主义 Corporatist	管理主义 Managerial	多元主义 Pluralist	民众主义 Populist
治理关系	特殊的、个人化的交易	排外性的协商	正式的、官僚式的或契约化的	在各方竞争利益中平衡	内含性的谈判
治理逻辑	互惠	建立共识	权威性决策	冲突管理	动员社会公众
关键决策者	政治人物与代理人	政治人物与公民领袖	政治人物与公务员	政治人物与利益群体	社群运动领导者
政治目标	具体的	有目的	具体的	有目的	象征性的

资料来源：Alan DiGaetano, Elizabeth Strom. Comparative Urban Governance—An Integrated Approach[J]. Urban Affairs Review, 2003, 38(3): 356-395

从这五种模式来看，与京津冀的情况最为符合的是管理主义模式。长期以来，我国一直是政府管理的模式，政府管理一切事务，政府的权威深入人心，公民对政府也养成了依赖的习惯。但是，我们应该看到，随着我国经济体制、政治体制改革的不断推进，市场经济体制已经初步建立，社会主义民主政治正在不断深化，政府逐步分权，民众的治理意识逐渐觉醒。社会环境的变化要求我们随之而变，选择适当的治理模式。笔者认为，在治理关系上，京津冀的区域治理既需要正式的、官僚式或契约化的治理关系，也需要民众主义者的协商谈判的引入；在治理逻辑上，既需要权威性的决策，也需要建立共识、动员社会公众和实现互惠；关键决策制定者既需要政府，也需要其他方面的参与；目标既需要具体的政治、社会、经济等方面的目标，也需要象征意义的目标。也就是说，我们要建立一种综合主义的区域治理模式。区域治理网络体系的构建不是一朝一夕能完成的，不会一蹴而就。而京津冀区域的现实也不可能一步就实现完善的区域治理网络。因此，在短期内要建立一种类似管理主义者的模式，在逐步完善的基础上，不断修正，引入其他模式的理念、方式和方法，创建适合区域特色的治理网络模式。

2）地方政府主导的区域治理网络整合(图 5-1)

区域治理网络的整合主要有两种方式：自下而上和自上而下的整合。自下而上的整合方式被称为“草根式”的整合，也就是由社区、社会公众、第三部门推动的治理变革。这种方式在西方发达国家比较常见，是在其特定西方民主背景下得以形成和发展的。而我国的公民社会和非政府组织的发育程度极低，依靠这种方式基本没有可能。世界范围内广泛存在的另一种方式是自上而下的整合，即政府推动的治理网络整合。政府是组织化、制度化的权力机构，其基本职能之一就是提供公共产品和服务。长期以来，我国政府一直作为唯一的公共服务提供者存在。在这一领域已经积累了长期的实践经验。面对日益复杂的社会环境和多元化的利益需求，政府也在不断进行调整。无论从治理的能力还是愿望来看，我国区域治理责任主要还是应该由政府组织来承担。

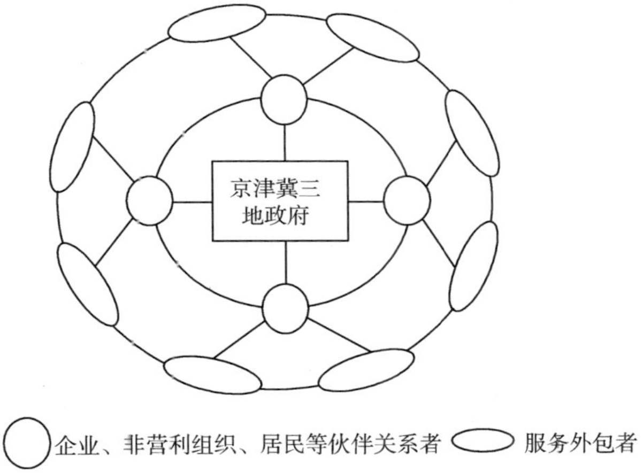

图 5-1　京津冀区域治理网络整合

而具体到京津冀区域，则应在中央政府指导下，由三地政府来共同承担。当然，我们提倡治理网络体系的创建，并不是废除政府体系结构，而是改变政府面对问题挑战的组织结构。政府提供公务服务是毋庸置疑的，但是政府并不能有效地提供所有的公共服务，为此需要寻找合作伙伴，把政府从一个行动者的角色转变为管理者，而管理的对象是伙伴间关系形成的网络。政府通过整合机制，选择一些伙伴建立网络式合作关系、监督管理关系，每一个伙伴视为一个节点，通过节点去连接其他伙伴提供公共服务。

这种网络式的链接可以无限延伸下去，第一层次是政府与企业、社会力量结成的伙伴关系，通过这种关系做出决策；第二个层次是寻找一个或若干个主要的专业化的服务提供者，代替政府行使公共服务的功能；主要公共服务提供者可以继续将服务外包，形成第三层次的伙伴关系，依此类推，形成立体式、网络化的区域治理体系。这样，政府可以只是监督主要服务提供者，来监督、管理整个治理网络。

3）欧洲都市区治理的模式

根据欧洲都市区域网络（The Network of European Metropolitan Regions and Areas, METREX）的研究，欧洲都市区治理的模式分为综合模式、核心功能模式和机构模式三种：

综合模式（表5-3）。这种模式是在选举的基础上建立一个具有战略规划和执行权力的综合性机构，它要求基于社区、城镇或城市对传统的地方政府进行重组。因此，与另外两种模式相比，这种模式建立的难度更大。但是，某些区域面临的问题和机会可能使采用这种模式更为有效。

表5-3 欧洲区域治理模式之一——综合模式

项目	选举的具有战略规划、执行和管理权力的综合性区域治理机构 在空间规划和发展过程中22个主要利益相关者				
	空间规划与开发	交通与基础设施	环境	经济	社会
选举的具有最大权力的区域治理机构	区域规划	区域公路机构 区域公共运输机构 水利部门 污水设施维护机构	区域公园单位	开发机构 培训机构	卫生单位 教育单位 高等教育单位 福利单位 国家住宅单位
利益相关者	中央政府 地方规划	全国公路机构 全国铁路机构 （铁路公司） （公交公司）	环境资源部门 文化遗产单位 国家公园单位		国家住宅单位 社会住宅单位

资料来源：What Governance for European Metropolitan Areas? http://www.eurometrex.org/Docs/Expert_Groups/Governance/EN_Metro_Gov%20.pdf

核心功能模式（表5-4）。当一个地区面临特殊的或紧迫的区域问题时，用这种模式更为适合。这种模式将区域内的公共事务区分为哪些是重要的关键性问题，如空间规划、交通运输、经济发展与环境保护等。通过任命或选举出相应的区域治理机构，专门负责处理相关问题。这种模式也适用于解决都市更新、都市再造和都市蔓延方面的问题。

表 5-4 欧洲区域治理模式之二——核心功能模式

项目	选举的具有核心战略规划、执行和管理权力的区域机构 在空间规划和发展过程中 22 个主要利益相关者				
	空间规划与开发	交通与基础设施	环境	经济	社会
选举的具有有限权力的区域治理机构	区域规划	区域公路机构 区域公共运输机构	区域公园单位（环境恢复）	开发机构	
利益相关者	中央政府 地方规划	水利部门 污水设施维护机构 全国公路机构 全国铁路机构 （铁路公司） （公交公司）	环境资源部门 文化遗产单位 国家和区域公园单位	培训机构	卫生单位 教育单位 高等教育单位 福利单位 国家住宅单位 社会住宅单位

资料来源：同表 5-3。

机构模式（表 5-5）。由政府任命区域规划机构，只负责区域性的空间策略规划与咨询建议，其组织形式为执行机构或合议制委员会。该机构仅有非常小的权力，并且吸纳众多的志愿者与重要的利益相关者的参与，使得区域治理的推进较为容易。

同时，该研究还认为无论基于何种环境确定的区域治理模式，都应该具有以下几个关键功能：

防止非持续性发展；

保护敏感区域和资源；

用长期的眼光看待区域发展；

为公众提供一个可供争论和思考的愿景；

确保既定的区域空间规划和战略的实现；

使既定的空间规划和战略得以持续。

表 5-5　欧洲区域治理模式之三——机构模式

<table>
<tr><td rowspan="2">项目</td><td colspan="5">任命的仅具有战略规划权力的区域实体或机构
在空间规划和发展过程中 22 个主要利益相关者</td></tr>
<tr><td>空间规划与开发</td><td>交通与基础设施</td><td>环境</td><td>经济</td><td>社会</td></tr>
<tr><td>任命的仅具有规划权力的区域机构</td><td>区域规划</td><td rowspan="2">全国公路机构
区域公路机构
全国铁路机构
区域公共运输机构
水利部门
污水设施维护机构
（铁路公司）
（公交公司）</td><td rowspan="2">环境资源部门
文化遗产单位
国家和区域公园单位</td><td rowspan="2">开发机构
培训机构</td><td rowspan="2">卫生单位
教育单位
高等教育单位
福利单位
国家住宅单位
社会住宅单位</td></tr>
<tr><td>利益相关者</td><td>中央政府
地方规划</td></tr>
</table>

资料来源：同表 5-3。

4）京津冀区域治理的模式

从欧洲的区域治理模式来看，任何区域治理模式关注的焦点都是区域可持续发展，时间、空间和具体问题的区别导致其模式的采用上也是大相径庭的。区域治理是一个长期而复杂的过程，需要不断进行调整和修正，以适应不断变化的环境。特别是在当前的情况下，京津冀区域治理才刚刚起步，无论从理念、意识还是组织制度、法律环境等方面来讲，我们都缺乏实践经验。因此京津冀的区域治理不会是一蹴而就的，而是一个循序渐进的过程，需要采用分步走的策略，并在实践中不断地进行调整与修正。

基于我国特殊的国情，政府是组织化、制度化的权力机构，其基本职能之一就是提供公共产品和服务。长期以来，我国政府一直作为唯一的公共服务提供者存在。在这一领域已经积累了长期的实践经验。面对日益复杂的社会环境和多元化的利益需求，政府也在不断进行调整。无论从治理的能力还是愿望来看，我国区域治理责任主要还是应该由政府组织来承担。而且京津冀区域的行政力量也比较强大，市场和社会力量尚无力承担推进区域协调的重任，实现自下而上的区域治理。因此京津冀区域治理模式必须以政府为主导，充分发挥行政机制的协调作用，在中央政府和地方政府的推动下，自上而下地构建适应国情、区情的区域治理模式。

但是，我们应该看到，随着我国经济体制、政治体制改革的不断推进，市场经济体制已经初步建立，社会主义民主政治正在不断深化，政府逐步分权，民众的参与意识逐渐觉醒。社会环境的变化亦要求我们随之而变，选择适当的治理模式。区域治理模式的构建必须充分发挥市场机制在资源配置中的决定性作用，以市场为主体，利用企业横向扩张要求实现一体化的市场的客观需求，推动地方政府的行为和关系的纵向调整。通过产业项目的合作，强化地区间的横向经济联系，冲破地区间的行政壁垒，打破行政区对区域经济的刚性约束，形成合理分工、有序竞争、充分协作、共同发展的格局。通过社会公众的广泛参与，集思广益，群策群力，发挥社会各界协调、沟通和监督作用，共同推进区域的繁荣。

总之，京津冀区域的治理，在治理主体上，既需要政府的推动与协调、市场的资源配置，也需要社会的积极参与；在治理关系上，既需要正式的、行政的或契约化的治理关系，也需要沟通、协商、谈判的引入；在治理逻辑上，既需要权威性的决策，也需要建立共识、动员社会公众和实现互惠；在治理机制上，既需要行政机制的协调、引导与控制，市场机制的竞争与分配，也需要合作机制、扶持机制、补偿机制、共享机制的效用发挥，既需要保证效率的实现，也需要保障各主体平等、公平地参与；在治理目标上，既需要区域经济的发展，也需要社会福利的改进和生态环境的保护。也就是说，京津冀区域需要建立一种以政府为主导、市场为主体、产业为基础、社会参与的综合区域治理模式。

6 京津冀区域治理的协调体系

区域治理既包含政府行政权力的行使，又包括市场力量作用的发挥，也涵盖了社会公众权力和民间私人权力的行使，是多种利益的交互作用过程。我国当前的区域协调与合作还不能称为真正意义上的区域治理，推动与实施区域合作的关键角色仍然只限于政府。在长三角、珠三角和京津冀区域合作中，所有区域政策的制定与执行过程主要是由政府主导并由具体政府职能部门来完成的，企业和非政府组织基本上很难参与。因此，我们需要探讨建立一种能使得各种利益相关者共同参与的区域治理体系。

6.1 区域治理的结构体系

区域治理是一个复杂的综合体系，它包括社会生活的方方面面，本书从区域政府治理体系、区域市场治理体系和区域社会治理体系三个方面来构建区域治理体系。

6.1.1 区域政府治理体系

1）区域内现代政府再造

20 世纪 90 年代以来，科技进步和经济全球化趋势，给世界各国政府带来了新的挑战，国家的政府管理理念和治理方式都发生了巨大的变化。这些变化要求我们必须树立新的理念。

整体、开放的区域理念。新区域主义认为在当今世界中区域是不同机构参与而形成的充满机遇的开放网络或者它的一部分，区域是一个有机的整体。正是由于缺乏这种开放和整体的理念，在行政区经济运行时期，京津冀地区各级政府都站在本辖区的角度来思考问题，把行政界限发展成为“看不见的墙”，相互封锁、盲目竞争，严重制约了区域的发展。

综观世界范围内的区域发展，随着经济全球化趋势的加速，区域经济一体化的趋势也席卷全球。这就要求我们必须摆脱旧有的行政区划界限的束缚，立足于更大的范围——区域，从总体上制定本辖区的政策，调控经济社会运行，把本行政区的发展与区域的整体发展紧密联系在一起，淡化行政区划的意识，积极寻求合作，主动融入经济一体化的潮流，实现共赢共荣、联动发展，创造良好的政治环境。欧美国家的经验表明，基于内部相互开放基础上的国际开放战略，是形成区域性或全国性市场的最佳途径。①

信任、互利基础上的平等协商治理理念。信任是政府间合作的基础，没有信任就无法形成有效的合作，互利是政府间合作的动力，只有一方得利的合作是难以存在的。由于区域内政府间存在着上下级关系，因此某些情况下就会有上级政府依靠行政权力强制下级政府做不利于下级政府的事情，损害了下级政府的利益，挫伤了下级政府的积极性，因此在政策的执行上，下级政府就会打折扣，尽量避免或降低损失的程度。这就形成了上有政策、下有对策的现象。在区域治理体系中，首先要建立信任的基础，政府之间应该相互信任，政策的推行必须有利于整个区域的发展，对于受到损失的地区应该建立相应的补偿机制。

而且，平等协商是区域治理得以维系的基石，只有取得共识、获得认同的政策才能得以有效地推行。在京津冀区域内，两市一省之间首先必须通过平等协商来解决区域发展的重大问题，取得共同认可的一致性意见。同时由于行政级别的差距，上级政府很难以平等的姿态对待下级政府，如果仅仅依靠行政等级、经济实力等以权压人、以势凌人的做法是难以持久的。在两市一省的层面，北京市必须放下自己是首都的架子，以平等的态度对待津冀；而京津两市也必须端正态度，把河北及其所有城市政府视为平等的主体。因此，区域内省级政府和其他各级政府必须通过平等协商来解决区域发展的问题，构筑平等、协商、信任、合作的区域治理体系。

有限、法治、责任、服务、透明、高效的政府职能。长期以来，我国的政府一直是全能型的政府，全方位的政府管制经济，导致了社会资源和财富的极大浪费，社会力量发展薄弱，搭便车，权力寻租，政府机构臃肿、效率低下。政府职能的转变是我国政治体制改革的重大举措，针对政府职能的现状和世界范围内政府职能的定位，我们必须实现从全能政府、人治政府、权力政府、管制政府、封闭政府、低效政府向有限政府、法治政府、责任政府、服务政府、透明政府和高效政府的转变。政府的职能、权力和规模必须是有限的，根据各地的实际情况和需要确定政府的规模，合理科学划分政府的职能和权力，实现依法行政；通过引进市场竞争机制、创建电子

① 赵伟. 区际开放：左右未来中国区域经济差距的主要因素[J]. 经济学家，2001(5)：45-51

政府等途径和手段，促进政府的服务提高效率、提高透明度。实现政府职能向创造良好发展环境、提供优质公共服务、维护社会公平正义的根本转变，实现政府组织机构及人员编制向科学化、规范化、法制化的根本转变，实现行政运行机制和政府管理方式向规范有序、公开透明、便民高效的根本转变，建设人民满意的政府。

2）区域内政府间关系的重塑

网络式关系。在传统的政府管理时期，政府间的关系主要是纵向的垂直关系。而且，这种纵向关系是以行政区边界为界限的，是一种封闭和独立的运行体系。然而21世纪是全球化和信息化的时代，能否快速地获取、传递和交流信息并做出正确的决策，是全面提高政府竞争力的关键。在经济全球化和信息化的背景下，政府之间并非是单独、孤立的主体，而是一个在政治、经济、文化、社会等方面相互依赖、相互联系的有机整体。随着区域化的发展，单独依靠自身的力量已经难以有效解决区域公共事务，尤其是涉及跨越行政边界的公共问题。因此，改革政府间纵向的关系，重塑新的政府间合作网络关系，是顺应信息化时代发展要求的区域政治策略。在京津冀区域内，各方、各级政府必须树立相互依赖和开放的理念，不仅要继续保持和关注与上级或中央政府固有的传统行政关系，接受上级的指导，更重要的是，要与无行政隶属关系的相邻政府建立全方位的新型横向关系，加强沟通与交流，信息共享，建立新型政府网络关系。

而且，新型政府间网络关系最重要的是交流和互动（图6-1）。首先，京津冀两市一省要建立高层政府之间的制度化互访与沟通机制，这为全方位开展区域内部各级政府的互动提供支持，有利于增强区域凝聚力和整体意识；其次，除了省级高层的互动外，地级政府、县级政府也应加强交流与沟通，互通有无，协商解决区域公共事务，主动参与到区域的发展建设之中；上述两方面是“块”上的政府之间的互动，此外，条线部门——职能部门之间进行业务交流和合作，为区域公共事务的解决提供必要的支持。

合作伙伴关系。“伙伴关系”缘起于城市治理，特别是指城市政府与私营部门间在公共服务提供上的合作伙伴关系。目前，伙伴关系一词已经被运用到政府间关系的具体工作方式中，成为政府间关系模式变迁的趋向之一。

合作伙伴关系包含两个层面，第一是政府与非政府组织之间形成的伙伴关系，也称为公私伙伴关系。所谓公私伙伴关系（public-private partnerships，简称PPPs），它是指这样一种生产和提供公共服务的制度

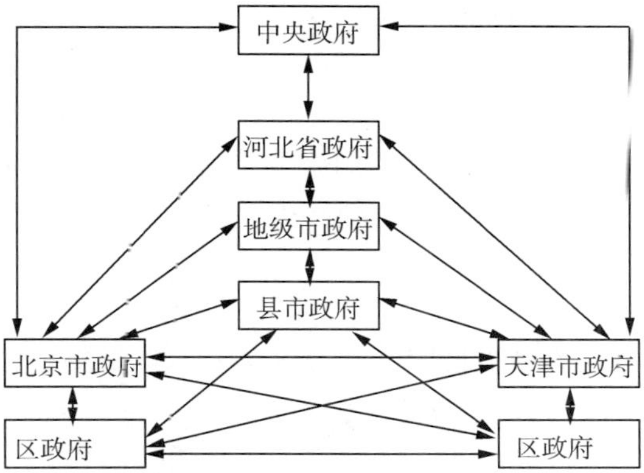

图 6-1　京津冀政府间网络互动关系

安排,即公共部门和私人实体通过共同行使权力,共同承担责任,联合投入资源,共同承担风险,共同分享利益的方式,生产和提供公共产品和公共服务。在过去的 20 多年中,全世界各国的政府都面临着越来越大的变革的压力。社会的变革、科技的发展、财政的赤字和压力、公民对政府的怀疑和信任的赤字等等,都表明传统的层级控制的官僚治理形态不能适应不断变化的、复杂的现代社会的要求。在此背景下,全世界各国都在重新思考政府,重新思考政府的作用和角色,重组政府的机构,重新调整政府作用的方式,即重塑政府。在重塑政府的过程中,越来越多的人认为:政府的角色应该重新界定和调整,即政府应该从公共产品和公共服务的直接提供者和生产者,转化为公共产品和公共服务的购买者和管制者。也就是说,政府应该依赖非传统的服务供给机制(non-conventional delivery mechanisms)来提供和传输公共服务;人们并且认为,私营部门和第三部门所存在的强有力的诱因机制,能够使公共服务的提供更为有效率、有更高的质量,而且更具回应性。在这样的背景下,通过公私部门共享治理权力、公私部门的相互协力,也就是通过建立公私部门的伙伴关系,改善公共服务的传输,便成为各国政府改革的一个重要的策略。

第二是不同地域的政府之间,在政府、非政府领域形成多渠道、多层次的横向多边合作与伙伴关系,实现区域资源的整合与共享,解决共同面临的重大区域公共问题,形成一种长期的区域化决策与管理体制,可以称之为政府间伙伴关系。政府间伙伴关系在具体政策网络中的实践,也会增加政府间依赖,促进相互学习,共同实现管理目标。政府间伙伴型合作的灵活方式打破了行业的界限,更有利于联合起来集中资源,缩小地方间发展的差距。从发达国家的经验来看,政府间伙伴关系依然具有一定的权力等级特征。政府间伙伴关系的运行与政府体制的运行是双轨的,并且伙伴制是不会取代政府的行政等级划分的。在伙伴关系中,原有的权威不但不会被削弱,而且中央权威的力量事实上会被强化。因为,伙伴关系仅仅是政府间处理共同面临的问题的具体工作方式,它并不会影响甚至打破原有的政府间纵向等级辖制结构。

6.1.2 区域市场治理体系

区域市场体系的终极目标是建立区域性统一市场,实现商品和要素在区域内的自由流动,建立健全现代市场运行机制。因此,作为市场主体的企业和市场体系就成为建立区域市场体系的关键。

1)区域企业网络体系

企业网络体系是根据专业化分工和协作而建立起来的既相互独立又相互关联的组织群体,是一种新型的企业空间组织形式,是组织企业价值链和供应链的一种新方式。因此,企业网络的形成与发展将能推动区域内经济合作的发展与深化。从国内外的经验来看,产业集群的发展是区域经济竞争力的重要保证。因此,京津冀区域企业网络体系的构建,首先要致力于产业集群的发育发展,通过产业集群的发展,促进产业链条的发展,推动产业结构的优化和升级,促使企业网络体系的建设,形成"多中心、产业集群式"的基本模式。北京主要以高新技术产业和知识性产业为依托形成向其他地区辐射的产业集群;天津以轻工业产品和电子产品为基础形成向其他地区辐射的产业集群;河北省则可以根据自身的情况,以农副产品、初级工业产品、重工业产品为基础形成其产业集群中心。

其次,优化企业所有制结构,推进企业治理结构改革,促进企业跨区域扩张是建立企业网络体系的重要保障。企业改革是我国社会主义市场经济体制改革的中心环节,改革开放以来,围绕企业改革进行了卓有成效的探索,国有企业的改革、现代企业制度的建立等方面都取得了重大的成果,企业作为市场主体的地位已经初步确立。但是,在京津冀地区,由于种种原因,国有企业所占比例过高,企业的政府烙印仍然很深,企业行为在很大程度上仍然带有政府的痕迹,政府对企业行为的干涉十分明显。国有企业存在"大企业不大,小企业不小,不少行业规模不经济"等问题,①这种特点决定了国有企业难以进行大规模的跨区域扩张。因此,可

---

① 王德忠. 企业扩张——理论研究及其对中国行政区经济问题的应用分析[M]. 上海:华东师范大学出版社,2002:150-151

以在政府的推动下，通过重组、兼并、企业联盟、收购等方式，组建跨行政区的各种企业及企业集团，以此来突破资源、人才自由流动的壁垒。此外，非国有经济是我国经济发展的重要力量，在珠三角和长三角地区已经成为经济发展的主要力量，因此，必须鼓励非国有经济的发展，通过各种政策措施，依托市场机制的引导，积极推动非国有经济的发展和壮大。

2）区域市场网络体系

商品和要素市场体系。首先是健全区域统一开放市场。一是要以规范政府行为为核心，进一步打破行政性垄断和地区封锁。行政性垄断和地区封锁造成了对市场的人为分割，影响了社会经济资源的配置效率。要在明确界定政府在市场准入方面权限的基础上，推进市场准入监管体系改革，提高市场准入程序的公开化和准入透明度；加快制定反垄断法等保护和促进公平竞争的法律制度，废止妨碍公平竞争、设置行政壁垒、排斥外地产品和服务的各种分割市场的规定；进一步放宽对行政性垄断行业的准入限制，保障各类经济主体获得平等的市场准入机会。二是要推行现代流通方式，促进商品和服务的高效流转。要进一步加快我国流通产业的现代化进程，加大对社会化、现代型的流通基础设施建设投资，通过产业政策和制度创新，促进流通企业信息化改造，加快现代流通专业人才的培养，为流通方式的变革与创新提供良好的物质基础、交易平台及制度、技术和人才保障。

其次是着力推进要素市场建设。一是继续发展和规范土地市场，改进和完善政府管理土地市场的方式，进一步发挥市场在土地资源配置中的基础性作用。要完善土地管理法律法规，改革征地制度；进一步转变政府职能，使政府管理土地市场的职能切实转变到强化建设用地总量和结构调控上来；通过完善土地税制和土地二级市场的管理，建立资源占用的约束机制；综合运用经济、法律手段，切实保护农民土地财产权。二是逐步建立城乡统一的劳动力市场。要逐步消除各种阻碍劳动力合理流动的不合理制度，建立健全失业、养老、工伤、医疗等社会保障体系，建立多样化的劳动就业和专业技能培训等社会服务体系，建立健全劳动保护法规和争议调解机制等。三是积极发展技术市场。要加强技术市场基础设施建设，规范技术交易行为，加快区域技术市场的统一开放和国际化。另外，还要积极发展资本市场，规范发展产权交易市场和各类市场中介组织等。

市场运行机制。主要是完善价格形成机制。完善商品和要素价格形成机制，重点是要加强和改进宏观调控，逐步缩小政府定价商品的范围，优化政府定价商品的价格形成机制，进一步提高要素价格的市场化程度，解决当前要素价格扭曲的问题。要积极稳妥推进资源价格改革，完善水、电力、煤炭、石油、天然气、土地等资源性产品价格形成机制，充分发挥市场配置资源的基础性作用，建立反映市场供求状况和资源稀缺程度的价格形成机制。完善土地价格形成机制，扩大市场形成土地价格的范围。实行有利于资源节约、环境保护的价格政策，为经济增长方式转变创造有利的价格体制条件。

此外，规范市场秩序也是重中之重。一是要严格执法，坚决打击制假售假、商业欺诈、偷逃骗税行为，建立公平竞争的市场环境。完善打击商业欺诈的法律法规体系和执法体系，强化协同监管，逐步形成反商业欺诈长效机制。二是要完善行政执法、行业自律、舆论监督、群众参与相结合的市场监管体系。三是要建立健全社会信用体系。要充分发挥政府在信用体系建设中的倡导和组织作用，加强对信用体系建设的整体规划，加强舆论引导和舆论监督，建立信用信息公开和保护制度，建立健全失信惩戒的法律法规和制度，最终形成以道德为支撑、产权为基础、法律为保障的社会信用制度。四是加大知识产权保护力度。要进一步强化保护知识产权的执法力度，加大对侵犯知识产权不正当竞争行为的惩戒力度。

6.1.3 区域社会体系

1）区域社会信用体系

市场经济是信用经济。社会信用体系是市场经济体制中的重要制度安排。我国“十一五”规划提出，以完善信贷、纳税、合同履约、产品质量的信用记录为重点，加快建设社会信用体系。2007 年召开的全国金融工作会议进一步提出，以信贷征信体系建设为重点，全面推进社会信用体系建设，加快建立与我国经济社会发展水平相适应的社会信用体系基本框架和运行机制。建设社会信用体系，是完善我国社会主义市场经济体制的客观需要，是整顿和规范市场经济秩序的治本之策。

完善区域征信法规保障体系。完备的法律法规和国家标准体系是信用行业健康发展的保障。要按照信息共享，公平竞争，有利于公共服务和监管，维护国家信息安全的要求，制定有关法律法规。要坚持规范与发展并重的原则，促进信用服务行业健康发展。要严格区分公共信息和企业、个人的信用信息，妥善处理好信息公开与依法保护个人隐私、商业秘密和国家信息安全的关系，切实保护当事人合法权益。要加快信用服务行业区域标准化建设，形成完整、科学的信用标准体系。

现代区域诚信体系的建立是多方面合力的结果，而政府诚信是最为关键的。没有政府的诚信，构建区域社会诚信体系只能是空谈。因而，现代区域诚信体系的建设应努力打造诚信政府。同时，透明高效的监管体制是信用行业健康发展的重要保障。为加强统筹协调，应由社会保障、劳动、民政等有关部门建立区域联席会议制度，指导推进有关工作。按照统一领导、综合监管的原则，根据具体业务范围和各部门的职责分工，分别制定有关部门具体负责日常监管，落实监管责任，促进社会信用体系和信用服务市场健康发展。

推进行业信用建设，培育信用服务市场。社会信用体系建设涉及经济社会生活的各个方面。商品的生产、交换、分配和消费是社会信用关系发展的基础，社会信用体系的发展要与生产力发展水平和市场化程度相适应。

行业信用建设是社会信用体系建设的重要组成部分，对于促进企业和个人自律，形成有效的市场约束，具有重要作用。大力推进中小企业信用制度建设和价格信用建设，发挥商会、协会的作用，促进行业信用建设和行业守信自律。有关部门要根据职责分工和实际工作需要，抓紧研究建立市场主体信用记录，实行内部信用分类管理，健全负面信息披露制度和守信激励制度，提高公共服务和市场监管水平。同时要大力促进区域信用服务市场的形成，一方面要确保信用体系提供的信用信息公平公正，能够为有需求的单位和个人提供重要的参考。同时，只有信用有需求，信用服务市场才能得以发展和壮大，因此要积极探索信用市场发展的模式和方式，培育信用服务市场，使之成为区域治理体系中重要的一环。

加快信贷征信体系建设，建立金融业统一征信平台。金融是现代经济的核心。金融业特别是银行业是社会信用信息的主要提供者和使用者。要以信贷征信体系建设为切入点，进一步健全证券业、保险业及外汇管理的信用管理系统，加强金融部门的协调和合作，逐步建立金融业统一征信平台，促进金融业信用信息整合和共享，稳步推进我国金融业信用体系建设。各地区、各部门要积极支持信贷征信体系的建设和发展，充分利用其信用信息资源，加强信用建设和管理。信贷征信机构要依法采集企业和个人信息，依法向政府部门、金融监管机构、金融机构、企业和个人提供方便、快捷、高效的征信服务。

2）区域非政府组织体系

面对复杂的经济社会发展态势，党中央国务院适时提出科学发展观和建设社会主义和谐社会的原则和目标，新制定的“十一五”规划中明确提出了要推进政府和市场中介分开的要求。从政府与企业分开，到政府与市场中介分开，是中国的社会治理模式由一元化到二元化过渡到三元化的战略步骤，也是我国由传统社会向现代社会跃进的必然选择。

发展和完善非政府组织，西方发达国家走过了200多年的历程。从古罗马代议制度的建立，到目前具备完备的非政府组织、非营利机构(NGO、NPO)法律体系，西方非政府组织随着其社会经济的发展，扮演着重要角色，具有明确的法律地位。对"第三部门"的研究和实践，在发达国家市场经济体系发展中一直得到高度重视，发挥着重要的作用。最具影响力的理论，就是有别于政府行政强制力的"软权力"即价值观，通过非政府组织的倡导和实践，对政党和政权乃至整个公民社会将产生深刻而广泛的影响。可以说，政党和政府对非政府组织发展的推动和影响，始终伴随着经济社会的发展，不是附属品和赘生物，而是不可或缺的组成部分。NGO、NPO组织独立的运作，与政府和企业的合作，作为三大支柱，撑起了社会分工、沟通协调及公民普遍参与的天空。

3）营造有利于非政府组织发展的社会环境

非政府组织尤其是行业协会的发展，需要民主协商的政治氛围，需要市场经济体系的进一步完善和以自由、平等、权力、参与为特征的文化氛围。进一步转变政府职能，逐步建设行业重大问题民主磋商制度，积极推进"小政府，大社会"以及政府社会治理活动"有所为，有所不为"理念的实践，提高公民和行业从业者的参与以及公益精神、意识和水平，为非政府组织行业协会取得社会和行业信任，获得发挥作用的社会资源创造良好条件。

完善非政府组织的法律制度体系，健全管理、监督、评价等相关制度。一是应该尽快完善国家层面有关非政府组织的法律和法规并相互衔接，主管部门根据行业协会现阶段的实际情况，逐步制定和国家法律法规形成配套的管理规章，通过不同层次的法律法规体系，用法律形式明确非政府组织行业协会的性质、宗旨、地位、组织形式、经费来源、权利、义务，建立有关非政府组织行业协会的组织管理、财务及收支管理、评价与监督等方面的法律法规，完善有关税收、人事、就业、福利保障等方面的政策支撑体系，实现依法规范和引导，使非政府组织行业协会及其运作法律化、制度化、规范化，使其日常工作真正有法可依，有章可循。

二是要改革完善非政府组织的管理体系。减少非政府组织对政府的依赖和对其他经济单位的挂靠，按照"政社分开"、"企社分开"的原则，管住大的，放开小的，管住违法的，放开合法的，给非政府组织自主自律更大的发展空间。建立监督评估机制、奖惩考核机制、竞争激励机制等非政府组织运作机制，提高非政府组织运作效率和质量，增强其独立性，提高其影响力。

完善非政府组织内部治理机构、组织体系、规章制度等，提高非政府组织自我治理能力。

一是改革和完善非政府组织内部管理体制，建立决策和执行相互衔接又相对分离的精简高效机制，减少虚耗，提高效率；建立健全规章制度，使组织活动有章可循；建立健全民主决策机构和制度，克服行政化、官僚化倾向；完善财务监督制度，收支规范，按章公开。通过非政府组织的自身建设，形成自我管理、自我约束、自我发展的内部运行机制，增加积累，吸引人才，提高社会公信度。

二是加大政府支持力度，非政府组织的健康发展和能力提高，需要政府在资金、人力资源方面的支持。经费方面政府可在采购、项目扶持等方面支持，同时支持其组织开展合法服务和经营，实现资金来源多样化；人力资源方面政府可通过逐步改革和完善有关人事管理、社会保障制度，对非政府组织从业人员尤其是骨干专职人员从制度上解决其困扰。此外，还可通过培训提高从业人员职业素质和能力。

6.2 区域治理的主体——区域利益相关者

区域不只是政府的区域，区域问题涉及方方面面的利益，包括政府、企业和社会公众等方面。英国学者格里·斯托克(Gerry Stoker)认为“治理是指一系列来自政府，但又不限于政府的社会公共机构和行为者的复杂体系”，[①]因此，区域治理除了要依靠政府的力量外，还要形成多中心、多层次的主体的治理。在京津冀区域，区域利益相关者即区域治理的参与者包括三类。

6.2.1 政府：区域治理的主导者

政府作为公共利益的代表，是区域治理最重要的参与者。在计划经济时期，政府的职能涵盖了经济生活的方方面面。改革开放以后，政府职能经历了多次调整，这种局面有所改观。但即使在提倡自由主义和地方

---

① Stoker G. Governance as Theory: Five Propositions[J]. International Social Science Journal, 1998, 50(155):17-28

自治的西方国家，也不得不承认政府仍然在公共领域具有无可替代的作用。尤其是在京津冀区域，既有三个省级地方政府，又是中央政府驻地。政府的影响力巨大，而且，我国区域治理实施中最大的特色，便是来自于不同政府层级的表现，这些区域政策的执行与决策过程都是由政府主导来完成的。区域治理的参与者中，政府组织是指行使政府权力的各类组织。具体到京津冀区域，参与区域治理的政府包括：

1）中央政府：区域治理的决策者和监督者

中央政府是一个活动范围及于全国的行政机关，在整个经济社会管理体系中，中央政府处于最高也是最核心的地位。① 统筹区域协调发展是中央政府应承担的责任。中央政府运用行政手段，通过行政系统自上而下地调节三地关系。另一方面，中央政府颁布和制定的法律法规和政策构成了区域制度环境的基础，对区域发展实施间接的调控。在京津冀三地关系难以自发协调的情况下，中央政府必须承担统筹协调的重责，引导三地从各自为政走向协商合作，同时对地方政府的行为进行监督，形成京津冀区域治理的外部激励与约束力量。中央政府的权力主要通过其职能部门来行使，中央各部委的条线职能的发挥，也是推动京津冀区域治理的重要力量。因此，中央政府各职能部门也是区域治理的一支重要力量。

2）中央政府的派出机构：区域治理的推进者与执行者

中央政府的派出机构是中央政府为了更好地实现其对国家事务和社会事务的管理而设立的一种行政组织。派出机构通过行使职权，辅助政府机构完善政府管理，是政府解决管理区域分散、服务难以面面俱到等问题的有效方式，实现了政府的分散化、多中心和跨区域治理。② 作为政府组织结构的一种特殊形式，政府派出机构在国家行政管理活动中具有独特的地位和作用，已成为政府履行职责的有效组成部分。这种管理和服务方式的创新，既提高了政府的行政效率，也在一定程度上缓解了政府的工作压力。

在京津冀区域，中央政府的派出机构主要是中央各职能部门的派出机构。如水利部派出的海河流域管理委员会，负责保障流域水资源的合理开发利用。受水利部委托组织编制流域内或流域跨省（自治区、直辖市）的江河湖泊的流域综合规划及有关的专业或专项规划并监督实施，拟订流域性的水利政策法规。这些派出机构对协调京津冀经济活动有着重

---

① 林尚立. 国内政府间关系[M]. 杭州：浙江人民出版社，1998：14

② 孙运玲. 中国地方政府派出机构研究——以四川为例[D]. 成都：四川省社会科学院，2012

要的影响和作用,其功能的发挥就需要协调、监督区域内地方政府之间的行动,因此,中央政府的派出结构也应该成为京津冀区域治理的重要利益主体。

3)地方政府:区域治理的主要决策者和执行者

区域是由地方政府直接管辖的地域组成的,区域的发展与地方政府的利益息息相关。在区域治理体系中,地方政府是最为重要的力量。在行政区经济运行时期,地方政府是地区利益的代表,行政辖区的利益是地方政府最为关注的问题。地区利益主要包括两个方面:一是本地区在经济发展方面的需要和满足;二是地方政府官员追求政绩的需要和满足。地区利益的客观存在导致了地方政府利益诉求上的差别。如果地方利益得不到满足,区域治理就难以有效推进,区域协调发展也就无从谈起。因而,区域治理体系离不开这个主体的参与。

在我国分权化改革的背景下,地方政府发展地区经济的积极性得以充分释放。地方政府成为区域治理体系中权力最大、掌握资源最多、对区域治理影响最大的主体。地区的发展主要是由地方政府推动的,地方政府也是地区经济发展的主导者。区域治理的有效推进必须协调好以地方政府为代表的地方利益。

6.2.2 企业:区域治理的主体

区域发展首先是区域经济的发展,只有经济发展了,才能为区域提供良好的公共服务,提升区域整体的发展。经济发展则需要以企业为代表的产业发展。企业作为独立经济主体在区域经济发展中发挥重要作用,是协调区际关系不可或缺的主体力量。企业跨区域发展是市场经济条件下协调区域经济发展的一种有效方式。企业跨区域发展在实现本企业扩张的同时对所涉及的区域的经济发展能够产生刺激和推动作用,并能够密切区域之间的经济联系和交往。[①] 企业的空间拓展客观上要求跨越行政区界限组织配置资源,这就对地方政府协调行动提出了新的要求。因此,企业的发展能够自下而上地推动地方政府遵循市场经济规律,从整个经济区的角度进行资源配置与产业布局,推动区域协调发展。区域治理体系的构建应以企业为主体。

1)国有企业:企业利益与政府利益的代表

国有企业与政府之间有着密切的联系,企业的经营中渗透着浓厚的

---

① 李小建.经济地理学[M].2版.北京:高等教育出版社,2006:252-253

政府行为。在京津冀区域,国有企业作为贯彻政府经济政策的主要力量,其经营活动反映了地方政府的利益,同时也要实现地方政府的经济利益。而且,国有企业领导人大多是政府任命的官员,因此,国有企业对政策的制定有很大的影响力。在京津冀区域内,国有及国家控股企业经济实力强大,与政府又有着千丝万缕的联系,它们的下属、分支企业分布在不同的行政区域,区域的政策对它们的利益有着较大的影响,因此它们会积极参与到区域治理中,以保护自己的利益。

在京津两市,国有及国有控股企业企业规模庞大,占工业总产值和利润总额的比重较高(表 6-1)。国有企业在地方政府的宏观调控中起到了举足轻重的作用。

表 6-1 2011 年京津冀国有及国有控股工业企业简况

	企业个数(个)	工业总产值(亿元)	占规模以上工业企业工业总产值比重(%)	利润总额(亿元)	占规模以上工业企业利润总额比重(%)
北京市	788	8 176.4	56.34	653.5	57.86
天津市	554	8 340.8	39.98	859.2	44.43
河北省	690	10 702.9	26.96	480.3	18.20

资料来源:根据 2012 北京、天津统计年鉴,2012 河北经济年鉴数据计算绘制。

2)其他大型企业:企业利益的代表

在经济全球化的背景下,大型企业尤其是跨国公司对区域经济的影响至关重要。因此,这些大型企业也会对区域治理有很大的影响力。在京津冀区域内,这些大型企业有很多是世界 500 强企业以及一些大型企业的总部,如摩托罗拉、三星电子、空中客车等。截至 2010 年,世界 500 强跨国公司已有 143 家在天津落地生根,投资项目共 396 个,合同外资额达 81 亿美元。2010 年全年,实现总产值 3 189 亿元、销售收入 3 803 亿元、利润总额 217 亿元。① 北京拥有 2011 年《财富》杂志评出的世界 500 强企业总部 41 家,仅次于东京,成为全球第二大世界 500 强总部之都。② 这些大型企业对区域的财政和税收贡献巨大,它们的经营活动对区域经济有着深远的影响。区域的政策对它们的利益将会有很大的影响,因此,它们有参与区域治理的动力和能力。

---

① 资料来源:天津市商务委。

② 资料来源:北京市商务委。

3）中小型企业：多行业、小型利益群体的代表

在所有的企业中，中小企业数量众多，经营范围广泛，涉及行业齐全，是吸纳就业最多的企业。在区域经济中处于重要地位，已经成为推动区域经济发展的生力军。但同时由于其经济实力较弱，在市场经济发展中处于弱势地位。因此，区域治理的实施必须保护中小企业的利益，促进中小企业健康发展。中小企业大多是在一个行政区内进行生产和经营活动，其在区域治理中所发挥的作用较小，更多的是服从和执行既有规章制度。但是由于中小企业点多量大、吸纳就业广的特点，在区域治理中的作用不容忽视，理应成为区域治理的重要主体。

6.2.3 社会公众：区域治理的重要参与者与评价方

1）非营利组织

从世界范围来看，非营利组织的发展是现代社会发展的必然趋势，非营利组织已经成为世界各国政治生活中不可缺少的力量。非营利组织有时亦称为第三部门，与政府部门（第一部门）和企业界的私人部门（第二部门），形成三种影响社会的主要力量。非营利组织兴起的主要原因源于第一和第二部门职能和力量的欠缺，它们处于政府与企业之间的制度空间，以弥补政府和市场的不足。

从发达国家的实践来看，非营利组织在促进区域产业协调发展、生态环境保护、教育卫生发展等方面发挥着重要作用。它们代表各种利益群体与政府、企业和其他社会力量进行沟通和谈判，已经成为各国社会生活中重要的一极。非营利组织可以分为公民社会团体和社区组织两大类。公民社会团体包括各种行业组织、公益组织。这类组织是以共同利益为纽带形成的，代表了数量众多的企业、居民的利益，在推动行业协作、政府之间的协调等方面有着政府无可比拟的优势。随着社会经济的发展，这支力量必将会壮大，成为影响区域治理的重要力量。

2）居民

区域是居民的生产和生活空间，区域的发展与居民的利益休戚与共。区域协调发展的基本目标就是推动区域居民生活水平的不断提高。在大多数情况下，居民并不直接参与区域治理。居民可以通过多种渠道参与区域治理，一是通过社区组织与公益组织参与；二是通过政府组织的听证会、各类民主恳谈会等形式参与；三是通过人大、政协代表参与。这些参与方式虽然在一定程度上反映了居民的意愿，但是并不能完全取代居民或者完全代表他们的利益。因此，居民有必要参与到区域治理中来。而

且，对于那些居民直接参与成本不大的事务来讲，应该鼓励居民的直接参与。这样既可以增强居民的治理意识，提高居民参与治理的能力，也可以获得更多的认同和支持，有利于形成区域意识。

综上所述，有效地识别和动员利益相关者的参与是区域治理成功运作的重要因素。区域是政府、企业和居民的共同空间，区域治理的主体应当包括所有的区域利益相关者，因此，政府、企业以及社会公众都应当成为区域治理的参与者。

京津冀区域治理中，中央政府通过自上而下的行政协调作用没有有效地发挥。如由国家发改委主导的京津冀都市区规划至今也没有出台。此外，法律法规、政策等制度供给也明显不足，规范区域合作中的政府行为、区域合作组织的法律地位等区域性的法律法规尚属空白。在京津冀区域的各级地方政府中，省级政府和地级政府是最为重要的参与者，两市一省是区域治理的主要决策者，但是由于京津冀三地的利益诉求差别较大，导致地方政府通过平等协商推进区域治理的进程缓慢。京津两市和河北省的 11 个地级政府是直接的执行者。在这个体系中，河北省的 11 个地级市比较特殊。河北省虽然是区域治理的决策者，但是所做出的决策中直接利益影响最大的是这 11 个地级市，因此，这些地级市也应该参与重大事务的决策，享有一定的权力。它们既是决策者，也是执行者。由于行政等级的存在，京津冀区域有两个省级市（直辖市）和 11 个地级市，因此在决策制定中，二者之间建立平等协商的关系比较困难。

而且，京津冀区域政策与治理过程缺少了私人部门和居民的参与，非政府组织也很难参与进来。这表明，即使是在当代中国市场化程度最高、与全球化关系最为密切的经济发达地区，公民、私人部门和非政府的公共组织对区域发展的影响仍然是非常微弱的，与新区域主义视野下的区域治理理念大相径庭。

6.3 区域治理的客体：区域公共事务

区域治理是区域利益相关者采取合作的方式共同解决涉及区域公共利益的事务。区域治理的客体是涉及区域共同利益的区域公共事务，这些事务是依靠单个成员无法解决的，同时又涉及多个成员的共同利益的跨行政区的公共事务。“在西方，公共事务是与私人事务相对应而存在的概念，是指一切有关社会成员公共利益的公共物品和公共服务的相关活动”，具体来讲，就是“指该社会的统治阶级为了把社会控制在秩序范围内，推动社会发展，所进行的满足社会成员共同需要与要求的一系列社会活动”，①包括生产、服务、改革等。区域公共事务是区域治理的核心内容和基础。

6.3.1 区域经济发展

区域经济发展是区域协调发展的前提和基础，也是区域协调的重要客体。

1）统一的经济体制环境

受经济体制改革区域推进的影响，京津冀各地区的经济市场化程度不一，这是转轨时期区域经济差异加剧的重要原因。因此，地区之间一致的市场经济体制环境是实现区域经济协调发展的最基本的前提。只有在相同的体制环境中，各个地区才能按照市场规律的要求，自主发展，公平竞争，依据比较优势，合理配置资源，实现利益最大化，地区之间也才能形成共同发展的局面。

2）统一开放的市场体系

地区之间要素的自由、合理流动是促进区域经济协调发展的重要保证。京津冀区域内各种市场壁垒、市场分割与封锁仍然存在。所以，应从体制上消除限制地区之间要素自由流动的制度根源，取消阻碍要素合理流动的区域壁垒，加大地区的开放程度，使要素在市场供求机制、价格机制作用下在各地区之间合理流动、优化配置。

3）区域产业协调发展

区域产业协调发展是区域经济协调发展的主要内容。其内容包括：一是地区之间产业的竞争、分工与合作。创建合理的市场竞争机制，发挥市场对区域产业发展的引导和选择作用，引导各地区发展自己具有竞争力的优势产业，实现地区之间的产业合理分工与合作，从而发挥地区比较优势，实现优势互补，提高区域总体经济实力。二是地区间的产业转移与扩散。产业转移与扩散是引导区域产业结构有序调整、协调发展的有效方式。产业转移与扩散是企业在市场经济条件下，按照市场经济规律进行的自主行为，是区域产业发展的必然趋势。同时，政府需要通过政策引导、信息提供等方面给予支持，使产业转移更为有序、合理。

京津冀两市一省的产业结构趋同比较严重，分工与合作的体系尚未形成，产业转移与扩散进程缓慢。因此，如何通过有效的协调机制，建立

---

① 王惠岩. 公共管理基本问题初探[J]. 国家行政学院学报，2002(6)：67-71

统一开放的市场体系，制定产业布局规划，引导产业合理转移，促进区域产业的协调发展就成为京津冀区域协调发展的核心内容。

6.3.2 区域交通基础设施建设

交通基础设施一体化是区域经济一体化的基础，现代化的综合交通体系是区域发展的重要物质载体。区域交通基础设施的建设关系到各个地方政府以及其他区域利益相关者的利益。由于交通基础设施的公共物品的特性，在我国交通基础设施建设的主体是政府。国家层面的主干网络由中央政府建设，而更多的地方交通则由地方政府组织建设。因此区域交通基础设施的建设必须协调好地方政府的关系，突破行政区的界限，整体规划，合理布局。当前，京津冀区域需要着力解决的问题包括：

1）综合交通网的建设与完善

京津冀的交通网呈现出以北京为中心、向四周延伸的“单中心放射状”格局。这种格局强化了首都与其他省市联系的便捷度，但也使北京承担了过多的过境交通，增加了区域内各城市之间的交通成本，影响了区域内城市间的经济联系。尤其是冀北的张家口和承德市，与河北省其他城市之间没有高速公路直接通达，严重制约了城市之间的经济往来。因此，打破行政区划界限，通盘考虑、统筹规划区域交通网络建设，构建以北京为中心，天津、唐山、石家庄、张家口等城市为重要节点，高速公路、城际高速铁路、国道、省道等为脉络的交通体系。加大对张家口、承德等欠发达地区的基础设施投入力度，形成畅通、便捷、高效的经济大通道，促进城市之间的经济沟通与交流。

2）交通网络的一体化

综合交通网涵盖铁路、公路、水运、民航和管道五种运输方式，并通过在地理空间上和逻辑上的有机组合，形成网络布局，构成了综合交通运输体系的基础。众多的利益主体就会形成利益冲突，交通网络的畅通就会有制度性因素的影响。如减少或取消省界之间的高速公路收费站，实现京津冀区域无障碍通行，加速交通网络的一体化，就需要京津冀三地政府的充分协调，合理分配利益。

3）机场与港口资源的整合

机场、港口是区域经济发展的重要战略资源，其对经济腹地的辐射带动作用的发挥，对整个区域的发展将产生巨大的推进作用。机场与港口的带动能力并不是以行政区划为界限，而是取决于辐射功能的发挥。然而由于行政区划的刚性约束，机场、港口的发展出现了恶性竞争和重复建设的问题，造成了资源的浪费，严重制约了京津冀区域经济的发展。因此，整合现有的机场、港口资源，强化首都机场、天津滨海机场、河北正定机场之间的合作，加强天津港、黄骅港、唐山港和秦皇岛港之间的分工与合作，消除制度性因素对机场、港口的辐射作用的制约就成为京津冀区域治理必须面对的迫切问题。

6.3.3 区域生态环境保护

区域生态环境保护涉及所有人的共同利益，同时也是单独依靠某地政府无法解决的问题。由于其作为公共物品的非排他性外部性效应，一方的破坏可能会导致整个区域生态环境的恶化，无法避免搭便车行为和负外部性的产生，容易形成"公用地的灾难"。京津冀区域生态环境的脆弱性客观上无法支撑目前的发展方式，区域各方必须立即行动起来，共同解决这一区域性的重大公共问题。当前，京津冀区域的生态环境保护主要是空气环境保护和水资源的保护与利用。

1）空气环境保护

京津冀区域大气污染呈现区域性复合型特点，区域内的大气污染物相互传输、相互影响，尽管区域内每个城市都为防治大气污染做了大量工作，但区域性灰霾、光化学烟雾等大气污染问题日益突出。京津冀区域作为我国高速发展的三大经济区之一，高速的经济发展不可避免地导致京津冀城市群大气复合型区域污染日渐显现。污染防治与经济发展是一对现实的矛盾，其实是发展与保护的博弈，是对区域不协调的挑战。大气污染防治是一项系统工程，防治资金的来源，防治标准的制定，产业结构的调整，能源消耗结构的转变等一系列的问题，都需要各方采取协调行动，实施联防联控。采用什么样的协调机制才能有效推进？工作机制、执法监管、环评会商、预警应急、信息共享、监督约束等机制必须建立。需要在中央政府、环保部的统一协调下，建立协调机制，落实各方责任。

2）水资源的保护与利用

京津冀区域属于我国水资源严重匮乏的地区。2011 年北京、天津两市人均水资源量只有全国平均水平的 7.8%和 6.7%，河北省人均水资源量也只有全国平均水平的 12.6%。水资源的保护与利用是京津冀区域面临的重大现实问题。

海河流域涉及北京市、天津市、河北省全部以及河南省、山东省、山西省、内蒙古自治区部分地区，共 30 个地(市、盟)232 个县(旗、市、区)。在全流域 30 个地市中，年废水排放量超过 1.5 亿 t 的有北京、天津、石家庄、唐山、新乡、保定、邯郸、焦作、德州、安阳、聊城等11个城市，化学需氧量(COD)排放量约占流域总量的65%，是水污染防治的重点区域。水环境恶化已成为海河流域经济社会可持续发展的一大隐忧，全流域60%的断面都已经严重污染。污染严重，大量河段断流，海河流域已成为我国污染最严重的流域。①

水资源既是一种经济生产资源、人民生活必需资源，也是一种生态环境资源，具有经济资源和环境资源的双重属性。在水资源匮乏且污染严重、经济社会发展同水资源保护与利用矛盾日益突出的形势下，如何协调30个地市、数量众多的企业以及居民的利益，使各方联合行动，加强饮用水水源地保护，保障饮水安全；加强流域环境综合整治，改善城市水环境质量；加强协调与监管，建立跨界水污染协同治理机制，减少跨界水污染冲突，这些问题都是当前迫切需要解决的区域公共事务。

6.3.4 区域公共服务

向社会成员提供均等的基本公共服务，是现代政府的基本职责之一。京津冀区域各地经济发展水平差距较大，公共服务的数量和质量也有较大差异。京津冀区域基本公共服务存在的不均等现象主要表现在城乡之间的不均等和区域之间的不均等。农村基本公共服务水平远低于城市，京津两市政府提供的基本公共服务数量和质量远远高于河北省。区域的发展应当使居民都能公平可及地获得大致均等的基本公共服务。因此，如何建立城乡一体化的基本公共服务制度，健全促进区域基本公共服务均等化的体制机制，促进公共服务资源在城乡、区域之间均衡配置，缩小基本公共服务水平差距，就成为京津冀区域需要研究与解决的重大问题。

基本公共服务一般包括保障基本民生需求的教育、就业、社会保障、医疗卫生、计划生育、住房保障、文化体育等领域的公共服务。② 当前，京津冀区域实现区域基本公共服务均等化需要解决的重点问题包括：

1）建立健全区域公共服务管理体制

建立健全以地方政府为主导、城乡统筹的公共服务管理体制，充分发挥京津冀省级政府的统筹职能，实现各自辖区内城乡一体化的基本公共服务。完善公共财政体系，科学划分各级政府基本公共服务事权与支出责任，加大公共资源向农村、贫困地区和社会弱势群体倾斜力度，实现基

① 王永生. 海河流域污染严重 京津饮水安全受威胁[N]. 法制晚报，2010-9-18

② 国务院. 国家基本公共服务体系“十二五”规划

本公共服务制度覆盖全民。在此基础上强化区域内基本公共服务协作、资源共享、制度对接，打破行业分割和地区分割，推进区域间制度统筹衔接，为逐步实现区域基本公共服务一体化打下基础。

2）建立健全区域基本公共服务均等化协调机制

加强三地政府间的磋商协调，保持地区间基本公共服务范围和标准基本一致，不断拓展公共服务的范围，推动相关制度和规则衔接，做好投资、财税、产业、土地和人口等政策的配套协调，逐步消除城乡之间和区域之间教育、就业、社会保障、医疗卫生等基本公共服务的差距，创新基本公共服务供给模式，引入竞争机制，鼓励、支持企业和社会力量参与提供公共服务，形成多元参与、公平竞争的格局，不断提高区域基本公共服务的质量和效率。

6.4 区域治理的载体：运行体系

区域治理就是各参与主体采取协调行动，共同解决区域公共事务的过程。区域公共事务是客观存在的，因具体事务的不同而参与主体也会不同。要使得利益主体参与区域治理，就需要明确各利益主体的利益目标与动力机制，促使各方参与行动，同时对参与治理的方式进行机制设计。行之有效的参与机制是区域治理的主体实现对治理客体的有效治理的关键。

6.4.1 各利益主体的动力机制

1）政府

公共行政理论将政府看成是一个管理社会公共事务的组织，特别强调政府管理的公共性质，认为政府是社会公共利益的代表，政府行为的价值取向理所当然的是公共利益。马克思主义也认为“国家是整个社会的正式代表，是社会在一个有形组织中的集中表现”。① 也就是说，政府产生、存在的目的是为了公共利益，公共利益的诉求是政府行为的动因。居民的物质文化生活需求以及对就业、社会保障、教育、医疗等方面的需求是政府协调行动的直接动因。

除了公共性之外，政府本身有其自身的利益，政府各部门也有其利

---

① 马克思，恩格斯．马克思恩格斯选集（第3卷）[M]．中共中央马克思恩格斯列宁斯大林著作编译局，译．北京：人民出版社，1972：631

益。政府作为社会组织同样追求自身的良性发展，政府作为一个整体，是其成员的共同利益代表。也就是说政府组织利益（包括各级地方政府利益、政府部门利益）和政府组织成员利益也是政府行为的动因。

公共利益、组织利益和成员利益的实现，都需要以政府为载体，通过政府的行政力量加以实现。在行政层级系统中，中央政府通过职能的分解和调控的分工，赋予地方政府相应的责权，对地方政府具有管理和监控职能。地方政府既是对中央政府职能的承接，也是对中央政府职能的延伸。来自于中央政府层面的压力是地方政府行为的重要动因。企业和社会对地方政府的评价和监督也是地方政府利益实现的重要因素。同时，地方政府是地区公共利益的代表，地区公共利益、地方政府组织、组织成员利益的实现是其行动的动因。

综上所述，政府参与区域治理的动力机制分为内因、外因两个方面，政府参与区域治理的动因主要来自于社会公共利益、政府利益和政府成员利益的实现。2013 年修订的《国务院工作规则》指出国务院要全面正确履行经济调节、市场监管、社会管理和公共服务职能，这是中央政府的主要职能。因此，中央政府有统筹区域发展的内在动力。除了内在动力之外，中央政府的压力、居民和企业方面的社会压力构成了地方政府参与区域治理的外部动力。目前，在推进京津冀区域治理的进程中，地方政府采取合作行动的内在动力不足，来自于企业和居民方面的自下而上的外部动力也难以发挥作用，有效的自发性协调机制尚未建立。因此需要来自于中央政府层面自上而下的外在动力，推进三地之间的合作。

2）企业

企业是以盈利为目的的独立经济实体，企业的利益目标主要是利润的实现。改革开放以后，企业的市场经济主体地位得以确立。市场经济的发展客观上要求区域经济一体化，在经济区域内进行资源配置，而不是局限于行政区域。企业的发展需要良好的外部环境，劳动力、资金、技术、生产资料等生产要素的自由流动，规范的市场秩序，合理的税收、投资、产业政策等都是与企业利益直接相关的。这些问题的解决都要求区域各方采取协调行动，消除影响生产要素自由流动、商品流通、就业等方面的障碍，创建统一开放的市场体系，实现区域经济一体化。经济利益的需要使得企业有参与区域治理的动力，同时有效的参与机制的建立也是吸引企业参与区域治理的诱因。

国有企业既是独立的经济实体，又是国家利益实现的重要工具。作为国家利益的代表，国有资产的增值保值是其面临的刚性约束，经济利益的驱动是其参与区域治理的重要动因。同时国有企业也是国家实施宏观调控的重要途径，产业政策的实施、产业结构的调整、产业布局的优化都对其有重大的影响。来自于政府层面的行政压力也是其参与区域治理的重要推手。

3）社会公众

社会公众包括行业协会组织、公益组织、社区组织等非营利组织和居民。行业协会组织是行业利益的代表，追求行业利益是行业组织参与区域治理的动因。公益组织和社区组织代表了一定范围的社会公众的利益，所涉及的目标包括生态环境保护、就业、教育等方面的群体利益诉求。这些组织和居民是区域公共服务的评价方和监督者，他们有参与区域治理的迫切需要。因此，合理有效的制度环境是其参与区域治理的重要诱因和保障。

6.4.2 各利益主体的参与方式

1）政府参与区域治理的方式

政府是区域治理最重要的参与者，其中中央政府的职能是经济调节、市场监管、社会管理和公共服务，这些职能使得中央政府以间接参与为主，直接参与为辅。中央政府主要通过制定法律、政策来规范区域治理，对区域治理施加影响和进行控制，对区域治理的主体行为进行指导和监督，为区域治理创造良好的外部环境。同时，在我国现行政治体制下，由于中央政府的权威性和强制性，中央政府在推动区域各方协调行动方面具有先天的优势。京津冀区域地方政府自发性协调难以有效推进，因此需要中央政府的推动。中央政府也可以直接参与到区域治理中来，通过任免区域主要官员、协调地方政府关系、领导组建区域治理组织等行政干预直接参与区域治理。中央政府还可以成立相关机构或由职能部门组织、指导和监督京津冀区域治理的运行，如在环保部的统一协调下制定京津冀区域大气污染防治规划，在国务院发展改革委员会的领导和组织下编制京津冀区域规划等。

地方政府和中央政府派出机构则更多的是直接参与。地方政府一方面通过制定地方性的法律法规为区域治理创造约束环境。而且，通过制定地方性产业规划、投融资、财政税收等方面的政策，为区域治理提供了外部环境。另一方面，地方政府掌握着地区经济社会发展方面的资源，它们负责组织地方的经济运行，直接向其辖区提供公共产品和服务。在大多数情况下，地方政府运用其资源和影响力直接组织区域治理活动，就一些重大的区域问题进行协商。区域治理的主要功能就是推动地方政府之间的合作,协调解决跨行政区的区域公共事务。区域治理组织的决策也主要由地方政府来组织实施,因此地方政府是区域治理体系中最重要的参与者。

中央政府派出机构是中央政府行使权力的重要载体,代表中央政府对区域的经济社会活动进行管理。中央政府的很多决策都需要通过派出机构来监督执行,其本职工作就是要协调、监督跨区域事务的治理。如京津冀区域水资源的保护和利用就需要水利部海河流域管理委员会这种派出机构的直接参与。此外,审计署、人民银行、银监会等派出机构也应当参与各自负责领域的区域公共事务的治理。

2) 企业参与区域治理的方式

企业是市场的主体,也是区域治理的主体。区域决策的实施需要企业发挥其重要作用,企业参与区域治理主要有三种方式:一是通过产业项目参与区域治理。区域经济发展是区域治理的主要内容,区域经济协调发展具体到微观层面就是企业之间的合作。区域资源开发、商品流通、产业布局等都需要通过企业之间的经济合作来实现。因此,企业可以通过实施具体产业项目的方式参与治理。

二是通过生产、提供公共产品和服务参与区域治理。政府部门不能直接生产所有的公共产品,有些公共产品由企业来生产和提供会更有效率。而且,政府部门经常面临财力不足的情况,通过与企业合作提供公共服务,可以提高公共服务的效率,缓解政府的财政压力。如企业参与区域基础设施建设、生态环境治理、社会保障、就业服务、医疗卫生等领域的公共产品或服务的提供。此外,企业还可以通过捐赠等方式提供公共服务。京津冀区域内的一些国有大型企业和世界500强企业,如中石油、中海油、摩托罗拉、三星等通过捐赠,对区域扶贫、教育、医疗做出了很大贡献。

三是直接参与制定区域决策。这种方式通常只有在区域内有影响力的大企业才能做到,它们经济实力强大,对地方政府的财政贡献大,对区域政策高度敏感。在京津冀区域内,有着众多的国有大型企业集团,还集中了中央政府和地方政府的大量部门。国有大型企业与地方政府和所属部委有着密切的关系,甚至其负责人也是政府官员,因此,区域政策对这些大型企业的利益将会产生直接的影响。在制定政策时,地方政府和部门会充分考虑到这些企业的利益。此外,北京市大量的金融机构、天津市的制造企业有很多是世界500强企业,它们一方面享受着外资的待遇,同时由于它们对地方财政的贡献巨大,在与政府对话中有一定的话语权。

因此，它们通常会对区域内地方政府进行游说，施加影响，以此来影响区域治理的发展与走向。①

3）非营利组织和居民参与区域治理的方式

非营利组织作为政府部门和私人部门之外的“第三部门”，在区域治理中发挥的作用越来越大。京津冀区域非营利组织发展较为落后，其影响力和权威性就很小，非营利组织的作用受到了很大的制约。非营利组织参与区域治理的方式通常有：第一，非营利组织接受政府的委托与授权。非营利组织接受政府的资金支持，接受政府委托与授权提供公共服务。这种方式受益人群大，可以弥补政府力量的不足。缺点是受非营利组织自身实力的影响，能提供的公共产品的范围较小，而且经常面临资金不足的困境。第二，非营利组织代表其群体与政府进行沟通和谈判。如行业协会代表整个行业协调企业与政府的关系，就产业政策等行业利益与政府进行谈判与沟通；公益组织如环境保护组织进行区域内生态环境的调查，向政府、人大、政协代表提供建议等。非营利组织通过为政府和企业搭建沟通桥梁的方式参与区域治理。第三，非营利组织协调企业间、企业与居民的关系，为成员提供行业信息、教育、培训、行业资格认证等服务，制定行业规则与标准，规范企业间竞争行为，加强企业间的经济联系，促进区域经济的发展。此外，非营利组织还可以为企业和居民之间搭建桥梁，为维护社会稳定发挥积极作用。

居民一方面可以通过非营利组织代表其参与区域治理，另一方面也可以通过听证会制度、民主恳谈会、问政会等形式直接与政府进行沟通。在我国现行体制下，还可以通过人大代表、政协代表参与到区域治理中。

综上所述，区域治理的协调体系由区域治理主体、区域治理客体和区域治理纽带三部分组成（图 6-2）。

区域治理的主体是区域利益相关者，包括政府、企业和社会公众。政府通过制定法律、法规为区域治理创造外部环境，通过行政系统的协调和政府之间的合作参与区域治理；企业通过产业项目合作推进区域经济合作，同时通过政府购买等方式生产提供公共物品和服务，还可以直接参与制定产业政策、承担社会责任等方式参与区域治理；社会公众中，非营利组织接受政府委托、授权，为居民、企业提供公共服务，发挥非营利组织的功能，为政府和企业、居民的沟通合作起到桥梁作用，协调政府与企业、居

① 马海龙. 行政区经济运行时期的区域治理——以京津冀为例[D]. 上海：华东师范大学，2008

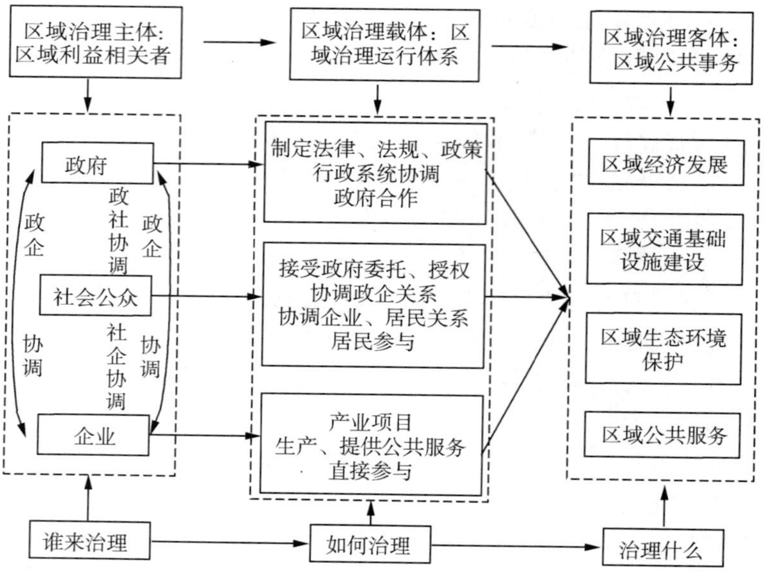

图 6-2　京津冀区域治理的协调体系

民之间的关系,促进区域各方的协调行动。居民主要通过公益组织、听证会、民主恳谈会、人大政协代表等渠道间接参与区域治理。各利益主体通过不同的渠道和方式,加强沟通与协商,通力协作,共同治理区域经济发展、交通基础设施建设、生态环境保护、公共服务等区域公共事务。

6.4.3　京津冀区域治理的运行机制

1）决策机制:平等协商

在面对区域公共事务并设法进行解决时,首先需要明确的问题是由谁来决策。谁决策的问题实质是对区域治理主体之间的决策权限进行区分和界定,是一种权力资源的分配方式。谁来决策的问题首先应该看所要解决的具体问题。如地区安全、生态环境保护等影响面广的重大问题,一般应由政府决策;而一个居民小区的治安、卫生等影响面小的问题则可以由该小区居民和社区组织进行决策。也就是说,不同公共事务的决策者可以是不同的,谁来做出决策、哪些人或团体参与决策要根据具体问题进行相应的设计。一般认为,区域治理的决策主体是指直接或间接参与或影响区域公共事务的组织、团体或个人。詹姆斯 · E. 安德森认为,公共事务的决策主体包括官方主体和非官方主体两类,前者指具有合法权威从事公共决策的机构或人员,如立法者、行政官员、行政管理者和司法人员；后者指利益集团、政党和公民个体。①

区域治理的本质思想是平等协商，利益相关者在信任基础上通过协商和谈判解决区域公共问题。其核心概念是协商或公共协商，强调对话、讨论、辩论、审议与共识。因此在进行决策时，协商机制就成为最重要的决策机制。所有受决策影响的人都应该参与进来，而且他们必须具有平等的权利和机会去表达他们的利益及关注的问题，并拥有同等有效机会相互询问以及相互批评和回应不同的主张与论证。参与协商的主体不仅在这些程序上是平等的，他们在实质性上也必须是平等的，因为协商要求现有的权力格局不能影响参与者的实际地位。这是一种理想化的境界，是绝对的民主。然而，面对现实政治社会中权威格局的不平等（如财富、教育、社会身份等），绝对的平等是不可能实现的。

当前，我国正在大力创建和谐社会，和谐社会应该是用法治精神指导社会、经济和政治进步的社会；是公民权利受到法律和民主制度保障的社会；是政府决策透明，政府行为受到民众监督和制约的社会；是公民、社会团体、非政府组织、社会运动形成良性互动，相互尊重、相互信任的社会；是尊重包括自然在内的各行为者主体地位的社会。总之，社会主义和谐社会是表现民主法治、公平正义、诚信友爱、充满活力、安定有序、人与自然和谐相处的社会。实现和谐社会的目标，需要有效的社会治理形式和机制，而平等协商则是一种值得重视的区域治理形式和机制。作为一种治理形式，协商民主与和谐社会构建具有天然的亲和性。

协商民主的规范意义和价值取向能够有效地维护权利、促进共识、化解冲突、调解矛盾、推动和谐。在构建社会主义和谐的区域治理机制时，设计怎样的制度和程序就成为使其运转起来的关键。具体的制度设计和安排，既要尊重已有的制度环境和框架，也要尊重人民群众的创造力，完善和发展新的机制和程序。在我国社会主义民主政治的实践中，已经形成了丰富多样的平等协商形式和机制。

政治协商。在我国的民主政治实践中，政治协商制度是最重要的一种协商民主形式。政治协商制度是中国共产党领导下，各政党、各人民团体、少数民族和社会各界的代表，以中国人民政治协商会议为组织形式，经常就国家的大政方针进行民主协商的一种制度。政治协商制度是我国的一项基本政治制度，是中国特色社会主义民主政治制度的重要组成部分。政治协商有利于实现最广泛的政治参与，有利于有效地实现广大人

① [美]詹姆斯·E. 安德森. 公共决策[M]. 唐亮，译. 北京：华夏出版社，1990：44-45

民的民主权利，有利于最大限度地包容和吸纳各种利益诉求。

听证会制度。近年来兴起并逐渐成熟起来的听证会制度是我国政治实践的发展。听证是指立法及具有立法权的行政机构在制定涉及公民利益的法案和政策时，通过鼓励公众参与立法过程，收集立法信息，制定符合公众利益的法案的形式。北京市就水价格、交通法规、出租车调价、旅游景点门票收费、地铁价格等召开了听证会，而且听证会所应用的领域正逐步扩大。天津市也在供热价格、地铁票价、交通法规等领域进行了听证。听证为公民参与政治过程营造了一个公共空间，它鼓励受立法影响的利益相关者参与立法过程，表达自身的利益偏好。听证制度已经成为京津冀区域公民表达利益的规范性渠道。

民主恳谈。在我国的政治实践中，基层政府和人民群众为应对具体的问题和挑战，创造了许多行之有效的协商机制。例如，浙江省温岭市创造了“民主恳谈”的对话机制，它鼓励公民参与政策制定过程，鼓励公民在协商、讨论和对话过程中达成共识，并维护公共利益。政治决策是在充分听取利益相关者偏好表达的基础上做出的。民主恳谈是我国地方政府政治实践的创造性改革，是我国基层民主建设的重要突破，民主恳谈对于京津冀区域的基层民主政治建设具有非常重要的意义，它将赋予我们更多的启示，从而促进我国基层民主政治的发展。

社区民主。在我国的自治实践中，还存在很多类似社区议事会或民主议事会现象，如杭州德加社区的“居民议事制度”、深圳盐田的“社区议事会”等。议事会是社区公民自主决策的一种治理形式。当需要就社区发展的重要事务进行决策时，所有的社区居民都可以参与讨论、对话，不同的利益相关者将会在各种不同倾向表达完全后，通过协商、妥协，以及相互尊重和理解，形成一种有利于整体利益的决策。这种对话和讨论的形式在我国城市和乡村社区的治理实践中普遍存在。天津市率先开展了社区直选的试点工作，河北区在2006年居委会换届选举工作中，扩大了社区居委会直选比例，直选居委会达到51%。①

区域治理机制的构建，需要多样化的制度平台。这些平台在不同的层次、不同的领域发挥作用。同时，广大人民群众还会在经济社会发展的过程中创造出其他新的协商机制。这些协商机制的应用也不是孤立的，它们相互影响，相互作用，相互促进。

---

① 天津市河北区政务网. 社区建设工作汇报[EB/OL]. http://www.tjhbq.gov.cn/ReadNews.asp? NewsID=639

京津冀区域治理决策机制的构建首先需要平等协商的理念，从现实情况来看，京津冀三地的地位本身就是不平等的。北京是首都、政治、文化和对外交往的中心，天津是直辖市、北方的经济中心，长期以来，河北一直是“服务京津”，这首先体现出不平等的地位。而且，京津两个省级直辖市与河北省的 11 个地级市之间更难实现平等。此外，政府与企业和社会的地位也是不平等的，三者形成金字塔的结构，政府处于顶层，企业处于中间，社会处于底层。因此，在创建平等协商的决策机制时，应力求达到协商理想所要求的形式上与实质上的平等，包括：第一，所有的参与者必须给予平等的机会以接触有关政治和政策的信息；第二，所有的参与者应该给予设置讨论议题的同等机会；第三，所有参与者应该给予同等的机会和时间去表达他们的观点和关注，使得一省两市和 11 个地级市在决策中处于平等地位，政府、企业和社会以平等的身份参与决策。

其次，在实现了平等地位的同时，决策过程需要通过协商来进行。我国长期以来都是政府管理一切事务，因此，社会、经济管理都是通过垂直命令的方式进行的，京津冀区域自然也不例外。在转型时期，要改变这种观念和做法，政府要与企业和社会力量通过协商谈判来处理区域公共事务，倾听各方面的声音，使所有利益相关者都能表达自己的意见。除了继续完善现有的政治协商、听政制度和社区民主之外，借鉴发达国家和其他地区的经验，创建符合京津冀区域情况的、丰富多样的协商方式，推进京津冀的区域治理。

2）执行机制：授权、沟通与协调

当公共事务决策制定之后，就要进入实施和贯彻的过程，也就是执行。正确的决策是有效执行的必要条件，但即使决策正确，如果没有良好的执行，决策目标依然无法达到。在我国的社会生活中，经常出现执行不力的情况。上下级政府之间经常出现“上有政策、下有对策”的现象；司法机关的判决也经常遭遇难以执行的困境；居民对区域公共事务漠不关心，无法推进。尤其区域公共事务的决策是由多元主体做出的，决策主体的权威将直接影响到执行。执行力源于公共部门权威的树立，确保每个行政区政府都全力执行整个区域的共同决策需要强有力的执行机制。因此，构建区域治理的执行机制，提高其执行力是关键。

授权与委托。授权是把部分管理权限委托给下级或其他机构行使。区域治理组织可以授权政府或其他组织行使公共事务管理的权限，或者委托给某种机构代为执行。在西方发达国家，授权与委托在公共事务管理中已经广为流传，成为不可或缺的执行机制。在执行过程中，通过授权可以减轻政府的压力，调动下级政府和各方的积极性。把某些专业性强的事务委托给专业机构执行，可以发挥专业人员的作用，调动一切可以利用的资源。在授权时应该保证授权内容和接受权力的对象的匹配，权责利一致，根据具体事务的复杂程度和重要程度灵活选择授权和委托的方式。京津冀区域具体可以采用的方式有授权给政府或其他组织、委托政府或专业组织、政府与非政府组织联合执行等。服务外包、特许经营、经济补助、用户付费等，是西方国家极力推崇和倡导的治理工具。需要明确的是，公共服务社会化、市场化、民营化，非政府力量参与或独立承担公共物品和服务的供给是当今的潮流，但这并不意味着政府公共管理机构的责任和难度降低。这就要求我们借鉴发达国家经验的同时，结合自己的实际情况，灵活采用具体的方式。

沟通。沟通是所有执行机构和人员信息共享、加强联系、取得共识，共同完成任务。要建立全方位、立体型、网络化的沟通渠道和制度。沟通渠道分为正式渠道和非正式渠道。正式渠道沟通是沿着正式组织的结构、程序进行，非正式沟通渠道则是利用各种非正式的场合、途径和形式进行沟通。而且，要建立纵向、横向、交叉等多种形式的沟通渠道。横向沟通和交叉沟通渠道的建设通常是保证信息沟通的关键。要充分利用电子信息资源，利用网络优势，发挥和拓展环渤海地区信息产业及信息化交流网的平台功能，加强政府之间、政府与非政府组织和公民之间的横向沟通，形成网络化的沟通渠道。此外，要加强沟通的制度化建设，把沟通通过制度的形式予以确定，确保沟通渠道的通畅和信息传递的及时、有效性。

协调。协调是执行最为重要的环节，区域治理涉及多元的主体，所应对的公共事务又是千差万别，牵涉到多方面的利益。每个环节出现偏差都可能直接导致执行的夭折。国外研究的经验表明，在建立充分有效的沟通和协调方面，公共管理机构和公共管理人员面临着更大的挑战。因此，必须密切关注执行各方的动向，慎重对待可能受到影响的利益群体，出现情况及时进行协调。协调应根据总体目标和全局利益进行，以加强合作为基础，积极鼓励有关方面开展多层次、多元化的协商、谈判。环渤海区域合作市场联席会议确定的市长联席会议制度对京津冀的区域治理的协调具有非常重要的作用。美中不足的是该框架协议没有吸收其他主体的参与，而且缺少了北京市的参与，正式协调机制的确立和作用的发挥还有待进一步的提高。

在我国，区域公共决策的执行主体多是政府。因此，在京津冀的区域治理中，当前最重要的是提高政府的执行力。执行力是目标与结果之间的纽带。管理大师德鲁克说过："管理是一种实践，其本质不在于知，而在于行。"政府履行社会管理职责，执行力是须臾不可或缺的要素。在激烈的国际竞争中，政府的执行力更成为决定民族兴衰的重要因素。然而，政府的执行力也不是一天炼成的，而是在严格制度的规范下逐步打造出来的。①

提高政府执行力，必须科学界定和规范各级政府和政府各部门职能，形成有效的政府协调机制。京津冀地区地域广阔，地区差异大，政策敏感度高，需要发挥中央和地方的积极性。着眼于提高执行力，在形成统一的决议之前，可以各抒己见，充分反映和表达各自的利益诉求。但决议一经形成，就不能以任何借口阻滞政策的贯彻落实。强调政令统一，并非要求盲从，更不意味着扼杀地方和部门的创造性和主动性。

提高政府执行力，必须加强制度建设，特别是要建立健全政府官员问责制。问责制是提高政府执行力的制度保障。在一些地方，行政不作为已成为影响政府执行力的突出问题，尤其是京津冀这种政府传统管理影响深远的地区。对政府工作人员，必须坚持高标准、严要求。要加强对行政过程的监督检查，对盲目决策、违法行政、执行不力、效能低下、疏于管理和处置不当等行为进行问责，强化行政过程的制度约束。

提高政府执行力，必须着力提高政府工作人员素质。人是组织中最重要的资源，政府工作人员素质高低决定着政府执行力的强弱。京津冀是我国科教文化最为发达的区域之一，居民文化素质较高，但是政府系统中有相当一部分工作人员缺乏服务意识，知识结构、思维方式、工作方式不能适应新形势新任务的要求。必须改变政府人员的观念，提升其服务意识，提高政府工作人员素质，真正建立起服务型政府。

3）激励、约束机制：广泛监督

区域治理需要多元主体的积极参与，但是各方参与区域治理的动力和约束却大不相同。政府的参与主要基于责任，市场的参与主要目的是营利（虽然也有部分企业的参与是出于企业的社会责任，但是仅仅靠责任而参与是不能持久的），社会力量参与的动力来自于自身的民主意识和所代表的群体利益。政府、市场和社会面临不同的激励和约束条件。因此，如何设计相应的机制并把这种机制制度化，充分激励各个主体参与到区域治理中来，同时又要保证权力在受约束的范围内，是区域治理机制研究

---

① 赵长茂. 提高政府公信力和执行力[J]. 瞭望，2007(19)：3

的重要内容。

绩效评价:区域治理的指标体系。区域治理是多元主体参与的群体行为,其激励约束机制的建立必须要有相应的评价标准,为此要建立区域治理评价体系。区域治理如何具体落实,并符合地方的实际情况,联合国人居署(UN-HABITAT)提出建立区域治理指标的七项步骤方法:

第一步:让区域内的地方领导对区域治理的改善的重要性感兴趣;

第二步:开发适用本区域的指标:定义、选择标准、与其他指标的联系性;

第三步:设定标杆学习与愿景目标;

第四步:评估指标与次级指标的分数与权重,进一步研究适用本区域的治理指标;

第五步:区域内的实际测试与评估;

第六步:收集一定时期的数据;

第七步:将指标结果及发现整合在区域政策开发之中。

通过这七个步骤,区域治理指标应具有以下五个维度(见表 6-2):

表 6-2 区域治理的指标

效能性	公平性	参与度	责任性	安全性
(1) 地方人均收入 (2) 地方政府收入转移 (3) 地方政府预算调整转移的可预测性 (4) 建立关键服务传递的绩效标准 (5) 居民满意度调查 (6) 制定区域愿景目标	(7) 公民规章:获取基本服务的权力 (8) 女性领导在地方领导中的比例 (9) 支持穷人的水价格政策设计 (10) 鼓励小型企业发展 (11) 居民收入差距	(12) 民选议会 (13) 民选行政长官 (14) 选民投票率 (15) 公共论坛 (16) 每万人公民组织的数量	(17) 定期的官方公示,合约、采购预算及财务状况 (18) 高层官员与地方政府接触的紧密度 (19) 鼓励公民抱怨 (20) 反贪污委员会 (21) 官员收入和财产公示 (22) 独立的预算/审计	(23) 区域生态环境 (24) 区域环境污染治理 (25) 犯罪率 (26) 妇女保护政策

资料来源:Urban Governance Index Methodology Guidelines. http://www.unhabitat.org/list.asp? searchType=title&search=Urban+Governance+Index&catid=491&typeid=3,作者加以修改。

(1) 效能性:资源的获取、预算的增减、消费者的满意;

(2) 公平性:公民参与、女性参政、兼顾弱势群体;

(3) 参与度:民选代表与行政长官、投票率、公民对话与参与;

(4) 责任性：政府透明度、政策回应性、反贪污；

(5) 安全性：环境治理、治安状况、妇女保护、弱势群体保护。

此外，政府权力的监督和约束也需要加强。政府是权力主体，我国政府的权力是人民赋予的，全国人民代表大会是全国的最高权力机关。但是在实际生活中，政府权力却是最难以约束的，政府权力有无限延伸的趋势，导致所有的事务都要由政府来管理，所有的公共产品和服务都由政府提供。因此，要加强政府自身建设，提高政府的透明度，创建阳光政府。要充分调动社会各界的力量，人大、政协、媒体、非政府组织、居民都能掌握政府的信息，发挥各方监督的作用。

契约机制。在我国从计划经济向市场经济的转型时期伴随着大规模的制度变迁，一方面需要在市场经济的框架下重新界定政府、市场和社会组织在协调社会专业化分工方面所承担的角色，另一方面需要建立各种机制以防范政府、市场和社会的机会主义行为。契约设计理论已被许多学者用于研究我国经济转型时期的制度变迁。已有的研究主要集中在三个方面：一是市场行为契约设计；二是国有企业内部代理契约的研究；三是政府治理结构研究。但是对于政府、市场和社会组织之间相互的契约设计问题很少有人研究，政府治理结构的研究也是近年来才逐渐兴起的，还很不成熟。政府、市场和社会组织之间的契约机制恰恰是区域治理的重要机制。

首先要强化政府、市场和社会的契约意识。随着经济转型的推进，社会、政治等方面的制度也在随之不断地调整。但是，从无到有的过程是痛苦的，首先缺乏契约意识就是最为严重、最迫切需要解决的问题。在经济体制改革过程中，企业之间不遵守契约的现象屡见不鲜。现在虽然有所好转，但还需要加大宣传，树立规范，强化企业的契约意识。事实上，我们忽略了一个最需要强化契约意识的主体——政府。政府的公信力来自于诚信、公平、公正、高效率，这都要求政府严格遵守契约。但是，在现实生活中，政府部门欠债、政策摇摆和多变一直是我们社会的通病，各地、各部门都有不同程度的表现。说到底，这是政府契约意识缺乏的表现。政府违约不必负任何责任，所有的责任和损失都推给社会和公民个人，这样一来，政府的契约意识又从何培养？政策的摇摆和多变也就习惯成自然了。政府与市场和社会之间平等的契约意识以及约束性规则的丧失，是一种非常可怕的制度性内耗，它损害了政府的公信力，也耗尽了政府的聪明才智，更会影响到社会的创造力和公民对于未来的稳定预期。

其次，建立健全法律法规，将契约行为予以保护和规范。强化契约意识是构建契约机制的必要前提，但是还远远不够。契约机制虽然建立起来，但是由于法律法规不完善，或者有法不依，违反契约的情况也必定存在。政府缘何不遵守契约，这一方面是由于缺乏意识，但更重要的原因是缺乏必要的监督和约束。近年来，公民诉讼政府、企业诉讼政府的案例经常出现，“民告官”的现象也越来越多，这一方面说明我国法制建设取得了一系列的成果，社会的法律意识逐渐增强。但是我们也不得不思考其中的原因，为什么有如此多的政府被告发生？这充分说明，政府不遵守契约的现象还存在于许多领域。

但是还有一个方面的问题没有涉及，那就是政府之间的契约机制。随着区域经济的发展，政府之间的交流活动逐渐增多，政府之间的合作需要正式的制度安排，仅仅依靠上级政府的协调是不能持续的。因此，需要出台相关的法律，对政府之间的契约行为进行规范。

7 京津冀区域治理协调机制的构建

区域治理的推进需要依托相应的组织机构,在组织平台下,各利益主体充分表达自己的利益诉求,建立利益协调机制,平衡各方利益,开展协同行动。

7.1 京津冀区域治理组织平台的构建

目前,京津冀尚未形成一个有效的区域治理合作组织。2004 年"廊坊宣言"组建的环渤海区域合作省市长联席会议制度在该次会议之后再无下文,尚在运行的环渤海区域合作市长联席会议由于缺少了北京的参与,其权威性也难以确立,无法发挥有效的协调作用。因此需要搭建新的组织平台,推动区域治理的展开。

7.1.1 搭建地方政府间合作平台

1) 超省市层面的协调组织平台:京津冀区域发展领导小组

鉴于地方政府推动的区域合作难以展开,应该发挥中央政府的权威,强化国务院的区域协调功能,组建京津冀区域发展领导小组。由国务院总理担任领导小组组长,副总理为领导小组副组长,相关部委主要负责人和京津冀三地省市长为成员。领导小组负责制定区域发展总体战略,决定促进区域协调发展的政策措施和法律、法规,管理和仲裁区域发展中出现的争端和冲突。

在国家发展和改革委员会单设办公室,由发展和改革委员会主任任办公室主任,任命一名副主任兼任办公室常务副主任。办公室负责研究提出京津冀区域发展战略、重大问题和有关政策、法律法规的建议,协调推进京津冀区域发展的各项任务,监督有关决策的执行和落实,组建京津冀区域发展的合作平台。

领导小组和办公室主要为京津冀区域合作指明发展方向,提供政策、法律框架,协调三地政府的行动,为区域合作创造一个良好的外部环境并且实施监督。决策的执行和落实交由省市层面来负责。

2）省市层面的协调组织平台：京津冀区域省市长联席会

在中央政府的强力推动下，组建京津冀区域省市长联席会，建立高层协商决策制度。两市一省的省市长或分管省市长每年定期召开一次会议，就区域重大问题展开磋商，扩大共识，并步调一致采取措施。联席会议采用三方轮流坐庄的形式，在三地轮流召开，共同商讨、确定、研究问题，共同制定合作发展规则。联席会议负责统筹整个区域发展的重大事宜，就区域发展规划、生态环境保护、交通基础设施建设、区域产业规划与布局等重大问题进行决策。负责落实京津冀区域发展领导小组的决策。

3）城市层面的协调组织平台：京津冀区域城市协调会

通过政府间协议，坚持平等互利、优势互补、统筹协调、共同发展的工作原则，通过平等协商自愿参与组建京津冀区域城市经济协调会，制定各地方政府共同遵守的章程，推动京津冀 13 个城市间展开合作。协调会积极参与京津冀地区发展规划和政策的制定，并根据国务院京津冀区域发展领导小组和京津冀区域省市长联席会议对京津冀地区发展战略部署，执行和落实区域规划，协调地区合作中重大经济项目的落实，明确责任与分工，深化专题合作活动，完善运作机制。研究区域合作课题，引导合作方向，加强沟通协调，扩大联合与协作，组织交流合作路径、方式和经验。协助各成员市扩大开放，实现外引内联，推进京津冀区域与其他区域的经济合作，实现京津冀地区联动发展。

协调会成员包括北京、天津、石家庄、唐山、保定、廊坊、张家口、承德、秦皇岛、沧州、邢台、衡水、邯郸 13 个城市，由市长或分管副市长参加。协调会的市长联席会议是最高组织形式和决策机构。市长联席会设主任城市，采用轮值制，每两年在主任城市举行一次市长会议。根据情况可以提前或延期召开，由各成员市轮流主办。

城市协调会下设办公室，是市长联席会的常设办事机构和执行机构，在市长联席会议的领导下展开工作。办公室主任由京津冀三地分管副省市长轮流担任，驻地廊坊，副主任三名，由京津冀三地委派地厅级官员担任。办公室成员由各城市市长特派员、各城市的经济协作部门的官员以及专职工作人员组成。作为办事机构，办公室负责日常联络以及会议召集事务。各个专门委员会提出的议案的收集与整理，由办公室提交给联席会议。作为执行机构，高层制定的各项战略决策、规划的执行和落实由办公室负责。根据高层会议制定的方案确定各成员市的职责与分工，各地方的协调行动均由办公室推进。

在协调会下建立职能部门协调落实制度。建立健全京津冀统筹发展机构和日常工作机构，制定议事规则和例会制度，形成良好的协作与分工机制，推动落实高层会谈成果，合力改善区域内的政策、制度和服务环境，建设相互衔接、规范协调、高效运转的市场管理和服务体系，引导、推动三地企业和行业组织开展区域合作，建立各个职能部门协调委员会。

区域规划委员会。由各城市政府规划部门牵头，会同发展改革部门、交通建设部门等相关部门以及规划专家、企业界代表、人大政协代表组成，研究区域规划，提出区域规划的方案，交由联席会议讨论决定。

区域大气污染防治委员会。由各城市政府环保部门牵头，会同其他相关部门以及企业界代表、人大政协代表、生态保护专家组成，负责区域生态环境治理的规划，交由联席会议讨论协商。

区域水资源利用与保护委员会。由各城市政府水利、环保部门牵头，会同海河流域管理委员会及其他相关部门、企业代表和专家组成，就区域水资源的保护和利用，提出规划建议和行动策略。

区域基础设施规划、建设与管理委员会。由建设部门牵头，会同相关部门和企业的代表和专家组成，就交通基础设施的发展提出方案，实行规划、建设和管理三合一的体制。

区域经济发展委员会。由城市政府经济部门及其他相关部门、经济学家、企业界代表组成，负责研究区域市场一体化战略、产业发展战略、产业布局规划与经济协作行动方案。

这些委员会的主要功能是提供一个协商平台，为各成员市提供一个交流讨论问题的平台，确保所有城市能够充分表达自己的利益诉求，有效协调各方的利益。委员会主要负责研究各种各自领域的区域专项规划、发展战略和各方行动的方案，提出方案以后，交由市长联席会议讨论决定。同时，委员会的成员除了政府相关部门以外，要与中央政府相关部门进行沟通，中央政府相关部门派代表参与委员会会议；对下要与企业和社会有效沟通，充分考量各利益相关方的利益，吸纳企业、专家以及各类社团代表的参与。

7.1.2 搭建"政府—企业—社会"合作伙伴关系平台

企业和社会公众的力量日益强大，符合社会进步的方向，是社会现代化的普遍规律。政府是区域治理的最重要的主体，但是这并不意味着政府是唯一的主体。改革开放以来，中国特色的社会主义现代化建设取得了举世瞩目的巨大成就，我国的社会、政治、经济和文化生活发生了翻天覆地的变化。但是，我们同时也应清醒地认识到新时期的挑战。收入差距和城乡差别继续扩大，社会稳定的代价日益增高，生态环境严重恶化，政府的公信力和社会的公平正义面临严重挑战。因此，需要不断创新，就创新的领域来说，需要政府创新、企业创新和社会创新。通过创新寻求解决问题的新办法、新思路，为政府、企业和社会合作搭建新的支撑平台，建立“政府—企业—社会合作伙伴关系”。通过参与机制，实现各方互动，共建参与机制，共享合作成果，建立伙伴机制。

由于中国的特殊国情，政府在企业创新和社会创新中将发挥特别重要的作用，这是中国的创新区别于西方创新的重要特征。政府应当为企业和社会创新提供宏观的制度环境，企业组织则是企业创新的主体，民间力量将是社会创新的主力。换言之，政府、企业、民间三方对于企业创新和社会创新来说，缺一不可。只有三方的团结合作，创新型国家、创新型区域、创新型社会建设才可能实现。新的服务平台、新的合作机制是跨地区、跨所有制，甚至跨行业发展的助推器。

搭建新的平台首先需要政府的强力推动。在当前京津冀区域治理进程中，应尽快组建京津冀区域规划、生态环境保护、经济协作、水资源保护和利用、交通运输规划等论坛，通过这些平台，吸纳企业和社会的参与，整合政府、企业和社会的力量，就区域重大公共问题展开协商，共同推进区域协调发展。

其次，三地政府还应为区域合作提供政策、信息、技术、人员、管理等方面的支持和服务，尽力为企业或者行业协会等社会中介服务组织搭建更多的平台，加快培育健全统一开放的市场体系，发挥中介组织在推动区域资源整体优化配置以及提供服务、反映诉求、规范行为等方面的独特作用。如建立京津冀区域信息中心，权威发布区域合作信息、城市信息、招商引资信息、决策咨询报告和课题，畅通沟通渠道。

鼓励各种中介组织和社会组织的发育和发展，促进各地区的行业协会组织建立合作关系，组建京津冀各类行业协会，为企业协作搭建平台。通过论坛、推介会、招商会、洽谈会等形式，为企业之间、银企之间、校企之间合作搭建平台。促进以企业为主体的市场力量的发育，强化区域经济交流和合作，推动区域经济一体化的进程。建立健全社会组织发育的机制，促进社会组织的发展，规范社会组织的行为，鼓励社会组织参与区域公共事务的决策和执行，充分发挥社会组织协调、沟通和监督的作用，推动区域合作的开展。

总之，京津冀区域治理平台的构建是区域治理推进的载体，需要政府、企业和社会的广泛参与。需要推进政府创新，搭建政府间合作平台；

推进企业和社会创新，构建“政府—企业—社会合作伙伴关系”，整合政府、企业、社会三种力量，推动区域治理务实、有效地开展。通过深化体制改革，创新合作机制，推动政府创新，通过政府的推动，建立完善参与机制，吸纳企业和社会的参与；通过搭建平台，发挥市场机制和社会参与的作用，形成政府、企业和社会共同推动区域治理的局面，促进区域协调发展。京津冀区域治理，既需要政府的主导，也需要企业主体的推进，还需要公众参与和社会协同。

7.2　京津冀区域治理推进的时序

从各种区域治理模式来看，时间、空间和具体问题的区别导致其模式的采用上也是大相径庭的。区域治理是一个长期而复杂的过程，需要不断进行调整和修正，以适应不断变化的环境。特别是在当前的情况下，京津冀区域治理尚处于起步阶段，无论从理念、意识还是组织制度、合作机制、法律环境等方面来讲，我们都缺乏实践经验。因此京津冀的区域治理应是一个循序渐进的过程，需要采用分步走的策略，并在实践中不断进行调整与修正。

7.2.1　短期目标：中央政府推动、地方政府参与的治理体系

从区域治理的形成机制来看，有两种模式可供选择：一是自上而下的政府推动，二是自下而上，市场和社会主导下自发性的形成。从我国的国情和京津冀区域的实际情况来看，自下而上模式难以奏效，依靠市场和社会的力量推动区域治理并不是现实的选择。京津冀区域治理应采用自上而下的模式，依靠政府的力量推动区域治理进程。鉴于京津冀区域地方政府自主型协调机制长期以来难以建立的情况，短期内应发挥中央政府的权威作用，建立由中央政府推动、地方政府参与的治理体系。由中央政府建立京津冀区域发展领导小组，国务院总理为组长，副总理为副组长，有关部委和京津冀省市长为成员，在国务院发展改革委下设办公室。制定区域环境、区域空间和经济发展总体规划，制定推进京津冀区域协调发展的政策措施，协调大气污染防治、水资源保护和利用、财税体制中的突出矛盾和紧迫问题，推进区域社会经济发展和生态建设。在领导小组的推动下，建立京津冀省市长联席会议制度，推动三地展开高层磋商，协调推进领导小组制定的总体规划方面的决策。

7.2.2 中期目标：中央政府指导、地方政府主导的治理体系

在中央政府的推动下，建立京津冀省市长高层磋商制度以后，中央政府不再直接参与，而是为京津冀区域治理提供指导和监督。京津冀省市长联席会议形成正式的制度化合作机制，成为京津冀区域合作的最高决策机构，负责制定区域规划，推进经济合作、生态环境保护和基础设施建设等区域公共事务的决策(图 7-1)。

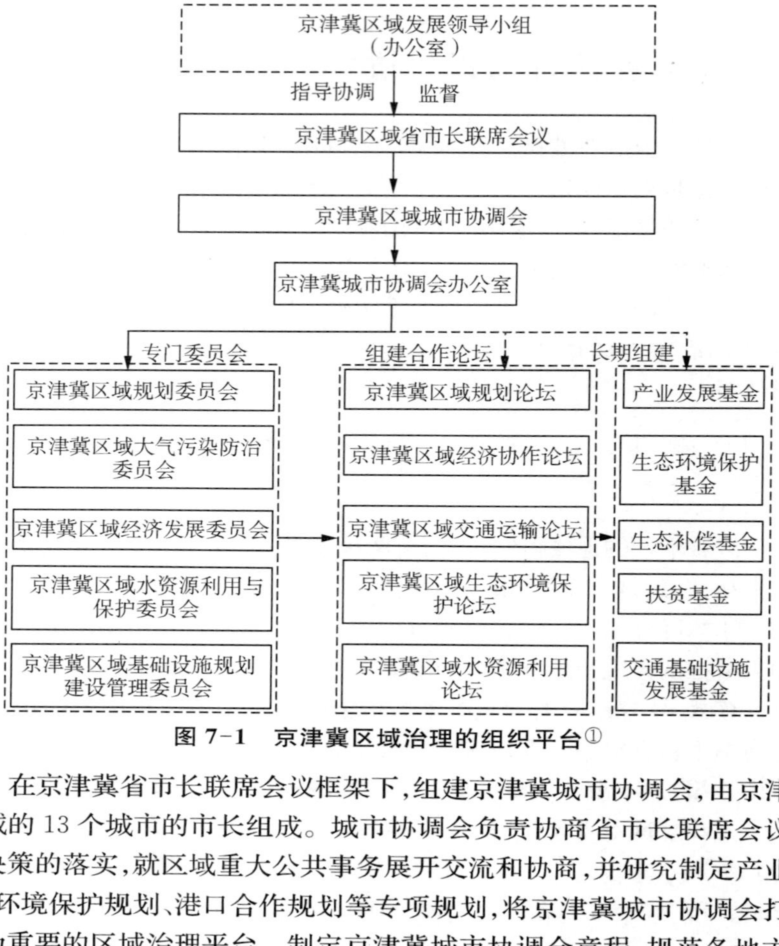

图 7-1　京津冀区域治理的组织平台①

在京津冀省市长联席会议框架下，组建京津冀城市协调会，由京津冀区域的 13 个城市的市长组成。城市协调会负责协商省市长联席会议制定决策的落实，就区域重大公共事务展开交流和协商，并研究制定产业规划、环境保护规划、港口合作规划等专项规划，将京津冀城市协调会打造成为重要的区域治理平台。制定京津冀城市协调会章程，规范各地方政府的行为，完善组织制度，创新合作机制。

① 作者绘制。

在城市协调会下组建京津冀区域城市协调会办公室，负责决策的执行、会议的召集和日常联络。在此框架下，建立部门协调机制，组建区域规划、水资源利用和保护、经济发展、大气污染防治、基础设施建设和管理等专门委员会，就各个专业领域内的区域公共事务展开交流和磋商，研究制定专项规划。在各种委员会中，吸纳企业和社会代表的参与，将专门委员会建设成为城市协调会的交流、协商、咨询机构。

此外应组建各种形式的合作论坛，为非政府力量参与区域治理提供一个平台，为政府、企业和社会的合作构建联系的通道，寻求更大范围的支持，充分发挥非政府组织的协调和监督作用。

7.2.3 远期目标：地方政府主导、企业和社会参与的治理体系

经过前两个阶段的发展，京津冀区域治理机制逐步完善，治理体系初步形成。领导小组逐步退出，形成京津冀地方政府主导的区域治理体系。京津冀城市协调会的职能逐步扩大到社会、教育、公共卫生、人才等领域，形成功能齐全的综合性区域协调组织。深化合作机制，探索合作形式，建立产业发展基金、生态保护基金、生态补偿基金、基础设施发展基金等各类区域发展基金，推动区域治理走向完善。

随着我国政治体制、经济体制和民主政治改革的逐步推进，区域治理的法律环境得到改善，市场体制也逐步完善，非政府组织的发育程度也会大大提高，社会力量也逐步发育，企业和政府的参与决策的时机业已成熟。城市协调会中应吸纳企业和社会代表参与决策，各专门委员会成员中逐步增加企业和社会代表的数量，形成企业和社会广泛参与的格局。

在区域治理推进过程中，京津冀区域发展领导小组职能逐步弱化，从指导、协调、监督逐步退出，省市长联席会议职能趋于稳定，城市协调会功能逐步扩展，专门委员会适时扩容，企业和社会参与平台和机制日趋完善，区域治理机制不断创新，区域治理的公共事务持续深化，形成基础宽、高层窄的金字塔形治理体系，形成地方政府主导、企业和社会广泛参与的多中心、多层次、多形式的治理网络。

7.3 京津冀区域治理利益协调机制的构建

7.3.1 市场机制

构建新型区域治理协调机制是京津冀区域实现协调发展战略目标的

关键。建立和完善社会主义市场经济体制，就必须充分发挥市场在资源配置中的决定性作用，依靠市场机制来实现资源的有效配置，这是实现区域协调发展的基础和前提。为此，必须打破行政区划对区域经济发展的束缚，消除阻碍市场配置资源的各种垄断和封锁，在整个京津冀区域内部合理、高效地配置资源，促进生产要素的自由流动，建立统一开放、竞争有序的区域市场体系。政府的职责和作用主要是保持宏观经济稳定，加强和优化公共服务，保障公平竞争，加强市场监管，维护市场秩序，推动可持续发展，促进共同富裕，弥补市场失灵，而不是为了代替市场。因此，要正确处理好政府与市场的关系，合理界定政府职能，必须积极稳妥地从广度和深度上推进市场化改革，大幅度减少政府对资源的直接配置，推动资源配置依据市场规则、市场价格、市场竞争实现效益最大化和效率最优化。同时，政府要加强宏观调控，合理引导产业布局，规范市场秩序，创造一个公平、公正、开放的市场环境，确保市场机制在资源配置中决定性作用的有效发挥。

建立统一开放、竞争有序的现代区域市场体系，是促进区域资源整合、区域协调发展的基本条件。目前，京津区域在市场准入、市场检验、资本自由流动、人才自由流动、产业转移等方面仍然存在一定程度的市场分割与封锁。因此要加快完善现代区域市场体系、宏观调控体系、开放型经济体系，公平开放透明的市场规则，实行统一的市场准入制度。其次改革市场监管体系，实行统一的市场监管，清理和废除妨碍全国统一市场和公平竞争的各种规定和做法，严禁和惩处各类违法实行优惠政策行为。生产要素的自由流动、企业自由迁移、产业转移中的障碍必须消除。必须破除地方保护主义和地方本位主义，反对地方保护，反对垄断和不正当竞争，实现资本、技术、人才等生产要素的自由流动。通过加强区域合作，强化区域整体意识，加速区域市场一体化进程。要建立生产要素合理流动，消除行政壁垒和市场障碍，共同培育和发展京津冀区域统一的市场体系，积极发展面向区域的各类中介机构，加强行业和商会的协作，增强区域经济活力。

市场机制是京津冀区域治理协调机制的主体机制，在推进区域治理中，项目合作是最主要的合作形式，在项目合作中，要以市场机制为主体，发挥市场机制的决定性作用，运用市场规则、价格、竞争等机制推动项目合作，从而推动区域治理的进程。

7.3.2 行政机制

统筹区域系统发展是各级政府的共同责任，区域的发展也离不开政府行政机制作用的充分发挥。区域治理的实施是为了弥补政府和市场的不足，而不是也无法取代政府和市场的作用，区域治理协调机制必须要有行政力机制的有效推动。京津冀区域需要建立省（市）级、部门级、市级三个层次的行政协调机制。

1）建立"三地四方"的省市长行政协调机制

从国家层面看，统筹全国区域协调发展的责任主要由中央政府承担。京津冀区域是中央政府所在地，中央政府必然要参与到京津冀的区域治理中，承担协调三个省级政府的责任，充分发挥中央政府的行政调控职能。从京津冀区域层面看，统筹区域协调发展是京津冀三地政府的责任和义务。京津冀区域的协调发展，在很大程度上取决于三地政府的协调。在目前特殊的转轨时期，行政力量作用的发挥，对区域发展起着至关重要的作用。京津冀三地之间、各地区之间以及各部门之间的协调行动，是整个区域协调发展的关键。当前，京津冀三地政府之间的交流日益频繁，但是交流与沟通多、协调少，"双边"的交流与沟通占据主导、"三边"的交流与沟通缺乏，共识多、行动少。行政机制对区域发展的促进作用有待提高。为此，必须整合现有的协调平台，建立一个由"三地四方"都参与的协调平台，形成"三地四方"互动、协调的制度化、常态化、规范化机制，充分发挥行政力量的推动作用。

2）建立健全城市行政协调机制

现代经济的发展主要依靠城市的推动，城市已经成为人类活动的主要载体。区域的发展主要依靠城市群的发展。京津冀区域有京津两大直辖市和河北省的11个地级城市，区域的发展水平取决于13个城市形成的城市群的发展。城市的发展是城市政府应承担的责任，城市政府也是京津冀区域发展的重要利益主体。因此，城市之间的协调就成为区域协调的重要内容。京津冀区域应建立包括13个城市的城市发展协调机制，创建新型城市行政协调机制。充分调动城市政府的积极性，通过城市群的发展带动整个区域的持续快速发展。

3）建立健全地区间职能部门协调落实机制

区域合作涉及经济、社会和环境发展的方方面面，合作事项的落实需要经济部门、环保部门、规划部门等职能部门的落实与推动。为此，京津冀区域应建立地区间职能部门的定期与不定期会商协调机制。三省市职能部门建立协调联络机制。一方面通过部门协调机制，及时交流各地区之间的工作信息。另一方面，通过交流明确区域合作重点，及时协调合作事项的落实。

7.3.3 空间机制

规划是经济、社会、文化和生态政策的地理表达，通过经济规划明确经济发展的战略和方向，合理安排经济部门和产业发展的顺序。通过空间规划，确定区域国土空间开发的强度和开发时序，实现经济布局的空间落实，以达到国土空间的有序开发，保护区域生态环境，合理利用土地，平衡地区经济社会发展等目标。

1）编制京津冀区域发展规划

京津冀区域缺乏一个统领全局的总体发展规划，各地区都是在其行政辖区范围内组织经济社会的发展，不能实现在整个区域内合理地配置资源，造成了资源浪费，形成严重的内耗。因此，要制定京津冀区域发展规划，对京津冀区域的经济社会发展、生态环境保护、土地利用、交通基础设施建设等区域公共事务进行总体布局与安排。充分发挥空间协调机制的作用，建立高效的区域空间协调机制，实现对区域优势最大限度的挖掘和利用，统筹区域协调发展。

2）制定区域专项规划

区域发展规划制定以后，还应着手制定区域生态环境规划、土地利用规划、产业规划、交通基础设施规划等专项规划，将总体规划落实到具体的空间内，细化到经济、社会和环境发展的各个领域，充分利用各种规划的空间协调功能，推动区域的协调发展。

3）建立各地区规划部门之间的协调机制

各地区的规划都是由各地规划部门制定的，这些部门之间在制定规划时都是基于行政区划的界限，相互之间缺乏有效的沟通与合作，因此地区规划之间难以有效地衔接，整个区域的规划就呈现出各自为政的局面，极大地浪费了资源，也造成了重复建设。为此，应建立规划部门的协商机制，规划部门之间形成定期的、制度化的交流机制，促进各地区规划部门的交流与合作，实现地区间规划的有效衔接。

7.3.4 共享机制

区域协调发展要实现各利益主体的利益，确保各利益主体都能共享发展的成果。只有通过利益共享，才能调动利益相关者的积极性，采取协调行动，推进区域的协调发展。因此，共享机制是区域治理协调机制的根本。要实现京津冀区域的协调发展，需要建立新型共享机制。

1）资源共享机制

所谓资源共享机制，是指按照资源所有权的特征，以产权为纽带，由资源的利益主体即中央政府、地方政府、企业以及资源所在地居民，共同参与资源开发，合理分配资源开发利益，减少资源在非共享状态下开发中出现的弊端。区域的发展就是利用各种资源，充分发挥区域资源优势，实现资源的优化配置。

因此，京津冀区域协调发展应整合各种资源，在整个区域内有效配置资源。对区域内各种公共资源，如基础设施、公共服务设施、信息资源、人才资源、科技资源等，打破行政区划限制，实现区域范围内的资源共享。一是要建立便捷的区域交通网络。加强区域现代交通建设，加强区域内的公路、铁路、航空等建设，加强区域内海港、空港和铁路等运输的交通协作，尽快形成互联式一体化的交通网络体系。二是要加强区域中各个港口的分工与合作，通过整合资源、合理分工、发挥优势，实现共同发展，发挥港口的功能辐射，加强港口与港口、港口与腹地之间的协作，带动区域经济的发展。三是要扩大能源和产业合作，积极推进区域电力、煤炭、石油天然气等重大能源项目合作，支持和引导区域产业转移，鼓励和推动优势产业扩张，促进区域产业结构调整和产业布局的优化，组建环渤海区域工业合作发展推动小组，研究制定区域工业发展战略与规划，为区域内的合作交流搭建平台。四是要加强科技合作与创新，充分利用北京、天津的人才、科技优势资源，促进区域技术创新的发展，为产业的发展提供支撑，创建创新型区域。五是要完善信息共享机制，建立和完善各地区间的信息共享与交流。打造区域信息平台，加强电子政务、电子商务网络的建设，建设环渤海地区城市协调联动的服务体系。

2）利益共享机制

区域合作的本质动因是利益，没有利益的驱动，区域协调发展就难以开展。因此，首先应加强沟通与交流，使各方都能明确参与合作所能带来的利益，达成共识。利益共享机制的建立必须建立利益诉求表达机制，随着社会的多元化和分层化，利益需求也日渐多元，不同利益群体之间总是存在着矛盾与冲突，如果没有畅通的利益表达渠道和及时的信息沟通与反馈渠道，那么很容易激化矛盾。因此，要建立利益表达机制，确保利益相关者能够表达自己的利益诉求。

其次，必须建立利益共享机制，确保合作行动的参与方都有权共享合作带来的利益，这是区域协调能够推进的根本保证。

第三，要建立利益分配机制。合作带来的利益如何分配是合作行动得以顺利实施的关键。利益分享机制主要通过市场机制来实现，为此要综合考虑合作各方的资源投入，本着谁投入谁受益的原则，根据其投入比例来确定利益分配。如在资源开发、产业合作、基础设施建设中，运用市场规则，组建股份制公司为载体，根据投资的比例来确定利润的分配。

第四，要建立利益补偿机制。区域的发展遵循区域整体利益最大化原则，整体利益和行政区利益存在着矛盾。而且区域发展是通过产业的区域空间集聚和转移来实现区域资源的优化配置，这必然会打破原有的利益分配格局。因此必须平衡和协调整体利益和局部利益的冲突。随着京津冀区域经济发展的深入，产业转移扩散逐渐加速。错位发展、梯度发展、协同发展成为优化区域资源和合理产业空间布局的必然选择。在产业转型升级和产业转移扩散过程中，产业流出地的利益一定程度上受到了损失。如首钢迁出北京市，整体搬迁到河北的曹妃甸。北京市的 GDP 和财政收入受到了影响，短期经济利益受损。而河北作为迁入地一跃成为全国最大的钢铁基地，获得了相应的经济利益。如果受损方的利益无法得到补偿，那么产业转移就会受到行政力量的制约，区域产业空间布局就难以优化。因此一方面可以通过市场规则由河北省对北京市做出补偿，如一定时期内一定比例的税收分成；另一方面可以建立补偿基金，对产业转出地进行相应的补偿，推动区域产业的优化升级和协调发展。

7.3.5 合作机制

区域协调发展是区域各方按照资源共享、优势互补、平等互利、共同发展的原则，采取集体一致行动的过程。只有构建制度化的区域合作长效机制，才能促使各方积极参与区域的协调发展。因此要构建多层次、多中心、网络化、开放的区域治理合作机制，协调区域各利益相关方的利益冲突。

1）搭建平台，创新机制，构建政府合作伙伴关系

在经济全球化和区域经济一体化的背景下，任何单个地方都不能离开其他地方而单独发展。地方之间的合作是区域经济发展的必然结果和客观要求。构建新型政府间合作关系，推进区域合作进程对区域发展至关重要。

依托现有的环渤海区域合作市长联席会平台和区域合作组织，加强各方的合作，推进京津冀区域经济、社会和生态环境等领域的合作。通过完善机制、创新机制，吸引更多的地区和成员参与到区域合作中来。在合作互利的共同目标下，将北京市、天津市和河北省以及相关城市都纳入合

作平台，形成多层次、多形式、多领域合作机制。依托京津冀三地的投资洽谈会、交易会、博览会等大型活动，搭建多层次、多形式、多领域的区域合作平台，促进区域产业交流与合作。

通过这些平台，为京津冀城市群创建各种类型的合作伙伴关系创造条件，从竞争型关系转变为竞合关系。

2）构建政府与市场合作伙伴关系

政府与市场是两种不同的资源配置方式，二者不是对立关系，也不是简单的监管关系，政府与市场合作伙伴关系能够弥补单方运作时出现的弊端，有效推进区域的发展。京津冀区域建立政府与私营机构合作伙伴关系可以采取以下几种方式：

政府开发公司。通过由政府设立的开发公司采取市场化运作方式提供公共服务。政府通过政策和资金引导，吸引私营企业的资金投入，进行商业活动，促进区域发展。

特许经营。特许经营权是政府委托或授予私营机构在特定的市场范围或地区经营某种业务和服务的权利。政府需要制定相应的服务水平标准和价格，接受服务的消费者直接对服务的提供者付费。

政府与私营机构合作（合资）。这是一种政府与私营机构通过合约进行合作的方式，双方共同出资组建公司，政府与私营机构的资源结合在一起，并明确各自的责任和义务，共同提供公共服务。

3）构建政府与社会的新型合作伙伴关系

区域治理应该是一个互动的、发展的、多元主体共同治理的模式，在转型时期，非营利组织扮演着承接政府逐步退出并转交给社会的部分社会职能的角色。政府需要适应由“家长”到“掌舵者”到“合作伙伴”的角色转变，通过不断调整自身的定位来积极影响社会进程。通过政府购买、委托授权等方式，开展多种契约性、制度性的联动，建立良性、友好、互惠的合作伙伴关系，实现对区域公共事务的有效治理。

总之，京津冀区域治理的推进需要通过搭建平台，创新机制，整合资源，构建互动衔接运作机制，在政府和居民、企业之间建立嵌入式的沟通、服务和互动机制，形成政府、企业和社会公众之间的合作伙伴关系。积极研究探索新型的合作长效机制与制度化机制，构建互信、互惠、互利、互动的合作机制，充分调动各方的力量，推进京津冀区域的务实合作。

7.3.6 补偿机制

补偿机制中的补偿可分为产业补偿和生态补偿。产业补偿是指因在产业政策实施或者产业布局与转移中部分地区受到损失而进行的补偿。产业补偿在前文利益共享机制中的利益补偿机制中已经论述,这里主要探讨生态补偿。生态补偿是指对因保护生态环境而付出的成本和受到的损失进行补偿。中国生态补偿机制与政策研究课题组给出的定义是:以保护和可持续利用生态系统服务为目的,以经济手段为主调节相关利益者关系的制度性安排,通过制度创新,实行生态保护的外部性内在化,解决生态产品这一特殊公共物品消费的搭便车现象以及生产的足额供应。① 生态环境是区域共有的资源,保护生态环境是区域所有成员的共同责任。河北省的太行山脉地区以及燕山山脉地区是京津冀区域的生态功能区,也是京津冀区域的欠发达地区。由于其生态环境的重要性,发展工业受到了限制,这些地区的发展受到损失。因此应建立生态补偿机制,对该地区进行生态补偿。补偿机制有两种方式。

1) 政府补偿

政府补偿是指通过政府的财政转移支付方式实施生态保护补偿,政府补偿需要建立两种补偿机制。一是中央政府补偿机制。我国财政部制定的《政府预算收支科目》中,与生态环境保护相关的支出项目约 30 项,但没有专设生态环境补偿科目。因此在财政转移支付项目中,应该增加生态环境补偿项目,并加大该类项目的纵向转移力度,对全国主体功能区规划中的限制开发区域和禁止开发区域予以相应的政策倾斜。

二是建立横向转移纵向化的补偿机制。在海河下游地区与上游地区、开发地区与保护地区、生态受益地区与生态保护地区等受益主体与生态建设主体相对明确的区域之间,可考虑通过构建横向财政转移支付制度,建立起区域间生态补偿机制。横向转移支付制度有两种模式可以选择:为了减少应补未补、补偿过度和补偿不足等不公平和效率低下现象,可以考虑由中央财政确定横向补偿标准,将生态环境受益地区向生态效益提供地区的转移支付统一上缴中央政府后,再通过纵向支付将横向生态环境补偿金拨付给因保护或投入生态环境而丧失经济发展机会的地区和人群。另一种方案是由中央政府牵头,京津冀三地政府间进行谈判、协商,最后形成相对稳定的横向转移支付制度,由受益地区政府直接支付给生态补偿地区的政府,并对这一生态补偿资金进行监管,确保这一资金用于生态建设和提供基本公共服务。②

---

① 俞海,任勇. 中国生态补偿:概念、问题类型与政策路径选择[J]. 中国软科学,2008(6):7-15

② 施文泼. 从张家口的实践看如何完善生态补偿机制[J]. 中国财政,2013(6):48-50

2）市场补偿

市场补偿是指在政府的引导下实现生态保护者与生态受益者之间自愿协商的补偿。对于产权明晰的生态环境产品可以通过产权交易式补偿的方式进行补偿，如跨区域的调水问题。2005 年 1 月 6 日，我国首例域市水权交易在浙江省义乌市正式“交货”。东阳与义乌两个县级市之间的水权交易，打破了“指令用水、行政划拨”的旧模式，建立了跨越城市的水权市场，通过平等、协商的市场机制达成交易，证明了市场机制是水资源配置的有效手段。[①] 河北省是京津两市重要的水源地，可以在确定水权的基础上，谈判供水价格，将水土保持、水质保护等综合管理费用纳入水价中。通过市场机制解决跨地区的水资源综合利用问题。

对于保护生态环境和治理环境而付出的成本与受到的损失也可以通过市场补偿来实现。如浙江省与安徽省关于新安江流域水质治理的“对赌协议”，双方在两省交界处检测流域断面水质，如达到标准，则下游的浙江省将治理资金支付给安徽省，相反，则安徽省支付给浙江省。京津冀三地也可以参照这一模式，由京津冀区域合作组织分配治理资金，将大气污染防治、水资源保护等专项治理资金用于生态环境保护。

为此要完善生态补偿标准体系，通过中央政府制定、地方政府谈判或第三方机构制定等方式确定生态补偿标准，加大财政对生态补偿的投入力度，构建横向财政转移支付制度，不断扩大生态补偿的范围和内容，建立京津冀区域生态补偿长效运行机制。同时，生态补偿也不仅仅限于货币补偿，产业补偿也是一种可行的选择，如以受益方出资建设产业项目的方式实行补偿。

7.3.7 扶持机制

扶持机制是实现区域协调发展的重要手段。仅靠市场机制，区域发展不平衡的问题很难解决，市场的力量只会加大地区差距的扩大趋势。区域的非均衡发展是客观规律作用的结果，但是区域协调发展要实现区域的共同发展，不能放任区域差距的扩大。而且区域差距过大对整个区域的发展也会造成影响。因此要建立扶持机制，对落后地区进行扶持。

1）建立“双飞”扶持机制

所谓“双飞”机制，一为飞地机制，二为“飞人”机制。

飞地机制。河北省的唐山市芦台经济技术开发区（原芦台农场）、

---

① 连玉明，武建忠. 中国政府创新案例[M]. 北京：中国时代经济出版社，2006：75-77

唐山市汉沽管理区(原汉沽农场)以及地处河北涉县的天津铁厂都属于飞地。飞地的形成是历史遗留问题。飞地的存在对飞地所在地的经济社会发展造成了影响。如河北省在天津市的两块飞地面积接近300 km^2,对天津市基础设施建设、产业布局等都造成了不利影响。可以考虑通过行政托管或共管的方式,在不改变行政隶属权的情况下发展飞地经济。如两块飞地由天津市管理,由津冀双方共同建设“飞地开发区”,统筹区域基础设施、产业布局、公共服务,双方共同分享开发利益,加速飞地的发展。

此外,北京市和天津市拥有较好的经济基础,产业优势和技术优势明显。而河北省拥有广阔的发展空间。由北京市、天津市发挥产业和技术优势,与河北省合作,在河北省建立“经济飞地”。天津港在北京和河北建立的无水港、2010 年天津市红桥区与山东省庆云县在山东共同建设的红云高新技术产业开发区,在发展经济飞地方面已经进行了积极的探索。因此,京津冀区域可以大力发展飞地经济,按照“优势互补、合作共赢;政府推动、园区为主;市场运作、多元模式”的原则,探索建立“能源飞地”、“产业飞地”、“粮食飞地”等各种飞地,加大对河北省的产业、技术扶持力度,促进区域产业的转移辐射和布局优化。

“飞人”机制。借鉴中央政府对贫困落后地区的扶持机制,建立京津冀地区的“飞人”机制,主要包括异地任职和交叉任职两种形式。异地任职就是由经济发展较快的北京市和天津市选派干部到经济欠发达的河北省任职,促进这些地区的发展。交叉任职即京津冀三地的宏观经济管理部门领导互派官员或同时兼任其他地方政府部门负责人,一人身兼两任,熟悉各地情况,制定发展规划和计划时,可以同时考虑两地需要,切实起到“协调”的作用。①

2) 建立和完善对口帮扶机制

河北省环京津贫困带已经纳入国家集中连片扶贫开发战略,对这一地区的扶持除了有中央政府的政策、财政转移支付扶持外,京津冀三地尤其是京津两市应探索建立对口支援机制,尤其是对张家口市和承德市的对口扶持。建立京津两市的经济发达区县对河北的欠发达地区的对口帮扶机制。不断完善对口支援方式,加大技术、智力和人才援助的扶持力度,采取援建开发园区、援建项目等多种形式,建立造血型、长效对口支援

---

① 杜宇. 区域协调发展体制、机制创新研究——以江苏为例[J]. 经济与社会发展,2008,6(7):67-81

扶持机制。同时由京津冀合作发展基金对这一地区基础设施建设、医疗卫生、教育等领域进行扶持。

7.3.8 参与机制

区域政策只有建立在区域利益相关者高度认同的基础上，才能在目标上汇集多个利益相关者的愿景，从而得以有效实施，切实解决区域发展的问题。因此，区域治理的主体具有多中心、多层次的特征。多中心的治理主体意味着存在市场和社会的力量，这些力量作为独立的主体围绕着特定公共事务，按照一定的规则，采取弹性的、灵活的、多样性的协商行动，以求高绩效地解决公共事务。而多元决策主体的利益同样是多元的，多元利益在行动中通过冲突、对话、协商，达成平衡和整合。区域协调发展是一项复杂的系统性工程，涉及众多的利益主体的利益，只有在各利益相关方都能参与的前提下，才能有效推进区域的协调发展。为此，必须建立一个政府、企业、居民和非政府组织等广泛参与的、开放的、网络化的、扁平化的参与机制，才能协调各利益相关方的利益冲突。

1）建立政府、企业和社会广泛参与的参与机制

当前京津冀区域协调发展中面临的冲突日益增多，如生态环境保护、海河流域治理、基础设施建设、港口的发展以及区域经济发展中的利益冲突，这些问题的解决需要建立新型的协调机制以协调地区间的利益冲突。京津冀区域需要建立一个由政府主导的，企业、居民和社会广泛参与的协调机制。目前的协调平台只有环渤海区域合作市长联席会，但是北京市尚未加入。可以依托现有的平台，邀请北京市参与进来。或者重新组建一个新的京津冀区域省市长联席会，成员包括北京市、天津市和河北省政府以及河北省的11个地级市。在此基础上，尽快完善地区间冲突的利益诉求机制和协商解决机制，鼓励和支持学术界、企业界以及社会团体和民间组织参与到区域发展决策的制定中，推动建立以区域合作组织、企业、各类非政府组织等多元主体参与的区域治理模式。

2）探索建立区域合作发展基金

通过多渠道筹集资金，如中央政府的财政资金、地方财政资金、企业和社会捐赠等，建立区域合作发展基金，用于引导区域重大基础设施建设、生态环境治理、信息共享平台建设、公共卫生安全等公共服务领域的发展，推进区域经济、社会和环境的协调发展（图7-2）。

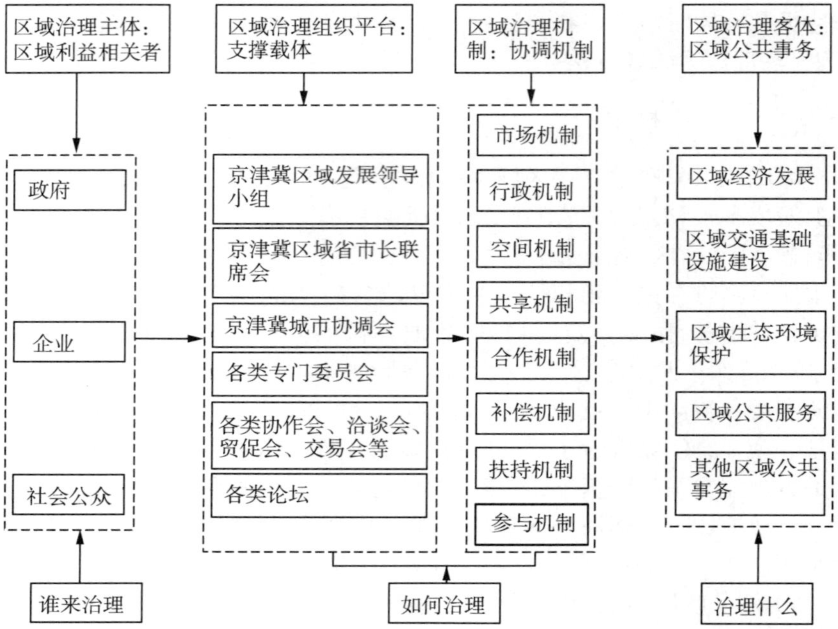

图 7-2 京津冀区域治理体系①

总之，京津冀区域治理协调机制的构建需要组织平台的支撑，为此需要搭建政府间协商平台、政府与企业和社会协商平台，根据应对的具体问题的不同，创建各类协调机制，采取分步走的战略，逐步拓宽合作的领域，创新合作机制，吸引更大范围的利益相关者的广泛参与，形成以政府为主导、市场为纽带、企业为主体，项目为载体、社会参与的互动协调体系。

区域治理是一个持续、互动的渐进过程，在推进过程中要根据环境的变化、面对的具体事务的不同，因地制宜、因时制宜、因事制宜，不断调整合作机制，创新协调机制，创建合作组织，推动京津冀区域公共事务的治理。在各种协调机制中，市场机制处于主体地位，要确立市场机制在资源配置中的决定性作用，充分发挥市场机制对各类治理主体的引导作用。行政机制是京津冀区域治理的重要核心机制，要发挥行政机制协调各级政府的关键作用。其他机制是京津冀区域治理的重要有机组成部分，在推进京津冀区域治理中，要注重各类协调机制的有机配合与协调。

① 作者绘制。

8 完善京津冀区域治理的建议

京津冀区域是我国参与全球竞争的三大区域之一,该区域的协调发展是事关国家全局的战略性问题。区域治理协调机制的构建不是一朝一夕能够完成的,需要持续的推动,需要政府、企业和社会的广泛参与和共同努力。

8.1 树立新型观念,促进思想转变

8.1.1 转变思想,"打造新时期社会主义现代化的'双城记'"

世界各国的发展经验证明,区域的发展需要中心城市的强力带动。中心城市辐射作用的有效发挥,是区域发展的关键动力。京津冀区域有京津两大中心城市,但是长期以来,京津冀三地都是在相对独立发展,京津对河北的辐射作用微乎其微,两大中心城市的极化效应使得京津与周边地区经济发展差距日益扩大,城市对周边地区的吸附效应远大于扩散效应,形成了"孤岛效应",制约了整个区域的发展。

习近平总书记2013年在天津视察工作时指出,京津两地要谱写新时期社会主义现代化的"双城记",积极推进京津冀区域发展合作。因此京津两地首先应转变思想,深化合作,形成合力,切实发挥中心城市的辐射带动作用。北京应主动承担起推进京津冀区域合作的"龙头"的重任,积极参与到京津冀的合作中来,发挥其政治、文化中心的功能,消除影响区域合作的制度壁垒,充分利用科技、人才等优势,服务于京津冀区域发展;天津应加快经济中心建设,与北京共同形成双中心的发展格局,发挥港口、技术辐射功能,主动寻求与京冀的合作,切实发挥经济中心的辐射功能,带动区域经济的发展;河北应立足自身的发展,"打铁还要自身硬",地区的发展不能寄望于其他地区的"溢出",通过强化自身经济实力,主动融入京津的发展,积极吸纳京津两市的产业转移和辐射。河北更须反思省内自身的不足,并勇敢地向长三角、珠三角学习。既要学习它们是如何与核心城市融为一体的,更要学习它们是如何与整个市场经济的大潮融为

一体的。

8.1.2 树立新型区域观念，破除行政区观念的束缚

区域是一个整体系统，区域的发展需要各行政区的协同发展才能实现。在经济全球化的背景下，区域的竞争已经从单个地方行政区、城市的竞争转变到整个区域之间的竞争。因此，需要从区域整体来考察经济运行、社会发展、基础设施建设、区域公共服务、生态环境保护等问题，而不能局限于各自的行政辖区。而且，区域是一个开放的系统，不仅需要区域内部各子系统之间的合理分工、有序竞争、充分合作与协同发展，也需要不断与外部系统（其他区域）交换资源，才能维系整个区域系统的良性运行。因此需要地方政府跳出行政辖区的界限，从京津冀区域甚至全国的高度来看待行政区的发展。

行政区域是一个封闭的系统，是国家实施管理的行政单元。单个行政区的发展也离不开其经济腹地的支撑，繁荣的中心城市如果没有腹地的支撑，其繁荣也会昙花一现，难以实现可持续发展。京津两地的发展需要河北这个腹地的支撑，河北的发展也需要京津两市这个“高地”的辐射，整个区域是一个相互依存、相互作用的系统。区域内部系统之间的经济联系客观上要求我们破除行政区划的束缚，建立统一、开放的整体区域观念。因此，各地方政府需要转变观念，地方政府不能打“小算盘”，搞“小九九”，要树立区域“一盘棋”的观念，通过建立区域协调机制，破除各种行政壁垒，消除行政区划界限对区域经济的刚性约束，合力推动区域一体化的进程。

树立新型区域观念的同时，还应避免区域概念的“错用”和“滥用”。如“首都圈”、“首都区”、“大北京地区”、“首都都市圈”等，这些概念都突出了北京或者首都的地位，有忽略津冀两地之嫌。“京津冀都市圈”的提法也不合时宜，首先“圈”的提法不能反映区域的真实含义，其次“都市圈”的提法又忽视了广大的乡村地区，与我国城乡一体化的发展战略不符。因此建议使用“京津冀区域”这一概念更为妥帖。

8.1.3 树立治理理念，推动区域治理体系形成

区域是政府、市场和居民共同的生存空间，区域的发展需要三者共同参与。政府是推动区域发展的主体，但是政府并不是万能的，在资源配置中存在着政府失灵，西方国家推行区域治理的实践告诉我们，巨人政府并不能解决区域性问题；同时市场机制也不是万能的，市场化多中心治理的

公共选择理论也证明,仅仅依靠市场竞争来解决区域性问题也是行不通的。因此需要寻求第三条道路,即引入社会力量来弥补政府与市场的不足,依靠政府、市场和社会三元主体的力量,共同推进区域协调发展。

过去30多年的改革开放,中国是经济先行。由于摸着石头过河,很多改革政策的出现都是自下而上的,呈现分散化、碎片化的特点。而现在随着经济增长放缓,社会方方面面都需要平衡发展,急需建立现代国家治理体系。我国在计划经济时期形成的政府主管一切的惯性思维的影响长期存在,因此在区域发展中,政府成为推进区域治理的唯一主体,市场力量和社会力量没有发挥应有的作用。因此,我们必须破除政府全能的思维,一方面为政府"减负",将不需要政府承担的职能剥离出来,让位于市场和社会;另一方面为政府"加负",将需要政府承担的区域性公共事务纳入政府的职能中。同时要完善市场经济体制,充分发挥市场机制在资源配置中的决定性作用,通过市场的力量推进区域经济一体化。还要鼓励和引导社会力量的发育,推进社会主义民主政治的进程,使得社会公众能够参与到京津冀区域治理中来。

8.1.4 破除地方利益固化藩篱,推动从"空吸"到"扩散"转变

中国社科院、北京市社科院联合发布的2006年《中国区域发展蓝皮书》指出,上海经济的快速发展带动了江苏、浙江等相关地区的快速发展。而京津冀三地都是在相对独立发展,北京对两者的辐射作用微乎其微,北京的"空吸现象",北京与周边地区经济发展差距较大,京津冀三地的人才、资源逐渐向北京集中,这又使北京与周边地区的差距进一步拉大,造成周边地区发展等相对迟缓。城市对周边地区的吸附效应远大于扩散效应,索取远大于给予。首都北京的经济社会发展状况存在着一种"孤岛效应",拉大了贫富差距。在京津的"空吸"之下,河北省形成了"环京津贫困带"。

有学者运用增长极理论对"空吸"现象进行研究,指出北京"空吸"现象就是增长极聚集效应大于扩散效应造成的,是增长极理论中增长极极化作用的体现。① 增长极的迅速发展,具有利益相对性,产生吸引力和向心力,使周围地区的劳动力、资金、技术等要素转移到核心地区,剥夺了周围区域的发展机会,使核心区域与周围地区的经济发展差距扩大,这是增

① 蒋秀兰,刘金方.从增长极理论看京津冀区域经济发展[J].城市,2007(5):25-28

长极对周围区域产生的负效应。

关于“空吸”与极化的研究结论都是指出北京的“空吸”与“极化”造成了周边地区的发展缓慢。事实上,京津冀区域的“空吸”与“极化”分为三个层次:第一层次是北京的空吸、极化效应;第二个层次是天津的空吸、极化效应;第三个层次是各地级市对周边地区的空吸、极化效应。现有的研究都集中在第一个层次,北京的空吸与极化效应是最强的,这是毋庸置疑的,但是天津与河北省的 11 个地级市对其周边地区也有类似的作用,也是造成京津冀区域发展不平衡的重要原因。另一方面现有的研究指出了北京经济上的极化效应大于扩散效应,然而却忽视了另一个重要的极化效应——制度极化。北京作为首都与中央政府关系密切,其政策和制度资源的获得性在区域乃至全国都是最高的,利用掌握的制度资源促进了经济上的极化。在行政区经济运行时期,制度极化为经济极化保驾护航,行政区的封锁确保极化成果不外溢,导致对周边地区的辐射效应很低。

其实,行政区经济理论对这一现象更具有解释力。行政区经济运行体系中,各行政区都以行政区划为边界组织经济运行,行政中心与经济中心保持高度一致。各行政主体利用各种保护手段,进行市场封锁、设置壁垒来确保本行政辖区的经济利益不外溢。各行政主体都将经济资源聚集在离行政中心较近、易于掌控的范围内,这就形成了资金、人才都集中在经济(行政)中心的局面。而且,行政区经济具有边界衰竭的效应,经济中心对周围的辐射作用随着距离的增加而衰减。因此,行政区交界地带往往成为经济欠发达、贫困人口聚集的地区。

空吸与极化效应的显现既是客观经济规律的结果,同时也是体制因素作用的结果。在京津冀地区,客观上存在着北京市、天津市两个直辖市和河北省三个省级行政主体。区域一体化的发展陷入了京津冀与中央“三地四方”复杂博弈的泥潭中而步履维艰。利益主体多元化是地方利益固化的现实基础。在分权化的改革路径下,地方政府已成为地区利益的代言人和实现地区利益的主体,维护地区利益便成为地方政府行为的主要动机。地方政府对地方既得利益的维护,固化了地方利益格局,强化了空吸与极化效应。因此需要从体制入手,打破地方利益固化藩篱,实现从空吸到扩散的转变。解决问题的途径一方面需要遏制地方政府过度追求经济利益的冲动,通过改革投资体制、金融体制、财政体制、政绩考核机制,弱化地方政府的经济主体地位,减少地方政府对地方财政的过度依赖,把政府的经济职能回归到调节经济运行,而不是直接干预经济。地方利益保护就能逐步消除,空吸效应也能够得到有效缓解。另一方面,要确保市场机制在资源配置中发挥决定性的作用，确立企业的投资主体地位，在政府的调节下，依靠价格、竞争等市场机制，企业的自由扩张能够自然地实现资源的高效配置。没有了政府对经济的不必要的干预，京津的空吸与极化作用必然会减弱，其辐射效应也能够充分发挥。

8.2 推进政府职能转变，促进地方政府间合作

8.2.1 合理界定政府与市场和社会的关系

李克强总理在2013夏季达沃斯论坛开幕式上致辞表示，30多年来中国经济和社会发展能够有今天这样的成就得益于改革，未来中国要保持经济长期持续健康发展还必须依靠改革。“我认为经济体制改革的关键是要处理好政府和市场、社会的关系。”政府和市场并非简单的此消彼长关系，应突破政府与市场二元对立的思维，形成互补共生的关系。处理好政府和市场的关系，不是简单的政府职能削弱、市场功能强化，而是两者职能的重新界定。政府要在经济调节、市场监管、社会管理和公共服务方面到位而不越位。中央政府要加强宏观调控能力，加大区域协调力度，同时要加强发展战略、规划、政策、标准等的制定和实施，加强市场监管，加强各类公共服务供给。地方政府要强化区域公共服务、市场监管、社会管理、环境保护等职责。市场要在资源配置方面起决定性作用，应根据市场经济的一般规律和我国社会主义市场经济初级阶段的国情，来处理好政府和市场的关系。凡是市场和企业能够解决的一般性竞争领域，要交给市场来办。凡是市场不能解决或不能有效解决的领域，应交由政府来办。要解决政府职能存在的“越位”、“错位”、“不到位”、“缺位”等问题，政府的主要职责是弥补市场失灵，为市场主体创造公平竞争的环境。真正做到该市场的归给市场，该政府的归给政府，社会主义体制改革才能顺利推进，社会力量才有生存空间，政府、市场与社会才能有效充分发挥各自应有的作用。

8.2.2 建立现代财政制度，调动中央和地方两个积极性

党的十八大报告指出，加快改革财税体制，健全中央和地方财力与事权相匹配的体制，完善促进基本公共服务均等化和主体功能区建设的公共财政体系，构建地方税体系，形成有利于结构优化、社会公平的税收制度。财税体制不仅涉及中央与地方之间、不同地区之间、不同部门之间的

责权利关系的调整，而且还涉及个人、企业和政府之间利益关系的调整，涉及政府与市场在资源配置中的定位与作用，可以说是“牵一发而动全身”。财政的收支范围实际上就是政府职能范围和资源配置作用在经济上的反映。因此，理顺财税体制，减少地方政府对财政的依赖，有助于打破地方行政封锁，调整经济结构，规范政府职能，推动地方政府合作。

建立事权和支出责任相适应的制度。合理确定中央事务、地方事务、中央与地方共同事务、中央委托事务、中央引导和鼓励性事务的边界，规范省以下各级政府事权边界。跨区域重大项目建设维护等作为中央和地方共同事权，区域性公共服务作为地方事权。中央和地方按照事权划分相应承担和分担支出责任。根据各自承担的事权确定各自的责任，提供相应的财力支持。健全财政转移支付制度，按事权优先原则，进一步调整优化税收划分和转移支付制度。强化对基层政府的支持，加强对冀北、冀中南等落后地区的扶持力度，缓解地方政府的财政压力，从而调整、规范地方政府间的财政竞争。通过财税体制促进经济发展方式的转变和经济结构调整，发挥财政的调节作用，调动中央政府和地方政府两个积极性，既要调动地方政府的积极性，又不能造成地方政府盲目追求财政收入。通过财税体制来调整地方投资方向和结构，限制地方之间的重复建设和恶性竞争。

8.2.3 建立新型政绩考核机制

现行政绩考核存在着 GDP 指标过重的问题，造成了地方政府盲目追求经济指标，也催生了地方政府的经济行为。因此要改革政绩考核机制，纠正单纯以经济增长速度评定政绩的偏向，强化社会发展、环境改善等方面的指标考核，加大资源消耗、环境损害、生态效益、产能过剩、科技创新、安全生产、新增债务等指标的权重。区域的发展不仅仅是经济的发展，其根本目的是实现居民的全面发展。因此在考核指标中，要把民生改善、劳动就业、居民收入的提高、社会保障、收入差距的缩小、生态环境的改善等指标纳入考核体系，更加重视居民健康状况。同时区域的发展是以区域一体化为前提的，因此对地方政府的考核应加入区域一体化指标，将市场一体化建设、消除行政壁垒等作为考核内容，从而限制地方政府间的恶性竞争，鼓励政府间的合作，促进区域一体化的加速形成。

8.3 完善区域法律与政策，为区域治理创造良好的环境

8.3.1 建立健全区域治理的法律体系

发达国家的区域治理实践十分注重治理行为的合法性，并以法律形式对政府和非政府行为进行规范和约束。为促进跨区域问题的解决、调节各地方政府间关系，美国国会制定了《田纳西河流域管理局法》(Tennessee Valley Authority Act)、《地区再开发法》(The Area Redevelopment Act)和《阿巴拉契亚区域开发法》(Appalachian Regional Development Act)等法律。而我国的区域合作实践在近几年的国家区域规划中已经纷纷体现，但对区域合作的法律支撑和规制明显缺位。区域治理的制度载体主要是地方政府间合作协议以及各类区域规划，如《北京市人民政府、河北省人民政府关于加强经济与社会发展合作备忘录》、《长江三角洲地区区域规划》、《珠江三角洲地区改革发展规划纲要》等。这些协议和规划是由政府推动形成的，但是不具有法律的规范性和约束力。在实践中也就很难切实调整地区间的利益冲突，导致区域治理难以有效推进。

由于我国没有政府间合作方面的法律，地区合作机制的创立以及由该机制制定的相关决策也就缺乏相应的法律保障。合作机制的合法性受到质疑，其决策也就失去了权威性，在执行过程中对于拒不执行和执行不力的行为不能进行有效的控制。因此首先应尽快制定《区域合作法》，从法律层面规范地方政府之间的合作行为，调节地方政府间关系，减少行政摩擦带来的弊端，确保区域内的各方利益的平等实现，为区域政府间协议提供法律支持，为区域合作机制的创建提供法律依据，为区域治理提供必要的法律保障。其次应制定《区域开发法》体系，就国土空间的开发以及特定区域的开发进行规划指导。还应制定《区域规划法》，区域规划在推动资源要素优化配置、规范空间开发秩序和促进区域协调发展方面起着十分重要的作用。区域规划是关系到整个区域甚至会影响到全国发展的重大战略问题，我们必须弥补这一空白，为区域规划的实施和执行扫清障碍，确立区域规划的法律地位。最后还应尽快制定区域合作组织方面的法律，对区域合作组织的职能、权限等基本问题进行法律界定，确保区域合作组织的合法性。此外，还应建立区域立法协调机制，消除地方性法律法规的冲突，实现区域内法律法规的衔接与协调。

8.3.2 建立健全区域政策体系

经过多年的快速发展,我国经济实力和综合国力明显增强,国家统筹协调区域发展的能力大大提升,促进区域协调发展的体制机制不断健全,推动区域协调发展的战略思路、政策体系和操作手段不断丰富。但是针对区域发展的政策环境尚不完善,目前仍缺少综合完备的区域合作制度安排,区域合作的政策工具残缺不全,缺乏有效的政策监督、合作的程序机制和责任机制。因此应尽快建立和完善区域发展的政策体系,为区域协调发展提供政策支撑。

首先要明确区域政策管理机构。区域政策管理机构是构建区域政策体系的关键。在我国,与区域政策相关的主要工作是在国务院的直接领导下由国家发展和改革委员会来主导。此外,国务院在1986年成立的国务院扶贫办负责组织调查研究,拟定贫困地区经济开发的方针、政策和规划;城镇体系规划由住房与城乡建设部负责制定,土地管理政策由国资委制定;流域开发与治理规划由水利部负责等等。不同部门的政策之间的衔接与协调就成为难题,因此应建立国家区域发展局,负责区域政策的制定和实施,工作的中心和重点是促进落后地区发展和加强不同区域之间的合作和协调。

其次要确定适宜的区域政策空间尺度。空间尺度适宜的区域政策能够充分照顾不同地区的具体实际和客观需要,有针对性地解决不同地区的发展问题,更好地体现区域功能分工,发挥不同地区的比较优势,从而不断缩小区域发展的差距,增强区域发展的协调性。全国主体功能区划确定了以中央和省两级划分主体,以县级行政区为基本单元的划分体系,将全国划分为优化开发、重点开发、限制开发和禁止开发四类区域,为我们制定分类管理的区域政策提供了一个框架。但我国地域广阔,各地区情况千差万别,仍然需要进一步细化地理空间尺度,进一步增强区域政策的地区特色和针对性。由于区域政策的实施需要基层行政主体的参与和支持,因此我国区域政策的实施应该以现有的行政区划为基础。区域政策针对的是特定的问题区域,为了提高政策作用的针对性和政策效果,因此其规模不能过大,也不能过小,比较而言,以城市(地市)为基本单元是较为理想的选择。当然,在实践过程中不能一概而论,应根据具体事务的不同,综合考虑国家区域政策的财政预算情况和各地区的实际情况,确定适宜的空间尺度。

第三要完善区域政策工具。一是要有明确、细化的政策目标以及可度量的评价指标。我国区域发展中普遍存在行政分割、一体化进程缓慢，区域内各城市功能在定位上趋同，区域要素流动不畅等问题。针对这些区域性问题，应对促进市场一体化、区域一体化的政策目标进行分解细化，制定可度量、可操作的具体指标。二是要建立完善的政策调控工具。破除区域政策就是优惠政策的观念与做法，健全以国家发展战略和规划为导向、以财政政策和货币政策为主要手段的宏观调控的政策体系，推进宏观调控目标制定和政策手段运用机制化，加强财政政策、货币政策与产业、价格等政策手段协调配合，综合运用财政、税收、法律、规划、价格等各种政策工具，协调区域政策的实施。三是要建立区域发展基金，纳入财政预算，将这一基金交由区域发展局进行管理。同时把这一基金细分为区域开发资金、区域合作资金、区域环境保护资金、区域扶持资金等多个子基金。将这些基金的分配权下放给区域治理组织，由这些组织负责基金的具体的分配，以此来促进区域合作的推进。

8.3.3 确立区域治理组织的权威性

权威性对于一个区域治理组织而言非常重要，但是区域治理组织不是一级政府，也就没有政府的法定权威。因此组织的有效运行必须要解决权威性的问题，权威性来源于组织的合法性和职能的成功履行。

1）区域治理组织的合法性

区域治理组织的权威性首先来源于合法性，必须有法律的保障。为此，需要制定相关的法律，对区域治理组织的地位、性质、职能等问题进行界定。其次，权威性还可以来源于中央政府的授权，中央政府可以将一部分权力下放给区域治理组织，如将区域发展基金的使用和分配权下放给区域治理组织。第三，地方政府的协议也是区域治理组织权威性的来源。区域成员政府通过缔结协议的方式赋予区域治理组织一定的权力。京津冀三方当前急需通过地方政府的行政协议，建立区域治理合作组织，而且地方政府行政协议也需要专门的法律进行规范。

2）区域治理组织的职能的成功履行

区域治理组织之所以存在的根本原因是解决区域性公共问题，其必须能够代表区域利益相关者的利益，实现所有成员的共同利益，区域主体才能服从，权威性才能保证。区域治理从本质上看是区域主体让渡部分权力给治理组织，是权力资源的再分配。区域治理组织要有效协调区域主体的利益，成功履行其职能，组织才能得以存续和发展。组织职能的成功履行必须依靠制度化的组织平台和有效的运行机制。因此，要根据现实问题和情况的需要组建创设区域治理平台，不断调整治理机制。

总之，合法性是区域治理组织权威性的制度基础，而组织职能的有效履行是区域治理组织权威性的保障。缺少了合法性，组织失去了存在的基础环境，如果不能有效履行职能，则组织也不能存续，其权威性也无从保证，职能也就无法发挥。因此，区域法律和政策环境的完善，是迫切需要解决的战略性问题，有效的治理机制是确保区域治理组织成功运转的根本。制度建设、机制创建是区域治理顺利推进的关键。京津冀区域治理的顺利推进，需要新的制度安排、法律保障、政策支持。

8.4 正确认识区域规划的作用，发挥区域规划的统筹协调功能

区域规划是对区域空间开发利用、治理保护等进行宏观调控的基础手段。在我国，规划协调是行政协调的延伸，本质上是行政主导的方式。区域治理就是要跳出单一行政主体的思维，重在建立规则，而不是强化行政干预。但是，鉴于我国特殊的国情，行政力量仍然是资源配置的一种重要方式，区域治理也不排除行政力量作用的发挥。因此既不能过于强调规划的作用，也不能忽视规划协调的手段。区域的发展客观上需要一个总体规划的引领，京津冀区域一体化进程缓慢的一个重要原因就是缺乏区域规划。因此，制定京津冀区域总体规划，统筹协调区域发展中的空间开发利用、生态环境保护、交通基础设施建设、产业布局等一系列重大问题，是当前该区域迫切需要解决的战略性问题。

区域规划是我国发展与改革中有效发挥政府宏观调控作用的重要途径，是对不断完善的市场经济体制的一个重要补充，是实现近期与长远利益、取得经济—生态—社会综合效益的指导纲领。但是，科学的区域规划应当不仅仅是政府意志的反映，更应是区域主体的群体利益的反映。为此，我们需要改变以往规划制定的方式，从政府和部分专家“闭门磋商”转向更为开放的区域规划制定方式。当前可以在中央政府的主导下，由发改委具体牵头，京津冀三地地方政府及相关部门、规划专家、企业界代表、非政府组织为代表的社会力量等共同参与，广泛协商，制定区域总体规划。在广泛协商、平衡各方利益的基础上，合理确定各地的功能定位，实现京津冀的合理分工。

同时，在京津冀区域规划委员会的平台下，组织京津冀交通规划、京津冀港口规划、京津冀水资源利用开发规划、京津冀产业规划等各类专项

规划。从而形成总体规划与专项规划互相衔接的规划体系，发挥规划的统筹协调、指导和约束作用。

1）京津冀三地的空间规划

北京。北京城市总体规划（2004—2020 年）提出，在北京市域范围内，构建“两轴—两带—多中心”的城市空间发展模式（图 8-1）。

两轴：指沿长安街的东西轴和传统中轴线的南北轴。

两带：指包括通州、顺义、亦庄、怀柔、密云、平谷的“东部发展带”和包括大兴、房山、昌平、延庆、门头沟的“西部发展带”。

多中心：指在市域范围内建设多个服务全国、面向世界的城市职能中心，提高城市的核心功能和综合竞争力，包括中关村高科技园区核心区、奥林匹克中心区、中央商务区（CBD）、海淀山后地区科技创新中心、顺义现代制造业基地、通州综合服务中心、亦庄高新技术产业发展中心和石景山综合服务中心等（图 8-1）。

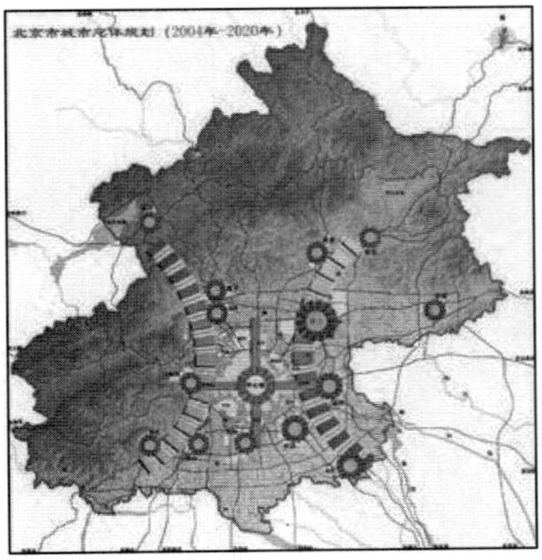

北京市空间结构——“两轴、两带、多中心”

北京市区域空间结构规划

图 8-1　北京市空间结构和北京区域空间结构规划

资料来源：北京市规划局，http://www.bjghw.gov.cn/ztgh/

同时，北京城市总体规划也提出了区域发展战略：

积极推进环渤海地区的经济合作与协调发展，加强京津冀地区在产业发展、生态建设、环境保护、城镇空间与基础设施布局等方面的协调发展，进一步增强北京作为京津冀地区核心城市的综合辐射带动能力。

加强与以天津港为核心，京唐港（王滩港区、曹妃甸港区）、秦皇岛港共同组成的渤海湾枢纽港群海洋运输体系的协调，建立以北京为核心的区域高速公路和铁路运输体系，以北京首都机场为枢纽的区域航空运输体系，形成陆海空一体、国际国内便捷联系的区域交通网络。

在京津冀城镇群的核心地区形成以京津城镇发展走廊为主轴，京唐、京石城镇发展走廊和京张、京承生态经济走廊为骨架的区域空间体系，实现区域统筹协调发展。

天津。天津城市总体规划（2005—2020 年）提出了“一轴、两带、三区”的城市空间发展模式（图 8-2）。

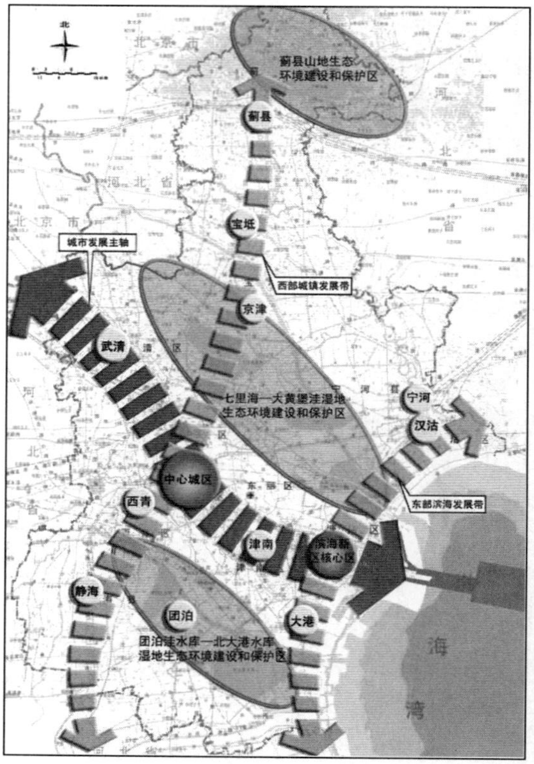

图 8-2　天津市域空间结构——一轴、两带、三区

资料来源：天津市规划局，http://218.69.100.10/news/2006/8-11/95938.html

一轴：“武清新城—中心城区—滨海新区核心区”城市发展主轴；

两带：东部（宁河、汉沽新城—滨海新区核心区—大港新城）滨海发展带；西部（蓟县新城—宝坻新城—中心城区—静海新城）城镇发展带；

三区：北部生态保护区—蓟县山地生态环境建设和保护区；“七里海—大黄堡洼”生态环境建设和保护区；南部生态保护区—“团泊洼水库—北大港水库”湿地生态环境建设和保护区。

国务院在批复中指出天津市以滨海新区的发展为重点，将天津市逐步建设成为经济繁荣、社会文明、科教发达、设施完善、环境优美的国际港口城市、北方经济中心和生态城市。国务院给出了 10 条批复，其中有两条都提到了天津与北京及京津冀地区的协调发展问题。一条是天津市的规划建设要注意与京津冀地区发展规划的协调，加强区域性基础设施建设，促进产业结构的合理调整和资源优化配置。特别要注意加强与北京市的协调，实现优势互补、协调发展，提高为首都、环渤海以及北方地区服务的功能。另外一条是要加强与有关部门的协调，做好港口、机场、高速公路和高速铁路的规划建设，加强与北京、环渤海地区和北方地区的联系，增强联系南北方、沟通东西部的枢纽功能。

河北。2005 年，针对区域间地理位置、资源禀赋和经济基础不同的实际，河北省提出了“一线两厢”的空间发展战略（图 8-3），即“加快发展中间一线，积极推进南北两厢”，以石家庄、保定、廊坊、唐山、秦皇岛五市为“中间一线”，建设全省经济发展的隆起带；以邯郸、邢台、衡水、沧州四市为“南厢”，加快培育新的经济增长极；以张家口、承德二市为“北厢”，努力实现经济发展的新跨越。

2006 年，河北省城镇体系规划（2006—2020）经国务院同意批准，指出河北省要“充分利用环京津和环渤海的优势，注意与周边地区优势互补、相互促进、共同发展”。

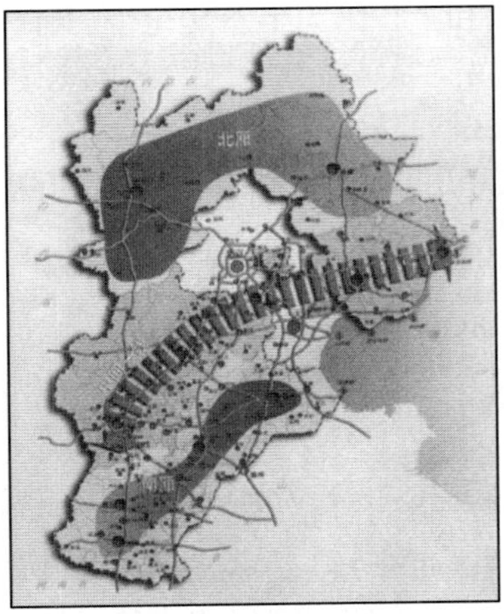

图 8-3　河北省“一线两厢”空间布局①

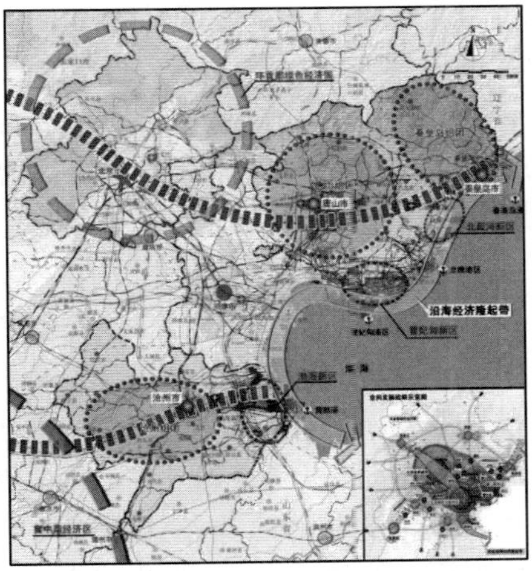

图 8-4　河北沿海地区发展规划“空间布局”②

① 吴良镛，等. 京津冀地区城乡空间发展规划研究[M]. 北京：清华大学出版社，2006：27

② 河北省人民政府. 河北省沿海地区总体规划[EB/OL]. http://info.hebei.gov.cn/hbszfxxgk/329975/329982/376400/index.html，2012-09-22

2011 年，国务院批复了河北省沿海地区发展规划。该规划提出了与京津共同构筑“T”字形区域空间结构，即由天津、廊坊、北京、张家口市构成发展主轴，由秦皇岛、唐山、天津、沧州市构成沿海经济带，形成辐射和带动内陆腹地、区域协同发展的新格局。并且提出了构建“一带、两轴、三组团”空间发展格局(图 8-4)。

“一带”：指沿海 11 县(市、区)和 9 个产业功能区构成的沿海经济带。

“两轴”：沿京沈高速公路的秦皇岛—唐山—北京方向发展轴，沿石黄高速公路的黄骅—沧州—石家庄方向发展轴，形成联系河北沿海与内外腹地的主要通道。

“三组团”：指秦皇岛组团、唐山组团和沧州组团。秦皇岛组团包括秦皇岛主城区和青龙县、卢龙县 2 县。唐山组团包括唐山市主城区和迁安市、遵化市、迁西县、滦县、玉田县等 5 县(市)。沧州组团包括沧州市主城区和沧县、青县、任丘市、泊头市、河间市、盐山县、孟村县、吴桥县、东光县、南皮县、献县、肃宁县等 12 县(市)。

2）京津冀区域的空间整合

吴良镛院士主持的京津冀城乡空间发展规划研究(二期报告)中提出“以首都地区的观念，塑造合理的区域空间结构”。以京津两大城市为核心的京津走廊为主轴，以环渤海湾的“大滨海地区”为新兴发展带，以山前城镇密集地区为传统发展带，以环京津燕山和太行山为生态文化带，共同构筑京津冀地区“一轴三带”的空间发展格局。提高首都地区的区域竞争力、资源环境承载力和文化影响力，推动地区均衡发展。

该方案综合考虑了京津冀面临的现实和迫切需要解决的问题，充分考虑了京津冀三地的城市规划与空间发展战略，针对这些问题提出了一个空间整合和发展战略规划，为京津冀区域描绘了一幅美好的蓝图。

京津冀的区域治理与空间整合应该是同步进行的，区域治理是制度层面的整合，需要空间这个载体的依托，要落实到具体的空间上。而空间整合则需要制度整合予以保障和推进。区域治理应该采用分步走的战略，同样，空间整合也需要循序渐进，逐步实施。同时整个京津冀区域只有京津一个发展主轴，这条轴线上的两个城市过于接近，轴线过短，难以辐射到更大的范围，而河北地域广阔，南北狭长，在行政区经济运行时期，它需要一个发展轴来统筹全省的经济发展。因此，笔者认为应该将山前传统发展带提升为发展辅轴，形成两轴(以京津为发展主轴，邯郸、邢台、石家庄、保定、廊坊、唐山为发展辅轴)、两带(生态涵养带与沿海发展带)、一核心(京津核心)、多中心(保定、唐山、石家庄、沧州等)的“王”字形空间拓展格局(图 8-5)。

当前,京津冀真正行之有效的合作机制尚未建立,同时也没有上级政府——中央政府的协调机构。因此,短期内主要应该在容易取得共识和见到成效的领域开展合作。短期内空间整合的主要任务是建立资源共享伙伴关系,就环境保护、基础设施整合方面的问题进行整合。

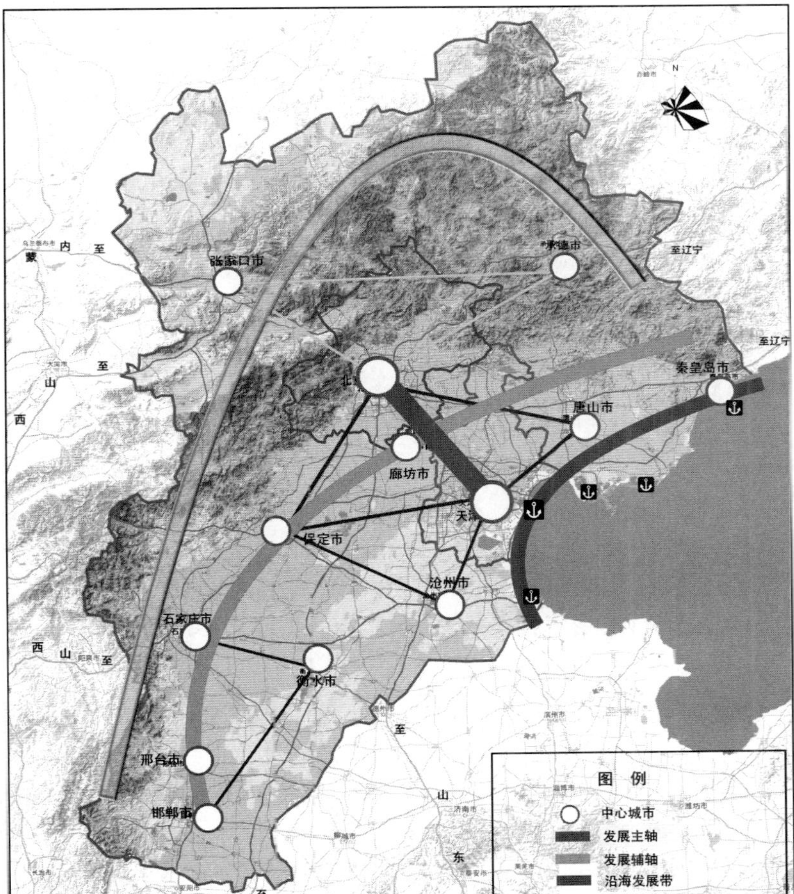

图 8-5 京津冀空间整合示意图①

具体来讲是建立三种类型的伙伴关系,即生态合作伙伴关系:主要是京张承三角;港口伙伴关系:主要是北京以及沿海的天津、沧州、唐山与秦

① 作者绘制。

皇岛;产业伙伴关系:主要指京津唐、京津保(包括廊坊)、津保沧三角。以京津为发展主轴,保定、廊坊和唐山为发展辅轴,整合生态涵养带的功能,建设滨海发展带,发展核心区域(京津核心)。经济发展上重点建设京津唐、京津保两个三角区域,生态环境保护方面重点建设京张承三角区域,基础设施建设领域除了在京津唐、京津保两个三角区域展开外,整合滨海港口资源,建设京津冀的港口群。加速京津核心区域的交通基础设施网络体系建设,充分整合现有的基础设施资源,形成包括廊坊市在内的基础设施网络体系。同时在这些区域进行各种合作机制的试点,为进一步的合作积累经验。

随着核心区域的建设,中期应该扩大核心区域的辐射范围,建设中心区(包括唐山、保定),推广和创新合作机制。滨海港口群城市结成合作经营伙伴关系,组建京津冀港口、机场、公共交通等股份公司,统筹区域交通发展。保定和秦皇岛纳入环境合作伙伴关系中。同时,大力延伸发展辅轴,将石家庄、秦皇岛纳入发展辅轴。冀南地区的石家庄、衡水、邯郸与邢台结成合作伙伴关系。

经过短期和中期的整合,京津冀区域的空间格局已经基本形成,各种形式的空间整合与合作形态也取得了成效。未来京津冀的空间拓展策略是巩固京津冀,辐射环渤海。发展主轴向内蒙古地区延伸,辅轴向辽宁乃至东北地区延伸。生态合作扩大范围,将京津冀所有城市以及内蒙古地区的相关地区纳入合作伙伴关系之中。滨海发展带向山东和辽宁拓展,寻求新的合作伙伴,形成辐射华北、东北的北方经济中心。

8.5 发挥社会组织作用,创新区域社会治理体系

社会力量是区域治理体系的重要一极,当今世界,社会参与已经成为不可阻挡的潮流,各国都十分重视社会参与的治理。社会组织的充分发展,不仅能降低政府社会治理的成本,而且将提高政府社会治理的成效。随着我国社会主义民主政治改革进程的加速,社会参与治理的条件正在逐步完善。

社会参与治理需要合理的制度设计和安排,需要良好的法制环境。与我国经济社会发展的需要和社会组织的发展趋势相比,当前社会组织法制建设相对滞后。为此,需要适时出台《社会组织法》,依法建立社会组织的准入和退出机制,确定社会组织与政府、企业、社会、个人的关系。同时规范社会组织的行为,规定社会组织自律的义务,并赋予某些社会组织

对行业和专项事务实行管理的权力。改革社会组织管理制度，加快形成政社分开、权责明确、依法自治的现代社会组织体制。社会组织是社会参与治理的主要载体，为此需要加强对社会组织的资金、人才等方面的扶持。建立公共财政资助机制，加强对社会组织的培育和扶持，通过培训和参与加强社会组织的参与治理能力。

此外还应畅通社会组织参与治理的渠道和途径，创新区域社会治理体系。通过建立和完善参与机制，鼓励和引导社会组织和居民参与京津冀区域治理，激发社会组织活力，提高其治理水平和能力，通过购买服务等方式吸引社会组织的参与。借鉴发达国家的经验，在推进京津冀区域治理中，城市协调会、规划委员会等各类协商会议对社会开放，使社会公众充分了解决策的制定、执行和实施过程。规划论坛、经济协作论坛、生态环境保护论坛等开放式会议也应鼓励和确保社会组织和公民的参与。并且在制定城市协调会章程中应明确规定社会组织的参与方式与途径。京津冀区域治理的各类平台要主动吸纳社会组织的参与，使其真正成为提供服务、反映诉求、规范行为的治理主体，切实参与到区域公共事务的治理之中，发挥社会力量在监督、协调、服务、沟通方面的中坚作用。

参考文献

·中文文献

[1] [法]让-皮埃尔·戈丹. 何谓治理[M]. 钟震宇,译. 北京:社会科学文献出版社,2010

[2] [美]李侃如. 治理中国:从革命到改革[M]. 胡国成,赵梅,译. 北京:中国社会科学出版社,2010

[3] [美]理查德·C. 菲沃克. 大都市治理——冲突、竞争与合作[M]. 许源源,江胜珍,译. 重庆:重庆大学出版社,2012

[4] [美]斯蒂芬·戈德史密斯,威廉·D. 埃格斯. 网络化治理:公共部门的新形态[M]. 孙迎春,译. 北京:北京大学出版社,2008

[5] [新加坡]梁文松,[新加坡]曾玉凤. 动态治理:新加坡政府的经验[M]. 陈晔,等译. 北京:中信出版社,2010

[6] 边继云. 京津冀地区建立环境共享与补偿机制的思考[J]. 经济论坛,2009(5):54-55

[7] 曹保刚. 京津冀协同发展研究[M]. 保定:河北大学出版社,2009

[8] 陈安国. 城市区域合作[M]. 北京:商务印书馆,2010

[9] 陈红霞,李国平. 1985—2007年京津冀区域市场一体化水平测度与过程分析[J]. 地理研究,2009,28(6):1476-1483

[10] 陈金祥. 中国经济区:经济区空间演化机理及持续发展路径研究[M]. 北京:科学出版社,2010

[11] 陈瑞莲,孔凯. 中国区域公共管理研究的发展与前瞻[J]. 学术研究,2009(5):45-49

[12] 陈瑞莲,杨爱平. 从区域公共管理到区域治理研究:历史的转型[J]. 南开学报(哲学社会科学版),2012(2):48-57

[13] 陈瑞莲. 论区域公共管理研究的缘起与发展[J]. 政治学研究,2003(4):75-84

[14] 陈瑞莲. 区域公共管理导论[M]. 北京:中国社会科学出版社,2006

[15] 戴学珍. 京津空间相互作用与一体化研究[M]. 北京:中国财政经济出版社,2005

[16] 丁导民,金戈,王晓引,等. 现代化大都市建设中的跨区域协调机制——赴美公共管理专题研修班课题系列二[J]. 宁波通讯,2012(15):40-41

[17] 杜健勋,陈德敏. 环境利益的差异建构与原因阐释:基于我国区域与城乡

环境利益分配的基础分析[J]. 华东经济管理,2010(11):45-50
[18] 高秉雄,张江涛. 治理理论的内在紧张[J]. 江汉论坛,2010(11):70-73
[19] 高新军. 美国地方政府治理案例调查与制度研究[M]. 西安:西北大学出版社,2007
[20] 耿国阶. 困境、重构与突破:中国治理转型的模式研究[M]. 沈阳:东北大学出版社,2011
[21] 谷海洪. 由"第三部门"主导的区域规划的成功范例——纽约大都市区规划[J]. 国际城市规划,2007,22(5):36-41
[22] 顾朝林. 论城市管治研究[J]. 城市规划,2000,24(9):7-10
[23] 汉克·V. 萨维奇,罗纳德·K. 福格尔,罗思东. 区域主义范式与城市政治[J]. 公共行政评论,2009(3):51-75
[24] 何渊. 区域性行政协议研究[M]. 北京:法律出版社,2009
[25] 洪世键. 基于新区域主义的我国大都市区管治转型探讨[J]. 国际城市规划,2010,25(2):85-90
[26] 胡东宁. 区域经济一体化下的横向府际关系——以府际合作治理为视角[J]. 改革与战略,2011,27(3):105-108
[27] 胡祥. 近年来治理理论研究综述[J]. 毛泽东邓小平理论研究,2005(3):25-30
[28] 黄国华. 区域协调发展的理论渊源及战略选项[J]. 经济界,2010(5):90-93
[29] 姬兆亮. 区域政府协同治理研究——以长三角为例[D]. 上海:上海交通大学,2012
[30] 纪俊臣. 都市及区域治理[M]. 台北:五南图书出版股份有限公司,2006
[31] 姜博,赵婷,雷国平,等. 长江三角洲城市群经济联系强度动态分析[J]. 开发研究,2011(2):12-15
[32] 姜文仙,覃成林. 中央政府推动区域协调发展战略:动因、时机与方式[J]. 区域经济评论,2013(1):42-48
[33] 金太军. 区域治理中的行政协调研究[M]. 广州:广东人民出版社,2011
[34] 李国平,等. 首都圈结构、分工与营建战略[M]. 北京:中国城市出版社,2004
[35] 李景元. 对接京津与都市区经济一体化——构建环首都经济圈与京津走廊的崛起[M]. 北京:中国经济出版社,2011
[36] 李曼. 京津冀区域经济一体化发展研究[D]. 天津:天津大学,2005
[37] 李明强,贺艳芳. 地方政府治理新论[M]. 武汉:武汉大学出版社,2010
[38] 李铭,方创琳,孙心亮. 区域管治研究的国际进展与展望[J]. 地理科学进展,2007,26(4):107-120

[39] 李宜强. 关于构建区域合作体制的研究——以法国为例[J]. 城市发展研究,2011(5):49-53
[40] 李桢,刘名远. 区域经济合作利益补偿机制及其制度体系的构建[J]. 南京社会科学,2012(8):19-27
[41] 刘爱莲,李莹. 论当前中国政府治理理论的层次结构[J]. 江苏大学学报(社会科学版),2011,13(6):94-96
[42] 刘辉. 管治、无政府与合作:治理理论的三种图式[J]. 上海行政学院学报,2012,13(3):52-58
[43] 罗震东. 中国都市区发展:从分权化到多中心治理[M]. 北京:中国建筑工业出版社,2007
[44] 马桂兰. 试论区域经济发展的政策协调机制[J]. 河南师范大学学报(哲学社会科学版),2012,39(2):112-115
[45] 孟广文. 京津冀区域经济发展与合作研究[J]. 环渤海经济瞭望,2009(6):1-4
[46] 苗长虹. 从区域地理学到新区域主义:20 世纪西方地理学区域主义的发展脉络[J]. 经济地理,2005,25(5):593-599
[47] 彭劲松. 当代中国利益关系分析[M]. 北京:人民出版社,2007
[48] 沈雪潋. 中国经济区划改革与经济发展模式研究——以温州镇级市为例[D]. 成都:西南财经大学,2012
[49] 宋迎昌. 都市圈战略规划研究[M]. 北京:中国社会科学出版社,2009
[50] 孙兵. 区域协调组织与区域治理[M]. 上海:上海人民出版社,2007
[51] 孙虎军. 环渤海区域合作发展的过去、现在和未来[J]. 环渤海经济瞭望,2009(9):4-7
[52] 孙久文,胡安俊. 中国发展中的区域问题、总体战略与区域规划[J]. 兰州学刊,2011(12):34-38
[53] 孙久文,夏文清. 区域差距与亟待解决的问题[J]. 改革,2011(6):48-53
[54] 孙平军,丁四保. 垂直型经济协调发展的区域外部性及其内化研究[J]. 软科学,2011(5):85-90
[55] 锁利铭,杨峰,刘俊. 跨界政策网络与区域治理:我国地方政府合作实践分析[J]. 中国行政管理,2013(1):39-43
[56] 覃成林,姜文仙. 区域协调发展:内涵、动因与机制体系[J]. 开发研究,2011(1):14-18
[57] 覃成林. 区域协调发展机制体系研究[J]. 经济学家,2011(4):63-70
[58] 谭成文,杨开忠,谭遂. 中国首都圈的概念与划分[J]. 地理学与国土研究,2000,16(4):1-7
[59] 谭海波,蔡立辉. 论"碎片化"政府管理模式及其改革路径——"整体型政

府”的分析视角[J]. 社会科学，2010(8)：12-18
[60] 唐丽萍. 中国地方政府竞争中的地方治理研究[M]. 上海：上海人民出版社，2010
[61] 唐燕. 大都市区区域管治比较——柏林—勃兰登堡与北京[J]. 城市问题，2009(10)：68-74
[62] 陶希东. 中国跨界区域管理：理论与实践探索[M]. 上海：上海社会科学院出版社，2010
[63] 陶希东. 转型期中国跨省市都市圈区域治理——以“行政区经济”为视角[M]. 上海：上海社会科学院出版社，2007
[64] 涂晓芳. 政府利益论——从转轨时期地方政府的视角[M]. 北京：北京航空航天大学出版社，2008
[65] 汪伟全. 地方政府竞争秩序的治理：基于消极竞争行为的研究[M]. 上海：上海人民出版社，2009
[66] 王淳. 新区域主义理论脉络及研究动态述评[J]. 商业研究，2009(1)：46-49
[67] 王佃利. 城市治理中的利益主体行为机制[M]. 北京：中国人民大学出版社，2009
[68] 王刚. 从治理走向秩序——经济转型中的市场治理研究[M]. 北京：经济管理出版社，2010
[69] 王圣军. 大都市圈发展的经济整合机制研究[D]. 成都：西南财经大学，2008
[70] 王欣菲. 基于复杂系统理论的区域协调发展研究[D]. 天津：河北工业大学，2009
[71] 王阳. 转型时期地方政府定位[M]. 北京：人民出版社，2005
[72] 王志锋. 城市治理的经济学分析[M]. 北京：北京大学出版社，2010
[73] 魏后凯，高春亮. 新时期区域协调发展的内涵和机制[J]. 福建论坛(人文社会科学版)，2011(10)：147-152
[74] 文魁，祝尔娟. 京津冀区域一体化发展报告(2012)[M]. 北京：社会科学文献出版社，2012
[75] 肖金成，等. 京津冀区域合作论——天津滨海新区与京津冀产业联系及合作研究[M]. 北京：经济科学出版社，2010
[76] 肖金成，刘保奎. 首都经济圈规划与京津冀经济一体化[J]. 全球化，2013(3)：72-82
[77] 杨军. 区域中国——中国区域发展历程[M]. 长春：长春出版社，2007
[78] 杨上广，吴柏均，沈晗耀. 我国区域经济发展中政府作用研究——基于长三角的调查与思考[J]. 科学发展，2011(7)：62-73

[79] 姚佳,陈江龙,姚士谋.基于新区域主义的空间规划协调研究——以江苏沿海地区为例[J].中国软科学,2011(7):102-110
[80] 叶必丰,何渊,李煜兴,等.行政协议——区域政府间合作机制研究[M].北京:法律出版社,2010
[81] 叶必丰,何渊.区域合作协议汇编[M].北京:法律出版社,2011
[82] 叶富春.利益结构、行政发展及其相互关系[M].北京:社会科学文献出版社,2004
[83] 叶林.新区域主义的兴起与发展:一个综述[J].公共行政评论,2010(3):175-189
[84] 尹来盛.政府碎化、都市治理与经济发展:基于机构集体行动的分析框架[D].广州:暨南大学,2012
[85] 游德才.区域一体化对经济环境协调发展的作用机制研究[D].上海:上海社会科学院,2008
[86] 于立,陈晓燕,巫敏.关于城市复兴改造中政府与市场合作伙伴关系的探索[J].国际城市规划,2008,23(6):46-52
[87] 余明勤.区域经济利益分析[M].北京:经济管理出版社,2004
[88] 喻锋.治理视野下的欧盟区域协调发展研究[D].武汉:武汉大学,2009
[89] 袁政.新区域主义及其对我国的启示[J].政治学研究,2011(2):99-107
[90] 臧乃康.区域公共治理中的政治协调的梗阻与政策路径[J].江苏社会科学,2011(4):118-123
[91] 曾凡军.整体性治理:一种压力型治理的超越与替代图式[J].江汉论坛,2013(2):21-25
[92] 曾峻.公共管理新论——体系、价值与工具[M].北京:人民出版社,2006
[93] 曾珍香,张培,王欣菲.基于复杂系统的区域协调发展——以京津冀为例[M].北京:科学出版社,2010
[94] 张熇铭.策略互动、协调与区域经济发展——基于地方政府博弈行为的分析[D].天津:南开大学,2009
[95] 张紧跟.从区域行政到区域治理:当代中国区域经济一体化的发展路向[J].学术研究,2009(9):42-49
[96] 张紧跟.新区域主义:美国大都市区治理的新思路[J].中山大学学报(哲学社会科学版),2010,50(1):131-141
[97] 张京祥,吴缚龙.从行政区兼并到区域管治——长江三角洲的实证与思考[J].城市规划,2004,28(5):25-30
[98] 张军涛,刘建国.区域经济发展与区域公共管理[M].北京:北京师范大学出版社,2011
[99] 张蕾.中国东部三大都市圈城市体系及演化机制研究[D].上海:复旦大

学,2008
[100] 张淑莲. 基于合作博弈的京津冀区域经济协作研究[J]. 河北师范大学学报(哲学社会科学版),2011,34(1):30-34
[101] 张万宽. 公私伙伴关系治理[M]. 北京:社会科学文献出版社,2011
[102] 张雅勤. 转型时期地方治理的困境与对策[J]. 武汉科技大学学报(社会科学版),2011,13(4):384-389
[103] 张雨. 长三角一体化中的制度障碍及其对策[J]. 南京社会科学,2010(11):44-50.
[104] 张志升. 略论京津冀区域协调发展机制与推进措施[J]. 现代财经(天津财经大学学报),2007,27(10):80-83
[105] 赵国岭. 京津冀区域经济合作问题研究[M]. 北京:中国经济出版社,2006
[106] 郑涛,樊丽丽. 京津冀地区城市流强度时空动态实证研究[J]. 城市发展研究,2010,17(3):17-20
[107] 周桂荣. 区域合作中的政府管理模式选择[D]. 天津:南开大学,2009
[108] 周立群,谢思全. 环渤海区域经济发展报告(2008)[M]. 北京:社会科学文献出版社,2008
[109] 周立群. 创新、整合与协调——京津冀区域经济发展前沿报告[M]. 北京:经济科学出版社,2007
[110] 周立群. 京津冀都市圈的崛起与中国经济发展[M]. 北京:经济科学出版社,2012
[111] 周平. 当代中国地方政府[M]. 北京:人民出版社,2007
[112] 朱俊成. 长三角地区多中心及其共生与协同发展研究[J]. 公共管理学报,2010(4):39-48
[113] 朱俊成. 基于共生理论的区域多中心协同发展研究[J]. 经济地理,2010(8):1272-1277
[114] 竺乾威. 从新公共管理到整体性治理[J]. 中国行政管理,2008(10):52-58
[115] 祝尔娟. "十二五"时期京津冀发展阶段与趋势特征分析[J]. 经济与管理研究,2010(10):122-128
[116] 祝尔娟. 关于京津冀都市圈发展战略问题讨论综述[J]. 港口经济,2008(3):37-41
[117] 祝尔娟. 京津冀都市圈理论与实践的新进展[M]. 北京:中国经济出版社,2010

· 英文文献

[1] Andrew C, Doloreux D. Economic Development, Social Inclusion and Urban Governance: The Case of the City-region of Ottawa in Canada [J]. International Journal of Urban and Regional Research, 2012, 36(6):1288-1305

[2] Andrew S A, Feiock R C. Core-peripheral Structure and Regional Governance: Implications of Paul Krugman's New Economic Geography for Public Administration [J]. Public Administration Review, 2010, 70(3): 494-499

[3] Ansell C, Gash A. Collaborative Governance in Theory and Practice [J]. Journal of Public Administration Research and Theory, 2007, 18 (4):543-571

[4] Bingham L B. The New Urban Governance: Processes for Engaging Citizens and Stakeholders[J]. Review of Policy Research, 2006, 23(4):815-826

[5] Bock S. "City 2030"-21 Cities in Quest of the Future: New Forms of Urban and Regional Governance [J]. European Planning Studies, 2005, 14(3):321-334

[6] Callahan R. Governance: The Collision of Politics and Cooperation [J]. Public Administration Review, 2007, 67(2):290-301

[7] Christopoulos S, Horvath B, Kull M. Advancing the Governance of Cross-sectoral Policies for Sustainable Development: A Metagovernance Perspective [J]. Public Administration and Development, 2012, 32(3): 305-323

[8] Colombo A. The "Lombardy Model": Subsidiarity-informed Regional Governance [J]. Social Policy & Administration, 2008, 42(2):177-196

[9] Davidson J, Lockwood M. Partnerships as Instruments of Good Regional Governance: Innovation for Sustainability in Tasmania? [J]. Regional Studies, 2008, 42(5):641-656

[10] Dent M, Gestel N V, Teelken C. Symposium on Changing Modes of Governance in Public Sector Organizations: Action and Rhetoric [J]. Public Administration, 2007, 85(1):1-8

[11] Dente B. Metropolitan Goverance Reconsidered, or How to Avoid Errors of the Third Type [J]. An International Journal of Policy, Administration, and Institutions, 1990, 3(1):55-74

[12] Feiock R. Rational Choice and Regional Governance [J]. Journal of Ur-

ban Affairs, 2007, 29(1):47-63

[13] Freeman T, Peck E. Performing Governance: A Partnership Board Dramaturgy [J]. Public Administration, 2007, 85(4):907-929

[14] Frisken F. The Toronto Story: Sober Reflections on Fifty Years of Experiments with Regional Governance [J]. Journal of Urban Affairs, 2001, 23(5):513-541

[15] Gomez E. Decentralization and Municipal Governance: Suggested Approaches for Cross-regional Analysis [J]. Studies in Comparative International Development, 2003, 38(3):57-80

[16] Gore T, Wells P. Governance and Evaluation: The Case of EU Regional Policy Horizontal Priorities [J]. Evaluation and Program Planning, 2009, 32(2):158-167

[17] Griffin L. Where is Power in Governance? Why Geography Matters in the Theory of Governance? [J]. Political Studies Review, 2012, 10(2): 208-220

[18] Hadjimichalis C. Non-economic Factors in Economic Geography and in "New Regionalism": A Sympathetic Critique[J]. International Journal of Urban and Regional Research, 2006, 30(3):690-704

[19] Hamann R, Kapelus P, Sonnenberg D, et al. Local Governance as a Complex System: Lessons from Mining in South Africa, Mali and Zambia[J]. Journal of Corporate Citizenship, 2005(18):61-73

[20] Hamilton D K. Developing Regional Regimes: A Comparison of Two Metropolitan Areas [J]. Journal of Urban Affairs, 2004, 26 (4): 455-477

[21] Hamilton D K. Organizing Government Sturcture and Governance Functions in Metropolitan Areas in Response to Growth and Change: A Critical Overview [J]. Journal of Urban Affairs, 2000, 22(1):65-84

[22] Hamilton D K. Regimes and Regional Governance: The Case of Chicago [J]. Journal of Urban Affairs, 2002, 24(4):403-423

[23] Hamilton D K. The Government Centralization-decentralization Debate in Metropolitan Areas [J]. Review of Policy Research, 2004, 21 (5):663-680

[24] Hanssen G S, Johnstad T, Klausen J E. Regional Foresight, Modes of Governance and Democracy [J]. European Planning Studies, 2009, 17(12): 1733-1750

[25] Harlow C, Rawlings R. Promoting Accountability in Multilevel Govern-

ance: A Network Approach [J]. European Law Journal, 2007, 13(4):542-562

[26] Imrie R, Raco M. How New Is the New Local Governance? Lessons from the United Kingdom[J]. Transactions of the Institute of British Geographers, 1999,24(1): 45-63

[27] Jianfa S. Cross-border Urban Governance in Hongkong: The Role of State in a Globalizing City-region [J]. The Professional Geographer, 2004, 56(4):530-543

[28] Kearns A, Turok I. Power, Responsibility, and Governance in Britain's New Urban Policy [J]. Journal of Urban Affairs, 2000, 22(2):175-191

[29] Laquian A A. Metropolitan Governance Reform in Asia[J]. Public Administration and Development, 2005, 25(4):307-315

[30] Laurie R. Local Governments and Regional Governance [J]. Urban Lawyer, 2007, 39 (3):483-528

[31] Leach S, Wilson D. Urban Elites in England: New Models of Executive Governance[J]. International Journal of Urban and Regional Research, 2004, 28(1):134-149

[32] Lefèvre C. Metropolitan Government and Governance in Western Countries: A Critical Review [J]. International Journal of Urban and Regional Research, 1998, 22(1):9-25.

[33] Lin Ye. Regional Government and Governance in China and the United States [J]. Public Administration Review, 2009, 69(s1):s116-s121

[34] Lovering J. Theory Led by Policy: The Inadequacies of the "New Regionalism" (Illustrated from the Case of Wales)[J]. International Journal of Urban and Rgeional Reaserch, 1999, 23(2):379-395

[35] Lowndes V, Skelcher C. The Dynamics of Multi-organizational Partnerships: An Analysis of Changing Modes of Governance[J]. Public Administration, 1998, 76(2):313-333

[36] Luckin D, Sharp L. Remaking Local Governance through Community Participation? The Case of the UK Community Waste Sector[J]. Urban Studies, 2004, 41(8): 1485-1505

[37] Maloney W, Smith G, Stoker G. Social Capital and Urban Governance: Adding a More Contextualized "Top-down" Perspective [J]. Political Studies, 2000, 48(4):802-820

[38] Martin D G. Nonprofit Foundations and Grassroots Organizing: Reshaping Urban Governance [J]. The Professional Geographer, 2004,

56(3):394-405

[39] Nelles J. Cooperation and Capacity? Exploring the Sources and Limits of City-region Governance Partnerships [J]. International Journal of Urban and Regional Research, 2013, 37(4):1349-1367

[40] Norris D F. Whither Metropolitan Governance? [J]. Urban Affairs Review, 2001, 36(4):532-555

[41] North D, Syrett S. Making the Links: Economic Deprivation, Neighbourhood Renewal and Scales of Governance [J]. Regional Studies, 2008, 42(1):133-148

[42] Parker R. Networked Governance or Just Networks? Local Governance of the Knowledge Economy in Limerick (Ireland) and Karlskrona (Sweden)[J]. Political Studies, 2007, 55(1):113-132

[43] Pearce G, Ayres S. Emerging Patterns of Governance in the English Regions: The Role of Regional Assemblies [J]. Regional Studies, 2007, 41(5):699-712

[44] Pearce G, Mawson J, Ayres S. Regional Governance in England: A Changing Role for the Government's Regional Offices? [J]. Public Administration, 2008, 86(2):443-463

[45] Raco M. Researching the New Urban Governance: An Examination of Closure, Access and Complexities of Institutional Research [J]. Royal Geographical Society, 1999, 31(3):271-279

[46] Reese L A. Same Governance, Different Day: Does Metropolitan Reorganization Make a Difference? [J]. Review of Policy Research, 2004, 21(4):595-611

[47] Robichau R W. The Mosaic of Governance: Creating a Picture with Definitions, Theories, and Debates [J]. Policy Studies Journal, 2011, 39(s1):113-131

[48] Sancton A. The Governance of Metropolitan Areas in Canda [J]. Public Administration and Development, 2005, 25(4):317-327

[49] Sending O J, Neumann I B. Governance to Governmentality: Analyzing NGOs, States, and Power [J]. International Studies Quarterly, 2006, 50 (3):651-672

[50] Shatkin G. Obstacles to Empowerment: Local Politics and Civil Society in Metropolitan Manila, the Philippines [J]. Urban Studies, 2000, 37(12): 2357-2375

[51] Skelcher C, Mathur N, Smith M. The Public Governance of Collabora-

tive Spaces: Discourse, Design and Democracy[J]. Public Administration, 2005, 83(3):573-596

[52] Sloat A. The Preparation of the Governance White Paper[J]. Politics, 2003, 23(2):128-136

[53] Sørensen E, Torfing J. Making Governance Networks Effective and Democratic Through Metagovernance [J]. Public Administration, 2009, 87(2):234-258

[54] Tollefson C, Zito A R, Gale F. Symposium Overview: Conceptualizing New Governance Arrangements [J]. Public Administration, 2012, 90(1):3-18

[55] Wallis A D. The Third Wave: Current Trends in Regional Governance [J]. National Civic Review, 1994, 83(3):290-310

[56] White B. Europeanizing Regional Governance in Europe? [J]. International Studies Review, 2003,5(1):93-95